指向高中数学核心素养的
单元统整教学

黄继红 ○ 等著

上海教育出版社
SHANGHAI EDUCATIONAL
PUBLISHING HOUSE

序

　　历经三年,黄继红劳模创新工作室完成了"指向高中数学核心素养的单元统整教学实践研究"的研究项目。作为此项目的结晶,本书也即将付梓。我是上海市松江二中(以下简称松江二中)的常客,从项目申报伊始,就很感兴趣,也多次参与讨论。所以,当黄老师邀请我作序时,自然分外高兴,也责无旁贷。

　　细读书稿,很为黄老师团队的努力和责任心所感动,也引发了我的一些思考。下面的文字,只是个人的所感所思,希望可以作为此书的引子。

一、改革与传统

　　此轮高中数学课程改革,以《普通高中数学课程标准(2017 年版 2020 年修订)》为标志。其中的一个重要举措是提出了"数学学科核心素养"的概念,并把它作为整个高中阶段数学课程、教学与评价的统领。这样做的一个主要目的是希望解决高中数学教学中长期存在的一些问题,如:许多教师采用"刷题"训练方法,要求学生做到"一看就会,一做就对",缺乏对解题过程的反思与交流,造成了学生"会解题,不会思考问题"的普遍现象;许多课堂偏离数学的核心概念,训练"独木桥式"的解题技巧,这些技巧的熟练掌握无助于学生对数学概念和数学思想方法的理解,更谈不上在其他领域及生活中的应用,导致知识碎片化,学生缺乏对数学的整体理解;许多学生以解题得分为目标,从一开始就"瞄准高考",盲目训练,忽视数学知识体系的建构等。

　　从数学学科核心素养出发,本轮课程改革的一个教学建议是单元整体设计。数学作为一门传统的中小学核心课程,虽然历来都把内容主题和单元作为教材与教学的组织形式,但正如本书所指出的那样,传统的数学教学过于关注知识点的逐一突破,零敲碎打,忽视知识的核心关联,一定程度上导致知识碎片化。

为了解决传统的数学教学中存在的问题,黄老师团队提出了基于数学学科核心素养的单元统整教学模型,总结了单元统整教学的具体表现,形成了单元统整教学的特征图。我认为,这一教学模型与特征图切中了知识碎片化的要害,以数学学科核心素养为导向,以综合性的问题情境为背景,以数学核心概念的关联与迁移为线索,同时渗透数学史与数学文化,充分体现了黄老师团队的一种创新。

无论是像松江二中这样的百年名校,还是像黄老师这样的名师,传统和经验都是立足之本,而这种传统和经验也容易导致固步自封。因此,在临近退休之时,黄老师还有这样的创新动力,令人钦佩。

二、理论与实践

随着课程改革的持续推进,各种新的教育理论层出不穷,但让人遗憾的是,许多理论仅仅停留在口号上,缺少把"想法""说法"变成"做法"的办法。例如,本轮课程改革中单元设计与大概念得到了广泛的关注。许多教育领域的专家都可以把相关概念说得头头是道,但却不能为中小学数学教师的实际教学指点迷津。

与那些只是想用新术语"装点门面"的研究不同,黄老师团队不仅梳理了单元统整教学的历史与内涵,而且给出了一些切实可行的做法。例如,针对数学中的大概念,课题组明确了以下具体做法:一是构建了基于数学学科核心素养的大概念层级分析框架;二是以上述分析框架为工具,提炼高中每个数学单元的概念层级,作为单元统整的主线;然后结合具体的数学内容给出详尽的案例,并在上海市松江区五所试点学校(两所市实验性示范性高中、两所区实验性示范性高中、一所普通高中)开展教学实践,进行实证、检验与推广。

从研究过程来看,本课题具有理论与实践的双重意义。课题组采用设计研究的范式,开展了三轮循证研究:(1)在前期文献梳理和教材研究基础上,由五所试点学校的项目组成员承接各自的研究任务,进行单元统整教学设计,接着在五所试点学校开展第一轮教学实践;(2)根据修改方案实施第二轮行动研究,收集过程性资料,总结成功经验与不足之处,再次完善方案;(3)根据两次修改方案实施第三轮实践研究,收集资料,及时总结,最终构建单元统整教学的基本模型。我认为,这正是一种理论与实践相结合的研究之道。

三、名校与名师

松江二中是一所超过百年的"古城名校",校园内绿树成荫,花香四季,小桥流水,曲径通幽。每次去松江二中,都让人心怀敬意。

名校常因名师而得名,松江二中自然不缺名师,像丰子恺这样的大师也曾任教于此。不过,这里我想说的是黄老师。

也许黄老师并没有松江二中的先辈名师们那样的才华,但却"似乎天生就有一个当老师的好性格"。我相信"性格造人"的说法,对于教师这样的职业来说,尤其如此。从教三十多年,黄老师用她的专业和敬业浇灌了一批又一批的学生。

中国中小学数学教师的专业水平在国际上令人瞩目,其原因之一是具有体制化的教研系统,其中包括一大批教学名师及其所带的团队。除了教书育人,黄老师还特别注意对年轻教师的关爱与提携。每次去参加黄老师的课题研讨,我都可以看到一群朝气蓬勃、能想敢干的年轻人。本书的作者中,就有几位步入教师行列不久的后起之秀。团队的力量是巨大的,我希望有更多的像黄老师这样的名师,带出更多的年轻的名师。

鲍建生

2024 年 1 月

于苏州石湖

前　　言

　　《普通高中课程方案(2017 年版)》提出:"重视以学科大概念为核心,使课程内容结构化,以主题为引领,使课程内容情境化,促进学科核心素养的落实。"《普通高中数学课程标准(2017 年版 2020 年修订)》中提出了"数学学科核心素养"的概念,并指出高中数学课程内容以函数、几何与代数、概率与统计、数学建模活动与数学探究活动为四条主线,它们贯穿必修课程、选择性必修课程和选修课程。2018 年 4 月,上海市按照国家课程标准编写高中数学新教材。2020 年 9 月,上海市 2020 级高一师生全面使用数学新教材。这预示着上海数学基础教育进入了新时代,"新课程、新教材"彰显的新理念必然引领着数学教育的新发展。

　　不可回避,当前的高中数学教与学存在如下问题:(1)高中数学知识具有联系性与整体性的特点,而学生的学习是循序渐进的,概念逐个学,知识逐步教,学生对数学知识的认知碎片化,无法构建起对知识的整体认识;(2)学生思维固化,解题模式化,存在"只会解题、不会思考"的现象,当面对复杂情境,需要综合运用知识解决问题时,学生会遇到思维障碍;(3)新教材在教学内容编排上做出了一定的调整,传统的教学经验和模式无法满足新的教学需要,教师出现了不适应的现象,而且在课堂教学中,教师反映数学学科核心素养不好落实。上述问题导致教师无法充分落实"新课程、新教材"背景下的课程教学改革。基于上述问题,2021 年初,黄继红劳模创新工作室开始进行"指向高中数学核心素养的单元统整教学实践研究"这一项目的研究,这个项目是上海市教育科学研究一般项目(编号:C2021274),项目组试图通过此项目研究缩减实然与应然之间的差距。

　　项目组坚持理论结合实践的研究方式,从教育学、心理学、教学论等方面寻求理论指导,在上海市松江区五所试点学校开展教学实践,进行实证和检验。项目组结合教学实践不断迭代研究,总结经验、归纳成果,最终确立了单元统整教学模型,旨在帮助学生获得对数学的整体认识,提升学生的数学学科核心素养。

事实上,早在 2011 年,笔者就主持了上海市松江二中创新素养培育实验项目的子课题"'统整与协同'教学模式下学生创新素养培育的探索",旨在通过数学基础型课堂培育学生的数学创新素养。该课题以美国学者提出的评价学生学习的"效率与创新"模型为理论基础。围绕高中数学教材中的一个单元,授课教师通过教学内容、教学时间、教学资源、教学方法、学科内和学科间的统整,协同多名教师对班级的学生采用大班教学、小组讨论、独立学习或者个别指导的方式,来完成相关教学活动,促进学生以多种学习方式掌握本单元的基础知识和基本技能,同时学习学科内、外相关知识,增强学生发现知识的探索精神、重新组合知识的综合能力和"转化"新思想以解决问题的能力。该课题的研究成果"'统整与协同'教学模式下学生创新素养的培育"荣获上海市教育科学研究院第四届学校教育科研成果二等奖。

从 2011 年至 2023 年,笔者一直专注于"单元统整教学"这一主题的研究。愚以为对于课堂教学的设计,要立足整个高中数学体系,从大单元到小单元,然后到小单元里的主题,再到每个课时。从实践中提炼研究问题,研究成果又可直接指导课堂教学实践,这种反馈式的教育研究具有现实意义,这是教师的"做中学"。

为了进一步追求数学知识的整体性、逻辑的连贯性、思想的一致性、方法的普适性、思维的系统性,以帮助学生理解数学知识的本质,让学生体会知识的联系性与整体性,实现从知识到能力再到数学学科核心素养的提升,项目组借鉴"'统整与协同'教学模式下学生创新素养培育的探索"的研究成果,以数学学科核心素养为指向,以学科大概念为抓手,进而统摄单元统整教学。为此,项目组将单元推广到主线,将统整推广为三个方向的统整——单元内统整、单元间统整、单元与其他学科间统整,并且这三个方向的统整都聚焦知识建构、认知方式、实践创新三个维度。

项目组以五所试点学校 2020 级、2021 级和 2022 级的高一年级学生为研究对象,把函数(必修)主题作为主要研究内容,开展了三轮循证研究。其一,在前期文献梳理和教材研究基础上,由五所试点学校的项目组成员承接各自的研究任务,进行单元统整教学设计,接着在五所试点学校开展第一轮教学实践。待所有项目组成员完成教学实践,进行第一轮研究总结,对成功经验与不足之处进行原因分析,反思、修改单元统整教学设计,初步完善单元统整教学实施策略。其二,根据修改方案实施第二轮行动研究,收集过程性资料,总结成功经验与不足之处,再次完善方案。其三,根据两次修改方案实施第三轮实践研究,收集资料,及时总结,剖析单元统整教学的路径和步骤,形成较成熟的指向高中数学核心素养的函数单元统整教学实践案例。项目组经过共同学习、研讨、反复修改,形成了书稿。

本书共分为理论篇和实践篇两个部分,理论篇逐一介绍了"单元统整教学的历史渊源""单元统整教学的理论内涵""单元统整教学的设计""以函数为例的单元统整教学设计""单元统整教学的学习评价",实践篇介绍了"单元统整教学的实践案例"。单元统整教学是指以认知主义和建构主义为理论基础,进而构建单元统整教学的模型,设计单元统整教学的路径和步骤。典型案例是实践单元统整教学的具体体现。

本书以高中数学知识为根基,以思想方法为主干,以数学学科核心素养为目标,将目标、内容、任务、数学活动、评价等要素结构化,设计有意义的单元,以期帮助教师提高单元统整意识,帮助学生构建完整的知识结构与认知结构,形成合理的单元体系。单元统整教学注重知识之间的关联性、认知方式的相似性、科学发现的必然性,寻求数学与其他学科的关联,展现出不同数学结构的相互转化,是对数学多样美、实用性、趣味性的最好印证,能够激发师生的数学情感。

黄继红

2024 年 1 月

于上海市松江二中

目　　录

理　论　篇

实　践　篇

理论篇

第一章　单元统整教学的历史渊源

随着 2017 年版课程标准的颁布，新一轮课程改革拉开了序幕，中国教育进入核心素养时代。崔允漷教授提出"学科核心素养呼唤大单元教学设计"，"单元教学"因此迎来了研究高潮。在中国知网以"单元教学"为主题词进行搜索，截至 2022 年，共有 18 420 篇相关文献。通过可视化分析(见图 1-1)，可以看到关于单元教学的研究呈现快速增长的趋势。

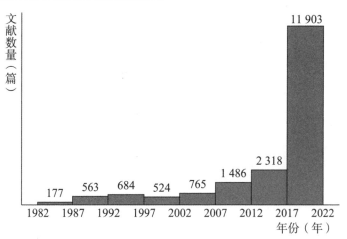

图 1-1　以"单元教学"为主题词的文献发表年度趋势图

"单元统整教学"是课题负责人在过往十余年的教学研究基础上，提炼出的一种新型单元教学模式，为新课改下的单元教学提供了一条具体、可操作的实践路径，丰富了单元教学的内涵。

本章将介绍单元教学的起源与发展，综述国内学者开发的单元教学设计模型，阐述"单元统整教学"理念的由来与过往实践经验。

第一节 单元教学的发展

一、单元教学的起源与发展

"单元教学"萌芽于 19 世纪的欧美。现代教育学之父赫尔巴特提出了教学过程四阶段论，即明了、联想、系统、方法，这标志着教学过程理论的形成。赫尔巴特虽然没有正式提出单元的概念，但已经蕴含了单元教学的思想。其学生席勒将这一理论发展为五个阶段，即预备、提示、联系、总结、应用。席勒认为教材中原本的主题单元可以作为一个单元，教材中的一个模块可以作为一个单元，至此，初步形成了单元的意识。20 世纪前半叶，比利时的教育家德克乐利提出教学整体化原则，即把每个单元作为一个相对独立的整体。之后，单元教学被引入美国，其思想得到了进一步发展。杜威主张实用主义的单元教学，其学生克伯屈在此基础上提出在教学中创设问题情境的"设计教学法"。20 世纪 30 年代，美国学者莫里逊提出"五步单元教学法"（亦称"莫里逊单元教学法"），即根据学科内容的内在特点和联系将其划分为若干单元，该教学法曾传入我国用于中学语文教学等研究。1955 年，汉纳等美国教育研究者正式提出"单元教学"这一概念，他们把单元教学界定为一种有目的的学习体验，并指出单元教学应该是学科与学科之间的、基于儿童社会需求的、富有社会意义的课题。20 世纪 70 年代，美国教育学家布鲁姆提出"掌握学习理论"，推广了单元教学。

单元教学的理念在"五四运动"之后传入中国，20 世纪 20 年代，梁启超提出"分组比较"教学法，要求教师在教学中注重知识的整体性和系统化。之后，叶圣陶为小学编制了整套的《开明国语课本》，这是我国单元教学的雏形。1920 年杜威访华，加速了实用主义的单元教学理论在我国的传播。20 世纪 80 年代，随着国外单元教学理念不断涌入国内，中国教育界逐渐关注单元教学。进入 21 世纪以来，我国的教育改革不断发展与推进，单元教学逐步成为一种主流的教学模式。近年来，一大批教育研究者以及一线教师开展了对单元教学的研究。

通过梳理可以发现,单元教学起源于国外,迄今为止已有较长的发展史,其理论随着时代的发展不断改进、充实、完善。虽然国内对于单元教学的研究起步较晚,但随着近年来课程改革的深入,相关研究呈现井喷式增长的趋势。这极大地推动了单元教学的本土化发展。

二、单元教学的内涵

(一) 单元

随着单元教学的发展,"单元"的内涵也在不断丰富。我国学者早期对单元的认识便是教材中的自然章节。1995 年,覃可霖提出了"大单元(即教材中几个教学单元组成的单元)"的概念,这丰富和拓展了单元的内涵。

钟启泉认为,单元教学中的"单元"是指一个特定主题下相关教学目标、内容、过程、评价的集合。魏强认为,单元教学中的"单元"是把联系紧密、相对独立的内容看成一个单元。崔允漷认为,单元是一种学习单位,是由素养目标、课时、情境、任务、知识点等要素按某种需求和规范组成的一个有结构的整体。卢明等认为,单元是有明确的核心素养目标导向的、依据教材内容与学生生活经验重新组织的学习活动,是对知识、技能、问题、情境、活动、评价等进行组织或结构化所形成的完整的学习事件。包悦玲等把单元分为模块单元(以教材章节为主要内容的单元)、主题类单元(以知识内容为线索的单元)、方法类单元(以思想方法为主线的单元)和素养类单元(以学科素养为主线的单元)。

(二) 单元教学

在初步梳理单元教学的起源与发展后,可以发现在单元教学发展历程中,其内涵在不断发展。美国学者莫里逊提出的"五步单元教学法",即"探索—提示—自学—系统化—复述",让学生在几天或一周内学习教材上的某个专题或解决某个问题,至今仍有指导意义。

陈益认为,单元教学是指教师以课程标准和学情为基础,整合、重组和凝聚教学内容中具有内在联系的零散知识,以形成相对完整、独立的教学主题(即单元),并把相对完整、独立的教学主题(即单元)作为一个教学单元开展的教学。

刘权华认为,单元教学是指以教材为基础,对"具有某种关联性"的内容进行分析、重组,形成相对完整的教学单元。程连敏等认为,单元教学是指用全局的眼光、系统的方法,把教材中具有内在紧密联系的知识、方法和思想进行整合、重组并形成相对完整、动态的教学单元。羌达勋认为,单元教学要求教师基于学科素养,以教材为基础,从知识的整体和结构入手,用大概念统领全局,用系统论的方法对教材中具有某种内在关联性的内容进行分析、重组、整合,围绕大主题,通过真实情境与任务介入,设计、组织、开展大单元教学。包悦玲等认为,单元教学是指教师依据系统论、认知主义和建构主义等教学理论,以学科核心素养为目标,以单元为教学内容的一种教学方式。

由上述分析可知,学者对单元的界定不尽相同,核心素养背景下的"教学单元"区别于传统意义上的"知识单元",是基于学习者的需求,对教学内容和结构进行整合、重组和优化,使之成为相对独立的学习单元,突出知识的整体性和关联性。由此开展的单元教学,关注知识的系统性、方法的普适性,进而提升学生的关键能力,发展学生的学科核心素养。

三、单元教学的理论基础

(一) 学科基本结构理论

学科结构是指学科的基本概念、基本原理及其之间的关系,是指知识的整体性和事物的普遍联系,而非孤立的事实本身和零碎的知识结论。布鲁纳认为,任何学科都有其基本结构,任何与该学科有联系的事实、论据、观念、概念等都可以纳入一个处于不断统一状态的结构中。

在单元教学中,学生不仅需要了解单元的基本结构,包括定义、性质、原理等,还需要掌握学习方法以及相关的技能,从而自主构建知识框架。单元教学需要学生深入理解和整体把握知识,巩固学科的基本观念,理解学科的基本结构,从而更好地掌握和运用学科知识。

(二) 建构主义学习理论

建构主义学习理论认为学生应该注重用自身的经历和心智去构造知识,教师在课堂中不应该直接传授现成的知识,而是要在调动学习者自身认知经验的过程中逐步帮助学习者完成认知建构。皮亚杰、维果茨基等都是建构主义的代表人物。

学生的学习是自己建构知识的过程,而这种建构需要通过学习共同体的合作互动、基于真实的情境和问题来完成。单元教学时,教师设置合理的问题情境,引导学生自主建构知识。教师把学生原有的知识经验作为问题设计中新知识的生长点,引导学生从原有的知识经验中主动建构新的知识经验,并主动内化知识,形成自己独特的知识结构。

(三)格式塔理论

格式塔理论认为,知觉起源于整体,研究事物时不能仅仅关注其中的各个成分,而是必须将其作为一个整体来研究,具有良好组织的整体大于各部分之和。该理论主张,学习过程中,学习者要通过组织格式塔或完形,形成结构上的变化,进而理解和掌握知识。

单元教学时,教师往往需要提供给学生完整的学习情境,并且与学习内容相似,整体呈现教学内容和教学思路,引导学生通过观察来获取知识,培养学生的创造性思维。教师要通过设置各种教学情境,引导学生将新知识与旧知识联系起来,激发学生的主观能动性,促进学生对知识的整体掌握。

四、单元教学的特点

基于单元教学的内涵,学者分析了单元教学的特点。孙丛丛指出,单元教学的特点为整体性、组合型。倪昌国提出,单元教学的三大特点为目标的整体性、知识的系统性、训练的序列性。陈大春认为,单元教学具有全局性、联结性、计划性、主体性的特点。包悦玲等把单元教学的特点归纳为主体性、系统性、模型性、全息性。

虽然学者对单元教学特点的阐述不尽相同,但几乎都提到了整体性,这也是单元教学的最大特点。根据已有研究进行同义归类,可以得出单元教学的四大特点,即整体性、联结性、主体性、组织性。

第二节　单元教学的设计与实践

单元教学的理念契合新课程以核心素养为目标导向的教学,其实施需要依托具体的教学设计,不少学者开发了单元教学的各种设计模型并积累了一定的实践经验。

对于单元教学设计应从何着手,吕世虎等认为,数学单元教学设计是在整体思维指导下,从提升学生数学核心素养的角度出发,通过教学团队的合作,对相关教材内容进行统筹重组和优化,并把优化后的教学内容视为相对独立的教学单元,以突出数学内容的主线以及知识间的关联,在此基础上对教学单元整体进行循环改进的动态教学设计;刘权华认为,单元教学设计是针对某主题或单元的教学内容,从数学知识主线、学生认知规律、教学组织原则等方面进行整体的教学活动设计;游明霞提出,中学数学单元教学设计主要有三种类型,分别是以重要数学概念或核心数学知识为主线,以数学思想方法为主线,以数学核心思想、数学基本能力为主线。可见,单元教学设计应立足中观或宏观的层面,以知识、思想、素养等为主线,聚焦教学活动的设计,以此落实学科核心素养。

对于具体的设计路径,国内应用较广泛的模型是 ADDIE 教学设计模型,即 Analysis(分析)—Design(设计)—Development(开发)—Implementation(实施)—Evaluation(评价),见图 1-2。吕世虎等在 ADDIE 教学设计模型基础上,把数学单元教学设计细化为六个步骤,即"确定单元内容—分析教学要素—编制单元教学目标—设计教学流程—实施教学—评价、反思与修改"。这六个步骤得到了学界的广泛认可。

张可峰提出了高中数学单元教学设计的操作流程:(1)确定教学目标,细化素养培育;(2)分析单元内容,定位"大概念";(3)依据学情特点,确立衔接问题串;(4)精选典型例题,实现单元目标;(5)反思教学过程,完善教学设计。李刚等提出了课程单元开发的七步框架,包括选择单元主题、筛选大概念群、确定关键

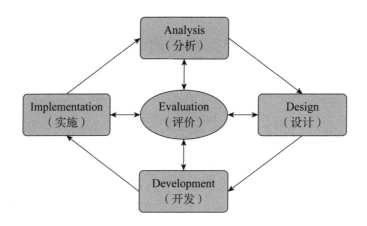

图 1-2 ADDIE 教学设计模型

概念、识别基本问题、编写单元目标、开发学习活动、设计评价方案。

李昌官将研究型教学与单元教学结合,提出了"五环十步"的高中数学研究型单元教学模式,并提出了 ADE 模型,即 Analysis(前期分析)、Design(中期设计)、Evaluation(后期评估)。这为教学设计提供了概念框架和操作的技术路线图。葛丽婷等结合大概念、理解六侧面、基本问题、评估与反馈、WHERETO 元素[①],根据"阶段 1 确定预期结果—阶段 2 确定合适的证据—阶段 3 设计学习体验"的顺序,以平面解析几何单元为例开展基于 UbD(Understanding by Design,即追求理解的教学设计)理论的逆向单元教学设计。

陈小波主持的课题项目组,依据区域高中数学特色,通过反复的教学实践,构建了"三段七步十九要素"的单元教学设计框架(见图 1-3)。

喻平基于对单元教学的理解,提出了四种单元教学模式,分别以问题解决过程的线索为主题、以建立个体 CPFS 结构[②]为主题、以概念生长为主题、以用数学思想方法解决问题为主题进行单元教学设计。

通过分析,可以看到,虽然不同学者提出了不同的单元教学设计方案,但基

① WHERETO 元素中,W 指 Where&why,H 指 Hook&Hold,E 指 Equip&Experiences,R 指 Rethink&Reflect&Revise,E 指 Evaluate,T 指 Tailor,O 指 Organize。

② CPFS 结构中,C 指 Concept,P 指 Proposition,F 指 Field,S 指 System。CPFS 结构由概念域、概念系、命题域、命题系组成。

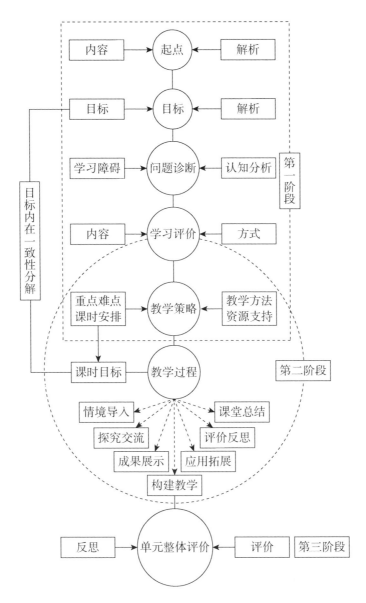

图1-3　"三段七步十九要素"的单元教学设计框架

本都遵循 ADDIE 教学设计模型,在此基础上,根据单元教学设计的侧重点或理念的不同,或细化,或精练。

第三节　单元统整教学的萌芽

一、"新课程、新教材"背景下的单元教学

"新课程、新教材"背景下的课堂教学最终指向的是核心素养的落实。学生学科核心素养的获得不是一蹴而就的,而是在课堂学习和阶段化学习中自然生长而成的。培育学科核心素养的基础是"双基"[①],学生通过课时学习获得零星的知识与技能,但此时的知识与技能是孤立状态,并未建立起良好的联系。教师围绕某一主线开展单元教学,关联起知识、技能与思想方法,能够让学生形成较完整的认知结构;学生通过参与活动,将知识、技能与思想方法应用于问题解决,积累起基本活动经验,完成"四基"[②]的积累;学生理解知识、掌握技能、领悟思想方法、积累活动经验后,进一步积累发现问题、提出问题、分析问题和解决问题的经验,获得"四能"[③];在此基础上,学生优化数学思维品质,提升关键能力,进而形成数学学科核心素养,素养的发展有助于学生优化原有的"四基""四能",提升综合品质(见图 1-4)。可见,单元教学是培育和发展学生数学学科核心素养的桥梁。

当前,单元教学设计受到越来越多的关注,教师非常重视对教学内容的整合。通过前两节的分析可以看到,从单元教学思想的生发到如今成为培育学科核心素养的有效途径,单元教学的理论在不断深入,单元教学在教学中的作用随着时代的变化也在不断地变化着,从最初的"将学习内容划分为一个个单元,便于师生形成知识块"到现在的"帮助学生将碎片化的知识整体化,提升核心素养"。在这种教学理念的指导下,以单元为主题进行教学设计成为研究热门。在理论方面,不少学者对单元教学的概念、意义和设计方案等进行了研究;在实践

---

① "双基"指基础知识、基本技能。
② "四基"指基础知识、基本技能、基本思想方法、基本活动经验。
③ "四能"指发现问题、提出问题、分析问题、解决问题的能力。

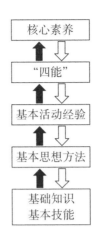

图 1-4　数学学科核心素养的生长过程

方面,不少学者以课题、课例等形式,从单元视角开展教学研究,在区域内产生了一定的影响,单元教学的理念正在不断扩展。

　　但是,在对当前的单元教学研究进行梳理时,我们发现尚存一些问题:一方面,很多学者对如何着手设计单元教学给出了建议,但缺乏理论指导实践的有效案例,或者给出了设计框架,但不够精细,对于一线教师而言,操作性不强;另一方面,很多学者只关注某个单元,事实上,数学是一个有机的整体,不同知识之间具有联系,思想方法可以进行类比、迁移,因此,单元与单元之间也可以进行整合,甚至可以跨学科进行整合,体现数学的基础地位与应用价值,但如何开展这类统整教学,以往的研究中较少涉及。以上问题,也是本课题的研究者在一线教学中遇到的普遍问题。

二、统整理念的萌芽与发展

　　"统整"一词源于拉丁文,是指使事物变得圆满,使分化的要素或部分形成有机的整体。这一理念早期出现在哲学领域,后来赫尔巴特将其引入教育学领域。赫尔巴特以观念心理学和"统觉"理论为指导,认为统整是人类新旧经验交互作用进而改变意识结构的过程。统整的字面意思是统合整理,即将两个或两个以上的事物或现象组成一个有意义的整体。从教学角度看,统整是实现单元教学的一种方式,这一理念大大丰富了单元教学的内涵。

数学教学中的统整可追溯到20世纪初,德国数学家菲利克斯·克莱因对当时的数学教育发展有着特殊的贡献,且影响至今。菲利克斯·克莱因非常注重知识在教学中的前后衔接。1904年,菲利克斯·克莱因在教师培训中以"当代高中数学课程的再设计"为题,以函数为例,解释了如何构建从初中到大学前后一致的知识体系,并建议采用合理的螺旋上升方式设计数学教学内容,这是早期统整理念的萌芽。同年,菲利克斯·克莱因探讨了数学与物理学科整合的措施,跨学科统整为统整提供了一条路径,拓展了统整的外延。

1901年,英国皇家理科大学的数学家贝利发表了"论数学教学"的著名演讲,提出了"数学教育应该面向大众""数学教育必须重视应用"的思想,强调要把数学教学与科学和工程技术教学结合起来,这与克莱因的观点契合。受两人观念的影响,后来有了被称为"贝利—克莱因运动"的数学教育现代化运动。

我国清末著名数学家华蘅芳在李善兰的介绍下开始了微积分的研究之路,并用几何中的点、线、面、体来解释微积分基本概念,这是不同单元知识内容统整的雏形。1923年,受美国教育家杜威实用主义教育思想的影响,民国政府公布了《新学制课程标准纲要》,其中,初中数学采用混编的方式,把算术、代数、几何、三角混编,统称为算学,这是对课程内容的一次统整。

到了20世纪50年代初期,"新数运动"作为美国战后数学教育计划之一悄悄地开始了,其研究的重点是中小学课程内容和教学,采用结构主义主张,强调中小学课程的学术性、系统性。美国大幅度更换原有的数学内容,编写新的教材,引进现代数学概念,使整个数学课程结构化、统一化、公理化、抽象化、现代化,一时风起云涌,席卷西方,逐步发展成了20世纪较为轰轰烈烈的一场数学教育改革运动。

"新数运动"在20世纪60年代形成了高潮,其影响辐射到了其他国家。1961年,在英国举行的一次数学教育会议上成立了SMP(School Mathematics Project,即英国中小学数学研究规划)课程团队,受"新数运动"思潮影响,该团队编写了三套数学教材,试图将数学看作一个学科的有机整体,突出各部分的内在联系,打破了算术、代数、三角、几何各自独立、互不联系的状况,并且重视数学在现实世界中的应用。但随着教材的普遍使用,其缺点日益凸显,SMP 教材只能满足少部分学生的需求,远远没有设想的广泛。

"新数运动"的初衷是体现数学内部的系统性,引导学生领会知识学习的意义,统整理念借此得以发展,但是这般统整导致教学内容过多过难,忽视了大多数学生的接受能力,加上 20 世纪 60 年代美国社会动荡不安的外因,这场改革未能达到预期目标。自 20 世纪 70 年代起,美国数学家莫里斯·克莱因、法国数学家托姆等人对"新数运动"进行了猛烈的批评,至 20 世纪 70 年代后期,"新数运动"已呈现一派衰退之势,并被"回到基础"的口号所取代。从整体上看,"新数运动"以失败而告终,但它至今仍在影响中学数学课程。

三、单元统整教学

正如在前言中所述,从 2011 年至 2023 年,课题主持人带领团队开展了多项聚焦学生素养提升的教学实践与研究,主要分为两个阶段:一是培育创新素养的探索阶段;二是发展数学学科核心素养的探索阶段。在此过程中,课题组提出了"统整与协同"的教学模式,很多观念与当下流行的单元教学理念不谋而合。

基于过往的研究经验,加之"新课程、新教材"背景下对单元教学的呼唤以及统整理念的发展,单元统整教学的理念应运而生。2019 年 2 月,课题主持人申报了区级课题"基于高中数学核心素养培育的单元统整教学模式实践研究",该课题被确立为区级重点课题,单元统整教学正式由理念转向实践,依托黄继红劳模创新工作室的辐射作用,在区域内五所学校开展教学实践,取得了初步的成果。2020 年 12 月,课题组申报的课题"指向高中数学核心素养的单元统整教学实践研究"被批准为上海市教育科学研究一般项目,主持人协同课题组成员,优化、深化过往研究,在区域内产生了一定的辐射影响,本书便是团队研究成果之一。

【参考文献】

[1] 崔允漷.学科核心素养呼唤大单元教学设计[J].上海教育科研,2019(4):1.

[2] 张丕峰.单元设计:撬动课堂转型的一个支点[J].现代中小学教育,2017(7):27-31.

[3] 丁丽杉.大概念下的高中数学单元教学实证研究[D].上海:上海师范大学,2022.

[4] 阎金铎,潘仲茗.现代教学方法百科全书[M].石家庄:河北教育出版社,1992:136.

[5] 顾明远.20世纪中国教育[M].武汉:湖北教育出版社,2015:159.

[6] 玲如.莫里逊单元教学法[J].上海教育科研,1985(5):41.

[7] 黄甫全.现代课程与教学论[M].北京:人民教育出版社,2014:370.

[8] 谭惟翰.试论"一次多篇"语文教学法[J].语文教学通讯,1980(12):36-39.

[9] 覃可霖.单元教学漫谈[J].广西师范学院学报(哲学社会科学版),1995(1):81-85.

[10] 钟启泉.学会单元设计[J].新教育,2017(14):1.

[11] 魏强.新课改下高中数学单元教学设计的实践探索[J].数学教学研究,2017(2):22-24.

[12] 崔允漷.如何开展指向学科核心素养的大单元设计[J].北京教育(普教版),2019(2):11-15.

[13] 包悦玲,赵思林,汪洋.高中数学单元教学研究综述[J].内江师范学院学报,2020(10):18-22.

[14] 卢明,崔允漷.学科核心素养呼唤单元教学[J].课程教材教学研究(教育研究),2020(5):58.

[15] 陈益.高中化学单元教学设计的关键、核心和重点[J].化学教学,2011

(2):5-7.

[16] 刘权华.高中数学单元教学设计存在的问题及对策[J].教学与管理, 2019(4):55-57.

[17] 程连敏,甄强.高中数学单元教学设计的着手点、着眼点和着力点——以"平面向量"单元教学设计为例[J].中国数学教育(高中版),2018(3):11-14.

[18] 羌达勋.数学单元教学中学材再构建的途径[J].教学与管理(中学版), 2020(4):38-41.

[19] 孙丛丛.小学语文单元整体教学研究[D].武汉:华中师范大学,2014.

[20] 倪昌国.关于单元教学的回顾和思考——兼谈单元教学和"点面法" [J].江苏教育学院学报(社会科学版),1997(1):103-104.

[21] 陈大春.关于小学数学单元模块式教学的实践探索[J].西部素质教育, 2016(15):119.

[22] 吕世虎,杨婷,吴振英.数学单元教学设计的内涵、特征以及基本操作步骤[J].当代教育与文化,2016(4):41-46.

[23] 刘权华.高中数学单元教学设计存在的问题及对策[J].教学与管理, 2019(4):55-57.

[24] 游明霞.高中数学单元教学设计思路探析与实施策略[J].福建基础教育研究,2019(2):48-49+75.

[25] 张可锋.基于核心素养的高中数学单元教学设计探究[J].中学教学参考,2020(9):40-41.

[26] 李刚,吕立杰.大概念课程设计:指向学科核心素养落实的课程架构[J].教育发展研究,2018(15):35-42.

[27] 李昌官.高中数学研究型单元教学实践探索——以"三角函数的诱导公式"教学为例[J].中国数学教育(高中版),2020(1):16-21.

[28] 葛丽婷,施梦媛,于国文.基于UbD理论的单元教学设计——以平面解析几何为例[J].数学教育学报,2020(5):25-31.

[29] 陈小波.高中数学单元教学整体设计的区域研究与实践——以人教A

版《数学》(必修第一册)"三角函数"为例[J].中学数学教学参考,2020(10):10-15+24.

　　[30] 喻平.数学单元结构教学的四种模式[J].数学通报,2020(5):1-8+15.

　　[31] 陈志豪.统整课程理念下的中小学美术跨学科融合教学的实践研究[D].重庆:西南大学,2022.

第二章　单元统整教学的理论内涵

在第一章,我们初步了解了单元统整教学的发展脉络和形成过程,本章将从学习心理、教学心理两个维度分析单元统整教学的理论内涵,并介绍单元统整教学的特征。

单元根据组织的内容可分成主题类单元(以重要的数学概念或核心数学知识为主线组织的单元)、方法类单元(以数学思想方法为主线组织的单元)等。本研究中的单元是指主题类单元,主要以"函数单元"为例进行研究,涵盖初中阶段的函数内容以及上海教育出版社出版的《普通高中教科书　数学》必修课程第4章、第5章、第7章的全部内容。

我们把"单元统整教学"定义为在整体思维指导下,从提升学生数学核心素养的角度出发,对教材中同一主题的内容进行统筹整合和优化的教学过程。具体而言,单元统整教学通过单元内统整、单元间统整、单元与其他学科间统整的方式(见图2-1),聚焦知识建构、认知方式和实践创新,帮助学生理解数学知识的本质,体会知识的联系性与整体性,实现从知识到能力再到素养的提升。以函数单元为例,函数单元内统整是指在函数单元内部对主题进行整合;函数单元间统整是指从函数单元和高中数学其他单元的认知角度出发对主题进行整合;函数单元与其他学科间统整则是指从跨学科角度出发对主题进行整合。

单元统整教学是介于宏观课程设计与微观课时设计之间所开展的中观教学设计,向上可以较好地兼顾课程整体目标和知识结构,向下可以合理协调课时之间的教学逻辑。单元统整教学追求知识的整体性、逻辑的连贯性、思想的一致性、方法的普适性、思维的系统性。

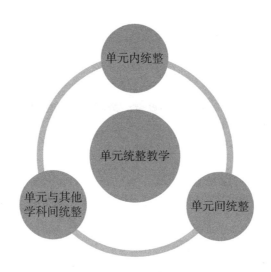

图 2-1　单元统整教学的设计思路

第一节　单元统整教学的学习心理

从 20 世纪初的学习行为主义观到 20 世纪 60 年代的学习认知观,再到 20 世纪 80 年代的社会认知观和建构主义观,学习心理的研究蓬勃发展,积累了丰富的资料。单元统整思想蕴含着丰富的学习理论,尤其与认知主义和建构主义有着千丝万缕的联系,或者说,认知主义和建构主义是单元统整教学的理论基础。本节主要结合认知主义学习理论和建构主义学习观、信息加工学习论、元认知策略、学习迁移理论等心理学理论,解读单元统整教学的理论内涵。

一、单元统整教学与认知主义学习理论和建构主义学习观的联系

认知主义认为,学习是学习者获得知识、形成认知结构的过程,学习的基础是学习者知识结构的形成和改组。认知主义特别强调,学习不是通过练习与强化形成的反应习惯。建构主义则认为,学习是学习者主动建构知识的意义的过程,一方面是对新信息的意义的建构,另一方面是对原有经验的改造和重组,是新旧经验相互作用的过程。

当代认知主义学习理论主要包括布鲁纳的认知结构学习论、奥苏伯尔的认知同化学习论。建构主义学习观主要包括皮亚杰的认知建构主义学习观。以下将逐一介绍。

（一）布鲁纳的认知结构学习论

布鲁纳认为，学习的实质是学生主动地通过感知、领会和推理，促进类目及其编码系统的形成。编码系统的形成过程既是学习者获得知识的过程，也是学习者认知学习的过程。"不论我们教授什么学科，使学生理解各门学科的基本结构都是当务之急。"基本结构包括基本原理、学习态度和学习方法。布鲁纳倡导学生主动探究，用自己的头脑亲自获得知识，即主动去发现。在教材中，函数单元有三次"探究与实践"，即"幂函数、指数函数与对数函数增长速度的比较""潮汐的函数模型""球门的张角问题"。教师可以鼓励学生独立思考，积极探索，自主发现基本原理，形成自己的编码系统。

（二）奥苏伯尔的认知同化学习论

奥苏伯尔认同学习是一种认知过程，强调原有认知结构的作用。不同于布鲁纳的是，他认为接受学习才是主要的学习方式。但他同样强调让学生积极主动地把新学习的内容与认知结构中已有的知识联系起来，使新旧知识发生相互作用，实现新旧知识意义的同化，使旧知识得到改造，使新知识获得新意义，即意义接受学习。例如，学习指数函数时，学生可以联系幂函数相关知识，使其相互作用。

（三）皮亚杰的认知建构主义学习观

皮亚杰认为，人总是积极地、理性地试图学习，在自身经验的基础上主动去建构有关外部世界的知识。人们需要经历事物，并亲身探索。关于认知发展，皮亚杰将其分成认知结构和认知机能两部分，其中，认知机能分为组织和适应，而适应由同化和顺应两种过程构成。通过同化和顺应，人们的认知结构得到丰富和改造。例如，为了解决"球门的张角问题"，教师可以先让学生到足球场上体验"何时射门更有利"，再让学生根据自己所学的三角函数等数学知识进行分析，丰富自己的图式。

综上所述,布鲁纳和奥苏伯尔都强调学习者要把新知识与旧知识联结起来,建立新的认知结构。不管是认知主义把学生看成信息的主动吸纳者(新学习的内容需要与已有的知识结构联系起来),还是建构主义把学生看成信息意义的主动建构者(需要在已有知识经验的基础上,通过新旧知识经验间反复的相互作用过程建构新的意义),它们都强调知识结构的重要性。单元统整教学把学习内容整合起来,增强了知识之间的关联性;确定学生现有的认知结构,寻找知识的逻辑起点;打破课时间、学科间的隔阂,避免了学习内容的碎片化和局限性,有助于学生学习内容的系统化。由此可见,单元统整教学符合认知主义学习理论和建构主义学习观。事实上,人们在识别外界物体的时候,物体的整体结构对识别物体本身会起到有利的作用,这种有利的作用称为结构优势效应。单元统整教学对碎片化的数学知识、思想方法和数学素养进行模块化优化,帮助学生从整体上把握教学内容,从而保证了知识结构的完整性和思想方法的系统性,有助于落实数学核心素养。

二、单元统整教学与信息加工学习论的联系

加涅的信息加工学习论是 20 世纪较有影响的认知理论。学习的信息加工观点是一种计算机模拟的思想,把人的学习过程比喻为计算机的加工过程。在信息加工心理学中,研究者提出了一类专门用来解释信息处理、学习与记忆的模型。该模型主要包括三部分。

(一) 信息的存储

认知神经学研究成果表明,人类的记忆通常通过联结来提取,即通过一个念头追溯存储在长时记忆中的另一个念头。教师提到正弦函数,学生大脑中就产生了心理图像,长时储存区被激活,这样,学生就回忆起了正弦函数的图像、周期性、奇偶性等性质,回忆起高中所学习的任意角三角比和初中所学习的锐角三角比。越来越多的联结出现,学生甚至能回忆起初中教师授课时所展示的"日月地模型",当时大家激动的神情,以及热烈的课堂气氛。大脑这种探测到模式并形成联结的能力是它最强大的功能之一,通常被称为联结记忆。联结记忆是一种

强有力的工具，它让我们在碎片化的数据之间建立联结。

以正弦函数的知识联结为例，对于正弦函数 $y = \sin x$，有的学生想到了正弦函数的图像、性质，想到了"五点作图法"等，这些知识属于生成性知识，真正的主干知识应该是任意角的正弦值，即 $\sin \alpha$。如果学生能把 $y = \sin x$ 和 $\sin \alpha$ 联系起来，说明学生抓住了正弦函数的实质，因为 $y = \sin x$ 和 $\sin \alpha$ 在本质上是一致的。如果继续追踪，部分学生会联想到初中所学习的直角三角形中锐角的正弦值（对边与斜边之比）；如果继续追踪，大多数学生说不出三角比概念产生的实际背景，不知道三角比的产生与人们的计时、天文测量有关。数学知识从来都不是帽子里的兔子，如果学生知道南宋数学家秦九韶的"三斜求积"，知道古希腊天文学家阿里斯塔克斯的"日月地模型"，学生就有了关于三角比概念的知识闭环，就能形成联结记忆。正弦函数知识结构追踪见图 2-2。

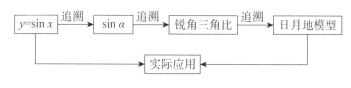

图 2-2　正弦函数知识结构追踪

（二）复述可以增强记忆

复述是指持续地重复加工信息，复述的目的是把信息从工作记忆转化为长时记忆。单元统整的过程也是复述的过程。认知神经学根据复述的方式把复述分为机械复述和精细复述。我们在记电话号码时往往选择的是机械复述的方式，学习者使用机械复述的方式准确地把信息记忆存储到工作记忆中。当不需要完全精确地存储信息，而主要是将新知识与先前所学知识相联系时，学习者会使用精细复述的方式。例如，学生仅仅记得正弦三角比的定义式 $\sin \alpha = \dfrac{y}{r}$，没有将其与初中所学习的锐角三角比联系起来，这就是一种机械复述。研究者发现，当学生没有时间进行精细复述，也没有接受过这方面的训练时，他们几乎对所有加工都使用机械复述的方式。由此可见，单元统整教学强调知识的整体性和关联性，希望学生多使用精细复述的方式去学习，所以，单元统整教学可以很好地训练学生的精细复述能力。

在信息加工模型中,编码往往发生在个体对复杂信息进行心理表征,并将之贮存到长时记忆的时候。精细复述策略是进行有意义编码的重要方法之一。一般来说,有意义地编码主要涉及新知识和原有知识的联系及其之间的组织。新旧知识建立联系是学习过程中的关键环节,也就是说,旧知识越多,新知识能够建立联系的"抛锚点"就越多,就越有可能导致有意义的编码,我们称之为激活扩散模型。因此,在教学中,教师应该通过教学组织,使学生在新旧知识之间建立联系,从而增加知识的有意义性;通过精致化技术,把复杂的新知识和原有的图式联系起来,从而增加知识的有意义性;重视学生学习的主动性,因为学生的积极加工将有利于他们建构意义。

（三）意义的重要性

我们承认有必要让学生记住一些知识,但记忆不应该成为数学教学的主要部分。有意义地编码可以减轻学生的记忆负担。意义是一种非常私人化的东西,深受个人知识结构和个人经历的影响。很多教师遇到过这样的情况,学生在课堂上能正确使用对数运算律 $\log_a M + \log_a N = \log_a (MN)$ 进行计算,但第二天他们就不记得应该怎么运用了。这是因为存在意义的信息会伴随着强烈的情感体验而迅速被储存,没有意义的信息往往会被遗忘掉。

有时,当学生问他们为什么需要知道幂函数的性质、指数函数的图像时,教师会回答"因为高考会考到"。这个回答几乎不能增加知识的意义,还会增加学生的焦虑感。令人悲伤的是:实验和经验证据都表明,对学生来说数学内容通常是没有实质意义的。这就需要教师花费更多的时间帮助学生建立新知识与其认知结构的关联,进而让新知识产生意义,让学生把信息留存在长时记忆里。

教师可以从三方面建立知识的意义。一是现实意义。数学是一门来源于生活的学科,生活中处处蕴含数学的影子,如"物以类聚,人以群分"是对"集合"概念的现实解释。二是关联意义。教师要帮助学生建立知识结构,理解知识的关联。为了帮助学生理解对数运算律,教师可以让学生辨析对数运算律与指数运算律的区别和联系。三是实践意义。学生学习不只是为了获取信息,也是为了在不同情境中应用知识。在学生学习正弦定理和余弦定理后,教师可以让学生计算具体建筑物的高度,让他们感受数学在实践中的应用。

三、单元统整教学与元认知的联系

弗拉维尔认为,元认知以认知过程本身的活动为对象,是对认知的认知。根据弗拉维尔的观点,元认知由三种成分组成,即元认知知识、元认知体验和元认知监控。近年来,人们越来越关注元认知在学习和学会学习中的作用,越来越重视培养学生的元认知能力。一些学者指出,可以通过引导学生记数学学习日记、指导学生自我质疑、为学生提供练习与反馈的机会等来提高学生的元认知能力。

如果学生能感悟单元统整的理念,在学习活动前,他们就会根据学习任务的要求主动去寻找旧知识中的衔接点;在学习活动中,他们就会主动复述相关知识内容,向他人表述自己的理解,随时监控、调节自己的行为以保证学习活动顺利进行;在学习活动后,他们就会主动在实践中运用自己掌握的知识,对自己的学习结果进行评价,反思自己的学习状况,并思考知识的发展方向以及新的生成点,从而提升元认知能力。

四、单元统整教学与学习迁移理论的联系

学者一般认为,学习迁移是一种学习对另一种学习的影响。学习迁移是现代教育追求的重要目标之一,为了探究迁移是如何发生的,了解迁移发生的原因、条件和规律,当代心理学以认知心理学为基础,深入地揭示了迁移的内在机制。奥苏伯尔认为,认知结构是知识学习发生迁移的重要原因。个人认知结构在内容和组织方面的特征主要包括可利用性、可辨别性和稳定性,分别涉及进行新知识学习时,个体原有认知结构中是否有可用来同化新知识的适当观念,个体能否清晰分辨新旧知识的异同,用来同化新知识的原有知识是否被个体牢固掌握。

为了促进正迁移发生,教师可以先提供"先行组织者",改进学生的认知结构。例如,在研究函数 $y = A\sin(\omega x + \varphi)$ 的最值时,教师可以在上课前引导学生

回顾研究函数最值的基本思想方法,帮助学生巩固原有知识。接着,教师可以依托教材内容,适当改进教材呈现方式。任一学科的知识都会在学生头脑中形成有层次的结构,根据学生认识新事物的自然规律及认知结构的组织特点,教师呈现学习内容时,在纵向上应遵循由整体到细节、由一般到具体、不断分化的原则,在横向上则应遵循融会贯通的原则,关注概念、原理及章节间的联系。

可见,单元统整的教学理念就是引导学生学会知识迁移。在信息爆炸的现代社会,学校教育不可能将所有知识、技能和思想都传授给学生,但如果学生具备了一定的迁移能力,他们就能灵活使用所学知识来处理不同情境中的问题,或在新情境中快速学习,并且重视基本知识、基本技能、基本方法、基本经验的学习。

第二节　单元统整教学的教学心理

教学是一种尊重学生的理性思维能力和自由意志,把学生看作独立思考和行动的主体,引导学生在与教师的交往和对话中,发展自己的智慧潜能、陶冶自己的道德情操、达到自己最佳发展水平的活动。教学的一般过程可以分成三个阶段:了解学生的学习准备情况并制订教学计划、有效开展课堂教学活动、实施教学评价。

一、了解学生的学习准备情况并制订教学计划

从师生关系角度来看,教师在制订教学计划时处于主导地位,但教师心中要有学生,即了解学生的学习准备情况。学习准备是使新的学习成为可能的学生的身心发展条件,是学习的内部条件,是教学的起点。这就要求教师备课时既要备教材,又要备学生。教师要确定学生的原有基础。在进入新的学习单元或新的学习课题时,教师需要了解和分析学生原有的学习方法、学习习惯、相关知识、相关技能。例如,在学习"对数函数"前,教师可以通过布置作业或课堂提问的方式来了解学生是否掌握了"对数运算律"。"对数运算律"是学习"对数函数"的前提性知识和技能,是其使能目标。分析使能目标时,教师可以反复提出"要完成这一目标,学生预先必须具备哪些能力"这一问题。

　　可见，分析使能目标的过程可能涉及单元内、单元间、学科间的知识联系和整合。当然，了解学生的学习准备情况也是在分析学生的最近发展区，有助于教师提供有效的教学支架，进行有效的课堂教学。为了更好地制订教学计划，教师还应该做到以下两点：(1)核心知识和知识脉络要了然于心，例如，对于"函数单元"的教学来说，函数的定义是核心知识，教师需要熟悉初中阶段是如何定义函数的，高中阶段又是如何定义函数的，这两个阶段的函数定义有什么区别和联系，函数定义的发展方向是什么；(2)课时安排要松弛有度，教师要依据课程标准要求和教材编排、教学参考书中的课时建议，合理分配课时教学进度。教师前期准备知识时要敢于花费时间去解释问题，给学生留足够的空间去消化吸收。例如，"7.1 正弦函数的图像与性质"教学参考书中建议的课时是 4 课时，教师一定不要主观地压缩时间，要把本模块的知识讲透彻。如果学生真正掌握了正弦函数相关知识，学习"7.2 余弦函数的图像与性质"便会得心应手。如果学生没有真正掌握正弦函数的图像与性质，后期学习余弦函数时就会出现问题。

二、有效开展课堂教学活动

　　当代教学理论主要包括行为主义教学理论、认知教学理论和情感教学理论。加涅等把教学分成引起注意、告知学生目标、激活学生原有知识、呈现刺激材料、提供学习指导、引发学习行为、提供反馈、评估学习行为、促进记忆与迁移九类活动。这九类活动有很强的关联性。呈现刺激材料可以引起学生的注意，引发他们的学习行为。例如，在讲解"抛物线"时，教师通过呈现普通手电筒的平行光束和手机手电筒的散射光束，可以很好地吸引学生的注意力，引发他们思考，也能很好地激活相关联的原有知识——椭圆和双曲线的光学效果是怎样的。

　　为了引导学生积极参与学习活动，教师可以采用让学习任务富有变化和有趣、激发认知冲突等手段。让学习任务富有变化和有趣，能够激发学生的好奇心和内部动机。教师提出"为何手机的光束是散射的，而手电筒的光束是平行的"这个问题，学生的好奇心被激发，他们就能主动去探究。教师在激发认知冲突时，要注意学生头脑中已有的许多错误观念。比如，部分学生会错误地认为"当

$z \in \mathbf{C}$ 时，$|z|^2 = z^2$""$1 > 0.9$"等。"学生在课堂学习中不断暴露出来的无知、矛盾、疑难、困惑、惊异,恰恰是课堂教学的原动力,而不是阻力。善于激发学生认知冲突的教师,才称得上是好教师"。

三、实施教学评价

教学评价是指根据教学目标,对学习者在教学活动中所发生的变化进行测量,收集有关资料,并做出价值判断的过程。教学评价一方面能够让教师、学生和家长了解学生的学习情况,另一方面能够为学生下一阶段的学习提供依据。

美国教育家布鲁姆根据评价在教学活动中的作用将其分为诊断性评价、形成性评价、总结性评价。其中,诊断性评价主要是在教学或学习计划实施的前期进行的评价,重点评价学生的认知能力、情感及技能,关注生理、心理、环境等因素对学生的影响;形成性评价主要是在教学或学习过程中进行的评价,一般以学习内容的一个单元为评价点,了解学生对单元结构的掌握情况;总结性评价主要是在教学或学习后进行的评价,是对教学或学习全过程的检验。单元统整教学更多使用形成性评价和总结性评价。根据单元统整教学的特征,教师应多强调测评的真实性和情境性,鼓励学生在评价中的合作行为,重视对学生思维过程的评价等。

第三节　单元统整教学的模型与特征

自 20 世纪 90 年代我国开始单元教学设计研究以来,国内学者对单元设计和单元教学进行了广泛的研究,并提出了不同的设计路径。结合本章伊始所提出的单元统整教学设计思路,课题组提炼出了单元统整教学的模型(见图 2-3)。该模型中,数学学科核心素养是教学设计的内核,教师要围绕单元内统整、单元间统整、单元与其他学科间统整三条路径开展单元统整教学。具体而言,教师要聚焦知识建构、认知方式、实践创新三个维度进行设计,依托情境、问题、活动等要素开展教学。

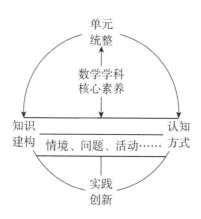

图 2-3 单元统整教学的模型

　　知识建构是数学学习的基础,包括显性的数学知识、隐性的数学思想方法等。知识建构是落实学科核心素养的主要载体,知识建构的程度是检验单元统整教学成效的重要依据。认知方式涉及数学学习的实践途径,其呈现的是知识的来龙去脉以及知识学习的思维方式,是单元统整意识的具体体现。实践创新能够体现数学学习的应用价值,数学学习最终是为了应用,知识、方法、思维的统整能够使教师综合应用相关知识解决问题,凸显单元统整教学的实践价值。

　　在教学实践中,教师需要借助情境、问题、活动等串联起课堂教学。情境是教学的起点,是将知识转化为素养的桥梁;问题是知识学习的原始动力,是激活课堂的关键;活动是落实素养的实践路径,是课堂教学的主体要素。在单元统整教学中,教师通常以情境引入,进而明确问题,通过各类活动激发学生的思维,引导学生解决问题,最终在总结反思中渗透单元统整的理念,培育学生的核心素养。

　　结合单元统整教学的学习心理、教学心理以及一线教师的实际教学情况,我们认为,单元统整教学具有注重概念教学、注重情境设计、注重知识网络建构、注重知识迁移、注重数学史和数学文化的渗透、注重总结与反思、凸显数学学科核心素养的表现等特征。

　　事实上,数学概念高度凝练着数学家的思维,是数学家的思想结晶。教师讲清楚概念产生的背景,让学生经历概念概括和抽象的过程,帮助学生厘清概念间的关系、明白概念延伸的方向,是学生形成整体的知识结构和认知结构的基础。

教师对教与学进行归纳、提炼、概括、总结、反思是教学不可或缺的环节,教师及时进行总结与反思可以让知识体系进一步清晰化、精准化。有了可利用的、可辨别的、稳定的知识结构和认知结构,学生在面对新情境时才能顺利迁移。可见,注重概念教学、注重知识网络建构、注重知识迁移、注重总结与反思是一脉相承的。在教学过程中,教师可以通过创设现实情境、数学情境、科学情境等教学情境,提出合适的数学问题,引发学生思考与交流。数学史和数学文化则是生动情境的资源库,是学生了解知识发生、发展顺序的工具箱,能够激发学生学习的兴趣,培育学生的数学学科核心素养。单元统整教学的特征见图2-4。

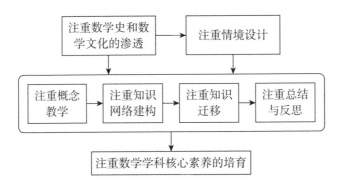

图2-4 单元统整教学的特征

一、注重概念教学

概念是人们认识客观世界的历史产物,是在人们长期的实践活动中形成的,是思维的基本单位。概念是学生在学校学习中获得的一项重要的学习结果,是学生开展其他认知活动的基础。数学概念能够反映某类事物在数量关系和空间形式方面的关键的、本质的属性。

学生可以从大量的同类事物的不同例证中独立发现概念,也可以利用原有认知结构中的有关知识理解新概念。前一种方式称为发现式学习,后一种方式称为接受式学习。无论采用哪种方式,掌握概念都不是一个简单的传递过程,而是一个主动的、复杂的、在头脑中进行分析和综合的过程,而且数学概念在单元知识网络的建构中往往处于核心地位,这就要求教师在开展单元统整教学时重点关注数学概念的教学。教师可以通过举正例与反例,分析概念的相关特征与无关特征、名称、定义等帮助学生掌握数学概念,为其后期建构知识结构打好基础。

二、注重情境设计

单元统整教学以发展学生的数学学科核心素养为导向,教师通过创设合适的教学情境,启发学生思考,引导学生把握数学内容的本质。例如,为了让学生更好地把握数学概念的本质,教师可以依据新概念与学生原有认知结构之间的差异去创设一种恰当的矛盾情境。当碰到新概念时,学生用已经掌握的知识不能解决相关问题,就会产生认知冲突。如果学生意识到了这种冲突,并认为它是有意义的,他们便能积极思维,主动去解决问题。

以"函数的定义"教学为例,教师可以先与学生一起回忆初中所学习的函数概念,即"在某个变化过程中有两个变量,设为 x 和 y,如果在变量 x 的允许范围内,变量 y 随着 x 的变化而变化,它们之间存在确定的依赖关系,那么变量 y 叫作变量 x 的函数",再提出数学问题"根据初中函数的概念,请问 $y=1,x \in \{1,2,3\}$ 是 y 关于 x 的函数吗"。

通过上述数学情境的创设,教师可以促使学生主动去修正"函数的定义"。事实上,有研究者提出,改变错误概念需要具备四项前提条件:(1)学生必须对当前概念感到"不满意";(2)学生必须理解新概念;(3)新概念必须要整合到学生已有知识体系内;(4)新概念必须是多产的。

三、注重知识网络建构

整体性是单元统整教学的一个本质特征。有研究者指出,数学单元教学设计的整体关联性主要表现在四方面:(1)知识内容的整体性;(2)教学安排的整体性;(3)对学生认知把握的整体性;(4)知识之间的关联性。

事实上,布鲁纳认为,任何学科知识都是一种结构性存在,知识结构本身具有理智发展的效力。他认为学习基于结构有四方面的好处:(1)如果学生知道了某门学科的基本结构或逻辑组织方式,就能理解这门学科;(2)如果学生了解了基本概念和基本原理,就能把学习内容迁移到其他情境中去;(3)如果教师把教材组织成结构的形式,就有助于学生记忆细节知识;(4)如果教师基于学生的学习经验合理陈述结构,从而缩小高级知识与初级知识之间的差距,那么,即便是年幼的学生也能学习高级知识。

单元统整教学将碎片化的数学知识和思想方法进行模块化整合,有助于学生从整体上把握学习内容。单元统整教学把新知识与旧知识联结起来,形成相互作用的知识网络,进而促进知识迁移的发生。例如,正弦函数知识结构简图见图 2-5。

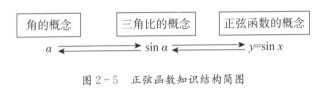

图 2-5 正弦函数知识结构简图

四、注重知识迁移

迁移是学校教学的重要目标,学生获得的概念、认知策略和解决问题的技能都需要迁移到其他情境中才有价值。在认知心理学看来,知识主要分成陈述性知识和程序性知识两类。其中,促进陈述性知识迁移的一个好办法是帮助学生形成良好的认知结构。如果原有知识本身没有被牢固掌握,则不仅不会促进迁移,还会发挥干扰作用。学生意识到学习材料之间的关系是迁移的关键。奥苏伯尔认为,如果原有知识是按一定的层级结构严密组织起来的,那么学习者在遇到新知识时,不仅能迅速找到同化点,而且容易分辨新旧知识的异同,从而能更好地掌握新知识;如果原有知识没有按一定的规则来排列,那么学习者便很难在原有的认知结构中找到新知识的同化点,也很难习得新知识。单元统整教学重视知识的来龙去脉,希望帮助学生建立知识之间的本质联系,促进学生在学习和理解新知识的同时,结合已有的知识经验,建构新旧知识经验反复、双向的相互作用,最终形成和调整自己的知识结构。

例如,在函数单元教学中,教师会关注正弦函数 $y = \sin x$ 图像与性质的探究,从而为学生学习余弦函数 $y = \cos x$ 打好基础。正如怀特海所说的那样,"真正有用的教育是使学生透彻地理解一些一般原理,这些原理能够运用到各种不同的具体细节中去"。

五、注重数学史和数学文化的渗透

《普通高中数学课程标准(2017 年版 2020 年修订)》指出:"精选课程内容,处理好数学学科核心素养与知识技能之间的关系,强调数学与生活以及其他学科的联系,提升学生应用数学解决实际问题的能力,同时注重数学文化的渗透……不断引导学生感悟数学的科学价值、应用价值、文化价值和审美价值。"例如,如果学生了解了函数定义的历史发展过程,便能够建立更完整的函数知识框架;如果学生了解了三角函数的历史,便能够体会数学在天文学中的作用。我们欣喜地看到,教材中加入了大量的数学史和数学文化的资料,一线教师要用好这些资料,注重数学史和数学文化的渗透,从源头上完善学生的认知结构。

今天,数学史已成为一门重要的学科,数学家坚信数学史的教育作用。数学史中往往蕴含着数学知识产生的逻辑背景或现实意义,如数学家为了解决"大数变小数"的问题而发明了"对数",为了解决"赌局"的问题而研究了"概率"。一线教师借助数学史和数学文化进行情境引入、问题创设,一方面通过数学史获取引入新知识的顺序,让学生了解知识的起源;另一方面通过清晰的历史过程,让学生更好地理解基本原理的发展历程。数学史和数学文化融入课堂完全契合单元统整教学的基本理念。

六、注重总结与反思

"总—分—总"是单元统整教学常用的一种教学路径。两个"总"分别是指单元起始课、章节或单元复习总结课,单元起始课能够让学生对单元有一个整体的认识,章节或单元复习总结课能够再次帮助学生梳理单元知识框架、归纳思想方法。可见,单元统整教学十分注重学生的总结,但单元统整教学不只是教师帮助学生总结,教师也应该及时总结与反思。

单元统整教学并非一个人一次就能够做到完美,而是要在团队中不断探索,增加组内甚至区内的集体备课。单元统整教学对于单个教师的时间和精力来说,具有相当大的挑战。因此,在教学设计中需要以教研组或者备课组为单位进行集体备课。有研究者把单元教学设计分成三个阶段:(1)教学设计的前期准备阶段;(2)教学设计的实施阶段;(3)教学设计的评价修改阶段。在前期准备阶段,教师需要梳理教材,确定单元教学目标。在实施阶段,如果发现最初的预设与学生实际情况发生冲突,教师要结合学生评价结果,总结教学经验,反思教学过程,及时对教学进行调整。

在单元统整教学过程中,教师需要不断向他人学习,如观摩优秀教师的教学过程、学习其他教师的好经验等,不断完善自我的认知结构,注重对自己的教学进行总结与反思,进而改进自己的教学。

七、注重数学学科核心素养的培育

学科核心素养是育人价值的集中体现,是学生通过学科学习而逐步形成的正确价值观、必备品格和关键能力。我们知道,数学学科核心素养包括数学抽象、逻辑推理、数学建模、直观想象、数学运算、数据分析,它们既相互独立又相互交融,是学生在数学学习和应用的过程中逐步形成和发展的素养。数学学科核心素养的特征决定了教师必须进行单元统整教学。例如,让学生结合初中阶段的函数概念和具体的函数模型进一步提炼函数的定义,能够培育学生的数学抽象素养;让学生经历从图像的直观呈现" $\diagup$ "到图像的语言描述"从左到右图像呈上升趋势",再到代数的直观描述"当 x 增大时, y 随着 x 的增大而增大",最后到代数的符号定义"对于区间 I 上的任意给定的两个自变量的值 x_1, x_2,当 $x_1 < x_2$ 时,总有 $f(x_1) < f(x_2)$"的过程,能够培育学生的数学抽象、逻辑推理、直观想象等核心素养。可见,单元统整教学是指向数学学科核心素养的教学,能够培育学生的数学学科核心素养。

【参考文献】

[1] 全国十二所重点师范大学.心理学基础[M].北京:教育科学出版社,2008:228-255.

[2] 全国十二所重点师范大学.教育学基础[M].北京:教育科学出版社,2002:174-205.

[3] 吴庆麟,胡谊.教育心理学——献给教师的书[M].上海:华东师范大学出版社,2013:158-264.

[4] 戴维·A.苏泽.人脑如何学数学[M].赵晖,等译.上海:上海教育出版社,2016:31-64.

[5] 怀特海.教育的目的[M].庄莲平,王立中,译.上海:文汇出版社,2021:1-22.

[6] 约翰·杜威.民主与教育[M].俞吾金,孔慧,译.上海:华东师范大学出版社,2019:187-200.

[7] 汪晓勤.HPM:数学史与数学教育[M].北京:科学出版社,2017:8-29.

[8] 熊梅,李洪修.发展学科核心素养:单元学习的价值、特征和策略[J].课程·教材·教法,2018(12):6.

[9] 吕世虎,杨婷,吴振英.数学单元教学设计的内涵、特征以及基本操作步骤[J].当代教育与文化,2016(4):41-46.

[10] 吕世虎,吴振英,杨婷,等.单元教学设计及其对促进数学教师专业发展的作用[J].数学教育学报,2016(5):16-21.

[11] 徐文彬,李永婷,安丹诺.单元知识结构整体教学设计模式的理论建构[J].江苏教育,2018(43):7-9.

[12] 钟启泉.单元设计:撬动课堂转型的一个支点[J].教育发展研究,2015(24):1-5.

[13] 钟启泉.学会单元设计[J].新教育,2017(14):1.

[14] 吴立宝,刘琦琦,巩雅楠.数学单元教学内容分析框架——以圆锥曲线

的方程为例[J].数学通报,2022(10):16 - 19.

[15] 申烨晖.整体性数学思维方式下的单元教学——以人教版"几何图形初步"教学为例[J].数学通报,2022(12):12 - 16.

[16] 李响."单元统整"背景下高三复习课教学设计的思考与实践[J].数学教学,2022(7):19 - 21.

[17] 李响,黄继红."单元统整"背景下序言课教学设计的思考与实践——以沪教版"7.1 数列"为例[J].数学教学,2021(6):13 - 16.

[18] 黄继红."单元统整"背景下"函数的奇偶性"教学设计的思考与实践[J].数学教学,2022(11):20 - 24.

第三章　单元统整教学的设计

第二章介绍了单元统整教学的理论内涵,提出了单元统整教学的模型与特征。本章将从设计路径、设计步骤、活动设计三方面阐述如何进行单元统整教学的设计,为之后介绍以函数为例的单元统整教学设计提供理论依据和实践指导。

第一节　单元统整教学的设计路径

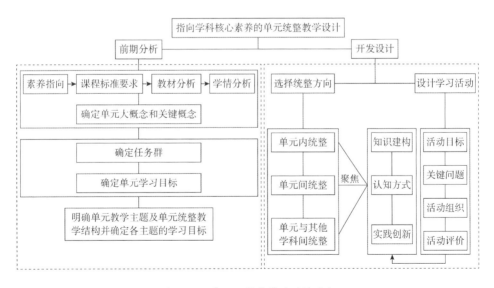

图 3-1　单元统整教学的设计路径

经过多年有效的教学实践与研究,我们认为,单元统整教学的最大难点是怎样将核心素养落实到教学中。关于用什么具体支架来统摄单元统整教学,国内外学者将目标指向学科大概念,认为学科大概念是对学科知识的整合,具有中心性、可持久性、网状性、可迁移性等特点,是引导学生深入理解学科本质,促成知识理解、素养培育的重要途径。为此,本研究以学科核心素养为指向,设计学科大概念统摄下的单元统整教学。以学科大概念统摄的单元统整教学设计包括前期分析与开发设计两个环节,见图 3-1。

一、前期分析

确定单元学习目标是单元统整教学的首要问题,"统整"是一种思维方式,教师在教学活动中必须从学习目标出发,统揽全局。确定单元学习目标是前期分析的关键点。为此,前期分析环节共分三步。

第一步是明确素养指向,分析课程标准中的内容要求,结合相关教材的内容和学生的情况,确定单元大概念和关键概念,其中,关键概念是单元大概念的细化和延伸。比如,课程标准中明确指出,"函数是现代数学中最基本的概念,是描述客观世界中变量关系和规律的最为基本的数学语言和工具,在解决实际问题中发挥重要作用"。课程标准强调函数是刻画客观世界变化规律的重要模型,要求深入分析函数单元的内容,理解单元概念之间的关联,明晰函数单元所涉及的数学思想方法。于是,我们把"函数与数学模型"作为函数单元的大概念,同时,把"函数是两个非空实数集之间的对应关系"作为函数单元的关键概念之一。

第二步是围绕单元大概念和关键概念,规划单元大任务,并将其分解为子任务(本研究称之为任务群),确定单元学习目标。首先,在单元教学起始阶段,设计总领性的问题引领学生探究,逐步聚焦本单元的学习内容;其次,围绕大任务设计逻辑连贯的子任务进行串联;最后,确定单元学习目标。

第三步是分析同一单元但不同阶段或不同学时的教材内容,明确核心素养培育指向下的单元教学主题及单元统整教学结构,把目标细化到不同阶段或不同学时,确定各主题的学习目标,保证完整性、连续性、阶段性。

二、开发设计

开发设计环节共分两步。第一步是结合前期分析中的单元学习目标和单元教学主题,明确统整的主要方向,从单元内统整、单元间统整、单元与其他学科间统整中加以选择。第一类,如果以数学概念、定理和公式等为教学对象,以"单元内涉及一章或跨章的知识和方法应用"和"贯穿单元内容,构建单元思想方法体系"等为教学主题,就把单元内统整作为主要方向;第二类,如果以"构建跨单元认知方法体系"和"跨单元知识与方法的综合应用"等为教学主题,就把单元间统整作为主要方向;第三类,如果以"跨学科融合渗透,构建数学与外部世界的桥梁"等数学建模活动为教学主题,就把单元与其他学科间统整作为主要方向。第二步是设计各种统整方向下相应主题的学习活动,包括活动目标、关键问题、活动组织、活动评价。其中,活动评价指向学科核心素养,从知识建构、认知方式、实践创新等角度进行评价,完善学生的学习历程。无论把哪类统整作为主要方向,教学的聚焦点都是知识建构、认知方式、实践创新,并指向核心素养的培育。具体分析如下。

（一）知识建构方面

根据皮亚杰的认知建构主义理论,知识体系的建构涉及同化与顺应两个认知过程。前者将新知识纳入原有知识结构中,以丰富原有认知,引起原有知识结构量的变化;后者是当旧知识无法同化新知识时,通过建立新的知识结构或者改变原有的知识结构以适应新知识,引起原有知识结构质的变化。为此,先要分析知识学习的先决条件,即学习新知识需要预备的知识与技能等,由此明确新知识的生长点以及新知识将涉及的认知过程,这有助于后续的教学设计。比如,学习对数函数,必须以学习对数概念与运算等知识为先决条件。接着要分析知识的发生背景,即知识产生的缘由与发展。一方面,可以分析知识产生的历史背景,明晰知识的来龙去脉,这是新知识学习的外部动因;另一方面,也可以分析知识与先前内容的联系,明确新知识与旧知识间的关联,这是新知识学习的内部动因,以上分析可以为教学引入提供参考。然后,要借助知识体系的逻辑因素分析知识的内在结构,聚焦新知识与原有知识结构之间的关系,体会知识的联系性,通过同化或顺应使新旧知识融合以形成新的知识体系,达到新的认知平衡。比如,对于等式 $a^b=c$ 中的三个量 a、b、c,固定其中一个量,研究另外两个量的关系和变化规律,可形成幂函数、指数函数、对数函数三种不同的函数模型。最后,要借助数学文化因素分析数学思想方法和知识的学科价值。数学思想方法是使显性知识向数学能力过渡的桥梁,分析知识学习中涉及的数学思想方法,以及在教学中如何渗透相关数学思想方法,有助于明确教学的能力目标。分析时,教师可以思考以下问题:某项知识内容包含什么数学思想方法? 是否隐含符号化思想、公理化思想、集合和对应思想等基本的数学思想,或者隐含转化(化归)、数形结合、分类讨论、函数与方程等关键的思想方法? 知识的学科价值指向知识学习的意义与教育价值,包括知识在所属学科分支中的意义、知识自身的意义与价值等。分析时,教师可以思考以下问题:某项知识内容是否隐含数学家追求真理的精神? 可以在哪个环节把这种精神表现出来? 相关知识内容能表现数学美吗?如何让学生欣赏这种数学美?

(二) 认知方式方面

目前,心理学研究要素中,知觉、情感、意志、行为已经有比较成熟的结论,认知规律还有待进一步研究。很多学生在数学学习中都有一个困惑:知识都理解,但是不能解决问题。这是普遍存在的问题,主要原因是学生对知识的理解停留在表层,没有形成良好的认知方式。因此,在单元统整教学设计中进行认知方式的分析是必要的,这将有助于教师在教学中引导学生学会思考,突破难点,进而完善认知结构。对于单元统整教学,先要研究学生对数学对象多阶段、多层次、多角度的认知表现,为方便起见,我们称之为"认知阶段"分析。这一点与皮亚杰的理论基本一致,即在个体从出生到成熟的发展过程中,其认知结构在与环境的相互作用中不断重构,从而表现出具有不同质的不同阶段。从一个阶段发展到下一个阶段,其顺序不能改变,个体不能跨越其发展阶段而成长。"认知阶段"关注的是学生学习某一知识前后的几个认知过程,主要从个体的原始认知状态、现阶段要达到的目标认知状态、最终要达到的综合认知状态等角度加以分析。比如,"函数的奇偶性"的基础概念是对称,学生关于对称的认知经历分为几何直观阶段、抽象思维阶段、综合思维阶段三个阶段。接着要分析个体当下的认知起点。与知识学习的先决条件分析有所不同,这里聚焦的是认知层面的初始状态分析,包括知识、能力、情感、态度等方面,进而明确学生的最近发展区。由于数学知识的简约性、抽象性,很多学生在学习过程中往往局限于对知识表象的记忆,对知识的本质则缺乏深入的理解,从而出现一些与数学学习和推理有关的高级智力处理障碍。这就要分析新知识学习时的认知障碍,可以考虑普遍存在的一般认知障碍、具体内容学习时存在的认知障碍以及教学中的对策与措施。另外,学习数学的过程中,掌握数学的思维方式比知识本身更有价值,因此,需要分析思维方式,即知识获取的策略与方法,以帮助学习者认识数学对象的本质和内在联系。比如,在单元学习的过程中,可以采用与学生思维发展水平相适应的方式,构建"前后一致、逻辑连贯的学习过程",帮助学生领悟数学思考方法的真谛。

（三）实践创新方面

教育是不断改革发展的,以往各个学科都采用独立的教学方式,互不干扰,这导致各个学科知识之间的联系不够紧密,不利于学生学习能力的培养。数学是自然科学的基础,与许多学科都有关联。通过学科之间的融合渗透,学生既可以将其他学科的问题抽象为数学问题,又能增强动手实践意识,发展创新思维,实现指向核心素养的深度学习。为此,我们可以从跨学科、现实意义、德育价值等角度分析。其中,跨学科主要涉及所学新知识与其他学科的联系,如可以从数学与物理、数学与美学等角度加以分析;数学知识源于生活又服务于生活,现实意义的分析是指要明确新知识对于现实世界的作用,可以是实践层面的意义,也可以是方法论层面的指导意义;德育价值的分析是指要从数学学科德育层面进行分析,如数学学习中严谨缜密的品质和理性精神的培养、民族自豪感的建立等,凸显数学学科的育人功能,实现数学学习与品德教育相融合,落实"立德树人"根本任务。

第二节　单元统整教学的设计步骤

根据单元统整教学的设计路径,结合多年有效的教学探索,我们把单元统整教学的设计步骤分为三步。

一、明确素养指向、课程标准要求和教材内容,提炼单元大概念层级金字塔

《普通高中数学课程标准(2017年版2020年修订)》中明确提出六大核心素养,即数学抽象、逻辑推理、数学建模、直观想象、数学运算、数据分析。事实上,这些数学学科核心素养既相对独立,又相互交融,是一个有机的整体,在单元统整教学中往往会涉及多种素养。为此,分析单元统整教学的素养指向时,先要基于课程标准中对本单元内容的要求,通过研读教材,明确学生经过本单元的学习要具备的核心素养。在此基础上,深入分析单元内容,理解单元概念之间的关联,明确本单元涉及的数学思维方法和数学思想方法,概括出单元大概念,然后围绕单元大概念,自上而下分析单元内容,构建单元大概念层级金字塔(见图3-2)。

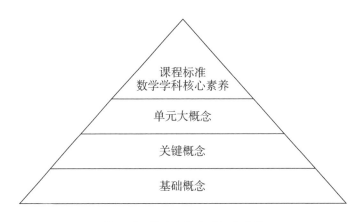

图 3-2　单元大概念层级金字塔

在单元大概念层级金字塔中,第一层是本单元所涉及的学科核心素养,它时刻提醒教师教学目标指向学生学科核心素养的落实,单元内容是培育学生学科核心素养的重要载体。第二层是本单元所涉及的单元大概念,它是一种概念性的工具,用于强化思维,连接不同的知识片段,使学生具备迁移应用能力。第三层是本单元的关键概念,它是大概念的概念派生,以及单元重要的数学思想方法、重要的学习内容。第四层是本单元的基础概念,它支撑着关键概念的形成,

自下而上促进教学目标的实现。由此可见,构建单元大概念层级金字塔包含自上而下和自下而上两方面的论证过程。比如,对于平面向量单元,可以选择向量运算这个大概念,指向数学运算、直观想象、逻辑推理三大素养(见图3-3)。向量不仅有丰富的几何内涵,其运算构成了精致且有广泛应用的代数结构,为解决代数、几何、三角及物理等领域的问题提供了一个有效的工具。类比实数运算的学习,可以把运算背景、运算规则、运算性质、运算的几何意义、类比思想、数形结合、转化思想等作为关键概念。把有关向量的概念、向量基本定理、力的分解与合成、线性运算和数量积运算(几何运算、坐标运算)、交换律、结合律、分配律、三角形法则、平行四边形法则、向量投影等作为基础概念。需要特别指出的是,向量基本定理这一内容可以在凸显运算大概念和知识之间的关联上进行教学设计,体现单元统整的特点。

图3-3　平面向量单元大概念层级金字塔

在构建单元大概念层级金字塔后,需要提炼课时大概念,建立课时大概念层级金字塔,进而用各课时大概念层级金字塔对单元大概念层级金字塔进行补充和论证。那么,如何构建课时大概念层级金字塔呢?课时大概念层级金字塔也包含自上而下和自下而上两方面的论证过程。其一,课时大概念是在单元大概念的指导下形成的,是对单元大概念层级金字塔中某些关键概念的升华,并且指向单元学科核心素养。课时大概念处于塔的第三层,其层级金字塔的第一层和第二层与单元大概念层级金字塔的第一层和第二层相同。其二,通过研读课程标准、教材和相关文献,提炼本节课所涉及的基础概念;通过分析基础概念之间的关联,明确本课时的关键概念;结合自上而下和自下而上两种路径,确定课时大概念。课时大概念层级金字塔见图3-4。

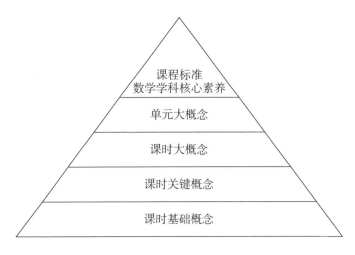

图3-4　课时大概念层级金字塔

二、基于学情、教材分析与任务驱动,确定单元统整学习目标及结构

单元统整教学重在加深学生对学科大概念的理解,使其能够形成以大概念为统摄的结构化的学科知识,并将之转化为解决具体问题的思路与方法。大概念的学习是一个循序渐进、不断拓展和深入的过程。在教学中,教师需要基于大概念的发展历程,分析学生所处的学习阶段、认知基础和发展需要,结合具体内容的特点来系统考虑。具体来看,教师可以结合学情,通过三个层面的大任务驱动,以持续、递进的方式促进学生对大概念的理解和迁移应用。

在宏观层面,为了引导学生感受所学知识的系统性和一致性,教师要思考三个问题:(1)如何与学生的"前继知识"建立联系;(2)知识背后隐含哪些数学思想方法,可以通过哪些关键环节来揭示;(3)学生在课后能否明晰"后续知识"的学习内容、思路和方法。

　　在中观层面,教师要帮助学生形成良好的数学认知结构,使之具有不断吸收新的数学知识的能力和知识的自我生成能力。比如,一元二次方程、一元二次不等式、一元二次函数中的"二次"均源于一元二次三项式,一元二次函数可以看作一元二次方程、一元二次不等式的生成和发展,教师要用发展的眼光揭示现实问题中变量间的变化规律,凸显函数模型思想,引导学生逐步形成从函数的观点认识方程和不等式的高阶思维,让学生感悟函数与相关不等式、方程的联系。

　　在微观层面,教师要思考两个过程:一是数学知识学习过程,需要结合学生最近发展区创设问题情境,让学生感知新知识的内容和背景,激活学生的原有知识,从而引导学生寻找新旧知识的联系,创造性地解决问题,以达到新知识"再发现"的目的;二是思想方法探究过程,需要引导学生从具体的问题情境中抽离出本质特征,并且用符号表征,进行定义,形成概念系统,进行应用等。

　　以下重点介绍如何基于学情分析和大任务驱动进行素养指向的单元学习目标设计。目标设计就是要定位预期学习结果。威金斯将预期学习结果分为三层,即学习迁移(学生能自主地将所学知识运用到……)、理解意义(学生将会理解……)、掌握"知能"(学生该掌握的知识是……和学生该形成的技能是……)。其中,理解意义所指向的就是大概念。对于素养指向的单元学习目标设计,在借鉴这三层的基础上,本研究将其分为四方面,即掌握"知能"(学生该掌握的知识是……和学生该形成的技能是……)、理解概念本质(学生将会理解……的概念意义,促进概念联结,形成良好的数学认知结构……)、掌握单元研究方法(学生将会用……方法去研究……)、学习迁移发展数学核心素养(学生能自主地运用所学知识解决数学内部的综合问题、其他学科或现实生活中的问题,或能自主变式、推广知识、探究新知识……,发展……数学核心素养)。

　　对于单元统整教学的具体设计,可采用"整体—局部—整体"的结构。其一,从整体上构建单元的研究思路、内容与方法,作为整个单元的开篇和布局。比如,平面向量教学起始课,以获得数学研究对象和认识数学新对象的基本方法为目标,可借助从物理背景中抽象、与"实数及其运算"类比等进行研究。其二,根据单元的分解任务进行分步学习,在此基础上进行综合提升,形成更为全面的理解,更好地认识学习内容。比如,以"设向量 $\vec{a}$、$\vec{b}$ 为非零向量,请写出 $\vec{a}\ /\!/\ \vec{b}$ 的多个充要条件"为问题导引,从向量平行的定义和向量运算两个维度思考(见图 3-5),分别从两个向量的夹角大小、借助向量的线性运算和数量积运算建立等量关系以及向量基本定理和直角坐标表示等角度入手,以结构化的方式不断整合零碎的知识,促进学生形成良好的认知结构。其三,从跨单元角度,立足数学系统内的知识本体,通过综合运用知识解决数学问题,完善学生的认知方法体系。比如,以"探究数量积恒等式与三角形或平行四边形性质的关系"为课题,通过数与形的转化,感悟数学对象的不同表征及其转换是数学整体性把握的关键。还可以数学建模活动为主,通过学科之间的融合渗透帮助学生构建数学与外部世界的桥梁。

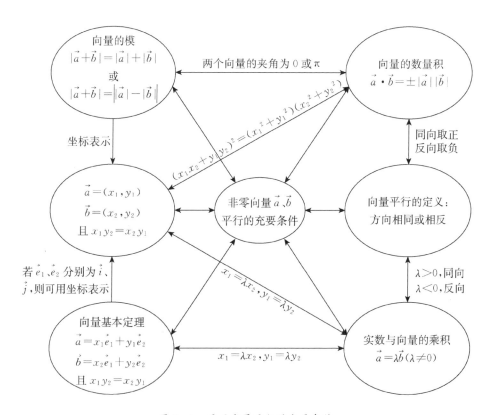

图 3-5　平面向量平行的充要条件

三、以大任务为驱动,设计单元统整学习活动与评价

单元学习活动设计遵循单元统整教学"整体—局部—整体"的结构路径,旨在引导学生经历单元大概念理解的全过程,逐步提升学科核心素养。

以下重点介绍如何基于大任务驱动进行单元统整学习活动与评价的设计。其一,对于涵盖多个章的单元,可按章的主题名称及顺序将其划分为若干单元主题。其二,分析单元统整的方向,将每个单元主题划分为若干子主题,以教材节的名称、思想方法、探究的问题等命名,将单元学习目标聚焦到各子主题,进而确定子主题的学习目标,并将大任务分解为子任务。其三,从学习目标、课时安排、学生活动三方面(见表3-1)对子主题进行活动设计,其中,学生活动可包括活动目标、关键问题、设计意图、活动组织、评价要点等,评价要点包括数学核心素养水平评价。一般来说,以单元内统整为主要方向的主题教学,其组织方式以合班教学、集中学习为主;以单元间统整、单元与其他学科间统整为主要方向的主题教学,其组织方式以分组讨论、协同学习为主。活动评价以多视角、多维度、多形式为导向。比如,对于学生独立完成的知识梳理,由教师进行评价,以便了解学生的基础;对于通过小组合作,方法完善后研究所得的结论,合作过程中学生的态度与表现,可将自评和小组内同学互评相结合;对于数学建模活动,可将其他小组同学评价和教师评价相结合等。对于学生数学核心素养的评价,应结合学习目标,以课程标准中的数学学科核心素养水平划分为依据。

表3-1　单元子主题学习活动设计

单元主题	单元主题名称
子主题	子主题名称(课时安排)
学习目标	

（续表）

学生活动	活动目标				
	关键问题	［问题1］ ［问题2］ ……	设计意图	活动组织	评价要点

以集合与逻辑单元的子主题反证法的学习活动设计为例进行说明。我们先来分析课程标准、教材和学情。在课程标准中，集合与逻辑单元内容被定位为"预备知识"的一部分，它是学生在高中起始阶段学习的内容，这个阶段的学生普遍存在重计算轻推理的情况，相较几何论证而言，他们的代数论证能力薄弱，对于代数命题的直接证法，其"推出关系的传递性"应用能力还处于水平一阶段。而反证法是间接论证的思维方法，其思维方式对学生来说较为抽象和难以理解，它的应用是培育学生逻辑推理素养的重要手段。另外，"陈述句的否定"这一难点内容也涵盖在反证法这一学习内容中。接着，我们确定高一起始阶段反证法的学习目标：初步了解陈述句的否定，能写出较简单的陈述句的否定形式；掌握反证法的表述方法，能在合适的情境中用反证法证明简单的数学命题和典型命题；认同反证法的思维方式，能使用反证法思考，感悟和识别在怎样的情境中使用反证法更有优势，提升逻辑推理素养。再者，从单元统整教学的角度来看，反证法的学习需要多次反复，应该贯穿整个高中的学习过程。最后，设计本阶段的反证法学习活动（见表3-2）。

表 3－2　反证法学习活动设计

<table>
<tr><td colspan="3">单元主题</td><td colspan="3">集合与逻辑</td></tr>
<tr><td>子主题</td><td colspan="5">1.2.3 反证法(1 课时)</td></tr>
<tr><td>学习目标</td><td colspan="5">1. 初步了解陈述句的否定,能写出较简单的陈述句的否定形式
2. 掌握反证法的表述方法,能在合适的情境中用反证法证明简单的数学命题和典型命题
3. 认同反证法的思维方式,能使用反证法思考,感悟和识别在怎样的情境中使用反证法更有优势,提升逻辑推理素养</td></tr>
<tr><td rowspan="3">学生活动 1</td><td>活动目标</td><td colspan="4">通过实例,了解反证法的思维方式</td></tr>
<tr><td rowspan="2">关键问题</td><td rowspan="2">[问题 1]
在王戎识李的故事中,王戎是怎样推理的
[问题 2]
若一个三角形的三边长分别为 3、4、6,则这个三角形不是直角三角形,请说明理由</td><td>设计意图</td><td>活动组织</td><td>评价要点</td></tr>
<tr><td>通过熟悉的问题情境,激发学生学习反证法的兴趣</td><td>组织学生讨论这两个命题推理的共性,指出其与直接证法的区别</td><td>1. 能根据问题情境中的信息表达“反着来”的思路
2. 能简单说出反证法的重要步骤
3. 指向逻辑推理素养水平一</td></tr>
<tr><td rowspan="3">学生活动 2</td><td>活动目标</td><td colspan="4">能用反证法的思路,并掌握反证法的表述方法</td></tr>
<tr><td rowspan="2">关键问题</td><td rowspan="2">[问题 3]
设 $n\in\mathbf{Z}$,若 n^2 是偶数,证明:n 也是偶数</td><td>设计意图</td><td>活动组织</td><td>评价要点</td></tr>
<tr><td>让学生在直接证法和反证法的比较中,理解“正难则反”</td><td>组织学生讨论证明路径的选择,让学生体会“正难则反”的优势在于增加“结论否定”这一条件,教师用规范的板书演示,师生共同表述</td><td>1. 能选择反证法
2. 能表达反证法的应用过程
3. 能提炼反证法的定义和基本步骤
4. 提炼出矛盾的理由和反证法的原理
5. 指向逻辑推理素养水平一</td></tr>
</table>

（续表）

			设计意图	活动组织	评价要点
学生活动3	活动目标	能写出一些常用陈述句的否定形式			
	关键问题	［问题4］如何来表述简单陈述句的否定形式	通过表述常用陈述句的否定形式,让学生深入理解反证法	通过对简单陈述句否定形式的解答,组织学生讨论其内在的逻辑	1. 能写出简单陈述句的否定形式 2. 能提炼补集法思想 3. 指向逻辑推理素养水平一
学生活动4	活动目标	能在合适的情境中用反证法证明简单的数学命题和典型命题			
	关键问题	［问题5］设 x、$y \in \mathbf{R}$。证明:若 $x + y > 2$,则 $x > 1$ 或 $y > 1$ ［问题6］证明:$\sqrt{2}$ 是无理数	让学生感悟和识别在怎样的情境中使用反证法更有优势	结合两个问题,组织学生探究反证法的使用情境,让学生在独立论证的基础上合作交流	1. 能说出使用反证法的常见情境 2. 能使用反证法表述 3. 指向逻辑推理素养水平二
学生活动5	活动目标	能建立反证法的认知结构图,深入理解反证法、直接证法的区别和联系,体会证明的本质			
	关键问题	［问题7］请画出关于反证法的认知结构图	完善认知结构	师生共同完成	1. 能说出两种证法的区别与联系 2. 能表达反证法的原理、使用情境、关键步骤 3. 指向逻辑推理素养水平三

第三节　单元统整教学的活动设计

《普通高中数学课程标准(2017 年版 2020 年修订)》中增设了"数学建模活动与数学探究活动"这一主线,并明确指出,"数学建模活动与数学探究活动是综合提升数学学科核心素养的载体"。数学教学是有关数学活动的教学,指向核心素养培育的数学建模活动与数学探究活动能够有效促进学生理解知识和深度学习。如何进行单元统整视角下的数学活动设计? 本节主要介绍在单元统整理念下的数学探究活动设计与数学建模活动设计。

单元统整教学的活动设计,是指在学生自主学习基础知识、掌握基本技能、领悟基本思想方法、获得基本活动经验的基础上,借助数学探究活动,培养学生从数学角度发现和提出问题、分析和解决问题的能力,引导学生掌握基本的数学思维方法;借助数学建模活动,培养学生会用数学眼光观察现实世界、会用数学思维思考现实世界、会用数学语言表达现实世界的能力,发展学生的跨学科思维能力,由此培育学生的数学学科核心素养。

一、数学探究活动设计

数学探究活动设计侧重单元内统整和单元间统整。在达成学习目标的基础上,根据单元学习目标,设计若干个主题的探究活动,提出若干个可以不断演进、发展的主干问题,引导学生从多角度去发现问题、分析问题、思考问题和解决问题,有助于发展学生的思维能力。借鉴数学项目活动设计的关键要素(即具有挑战性的问题,结构性的知识网络和素养要求,主动探索、交流与反馈,有形产品的创作,项目学习活动的评价),结合多年问题探究的实践,我们归纳了数学探究活动的关键要素,包括具有挑战性的问题,结构性的活动设计和素养要求,主动探索、交流与反馈,活动成果,探究活动的评价。

(一) 具有挑战性的问题

史宁中将数学思想概括为抽象、推理和模型。人们通常认为思维形式有三种,即形象思维、逻辑思维和辩证思维,数学主要依赖的是逻辑思维,而逻辑思维的集中表现是逻辑推理。通过逻辑推理,人们能够深刻地理解数学研究对象之间的逻辑关系,并且可以用抽象的术语和符号清晰地描述这种关系。在本质上,逻辑推理包括两种形式:一是归纳推理,二是演绎推理。同时,丰富的联想能力既是人类思维的一个重要特点,又是形象思维的一种基本形式。为此,我们以一般化、特殊化、联想三种思维为基础设计具有挑战性的问题。

1. 以一般化思维为基础的问题设计

一般化思维是指在处理了若干特殊问题的基础上,抽取共同属性形成更具普遍性的认识的思维方式。郑毓信指出,数学认识的根本目的是揭示更为普遍、更为深刻的事实或规律,因此,一般化思维是数学创造的基本形式。由此可见,一般化思维在数学认识中具有重要作用。命题推广的主题设计以一般化思维为基础,体现如下数学思维方式:在处理若干个特殊问题后,思考"数学认识的对象范围能否得以拓展、数学结论能否得以推广""如果不能完全推广,那么能推广到何种程度"等问题。

比如,以"有关基本不等式的推广"为主题,设计如下主干问题:对于任意实数 a 和 b 都有 $a^2+b^2 \geqslant 2ab$ ①,在①的两边同时加上 a^2+b^2,则有 $2(a^2+b^2) \geqslant (a+b)^2$,即对于任意实数 a 和 b 都有 $\dfrac{a^2}{1}+\dfrac{b^2}{1} \geqslant \dfrac{(a+b)^2}{2}$ ②。请观察②的结构特征,从不等式项的系数、次数和项数等角度,提出一般性的问题并加以研究。

这是一个给出研究角度,在一般化思维指导下的探索问题。设计的重点不在于让学生掌握或证明众多的数学不等式,而是让学生体会如何在研究中借助已有的知识发现新的数学命题。在数学命题的发现中,学生要学会控制变量法,如只改变系数,从而进行命题推广。在单变量的情况下,学生要对一些具体的例子进行归纳猜想,习得从特殊到一般的方法,从而获得一般的命题。在命题的提出过程中,针对假命题,学生可以通过加强条件或者改变命题形式得到真命题。比如,从次数角度推广,学生要将原命题的任意实数 a 和 b 加强为任意正实数 a 和 b,即对于任意的正实数 a 和 b 都有 $a^n+b^n \geqslant \dfrac{(a+b)^n}{2^{n-1}}$ $(n \geqslant 2, n \in \mathbf{N})$。

总体而言,整体设计体现为在特殊问题的探索中发现一般规律,并试图将其推广到一般情形。像这样的主题设计可以培养学生从多角度发现命题的能力,既是对学生数学猜想能力的一种挑战,也是对学生逻辑推理素养的一种考验。

从设计的角度看,以一般化思维为主线的命题推广,至少有两个特点:一是以特殊问题的探索为切入点;二是数学问题及结论具有可推广性。但因为同时从多角度进行命题推广有一定的难度,在实际教学中,教师需要根据目标以及可行性进行选择。

2. 以特殊化思维为基础的问题设计

波利亚认为,特殊化是指从考虑一组给定的对象集合过渡到考虑该集合的一个较小的子集,或仅仅一个对象。以特殊化思维为基础的新知识探究包括两类。

第一类,在解决某个一般化的问题后,提出并考虑一个特殊问题。比如,以"从位置、数量的特殊关系认识向量基本定理"为主题,设计如下问题:给定平面上不共线的三个点 O、A、B,即 $\overrightarrow{OA}$、$\overrightarrow{OB}$ 不平行,对平面上任意一点 P,都有唯一的一对实数 λ、μ,使得 $\overrightarrow{OP}=\lambda\overrightarrow{OA}+\mu\overrightarrow{OB}$。①从 P 与 A、B 特殊位置关系的维度进行设计:P 可以在直线 AB 上,也可以在与直线 AB 平行的直线 l 上(见图 3-6),请分别研究两种情况下实数 λ、μ 满足的等量关系;②从实数 λ 与 μ 特殊数量关系的维度进行设计:请分别研究 $\lambda+\mu=1$、$\lambda+\mu=k$(k 为不等于 1 的实数常数)两种情况下 P 与 A、B 的位置关系。

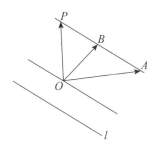

图 3-6　P 与 A、B 的特殊位置关系

在学生对向量基本定理有初步认识的基础上,让学生从特殊关系的角度进行思考有助于深化学生的认识。在问题设计上,先铺设"$\overrightarrow{OA}$、$\overrightarrow{OB}$不平行,对平面上任意一点 P,都有唯一的一对实数 λ、μ,使得 $\overrightarrow{OP}=\lambda\overrightarrow{OA}+\mu\overrightarrow{OB}$"这一基本定理,然后分别从位置关系的特殊性、数量关系的特殊性等角度设计问题,有意识地引导学生掌握一些常用的特殊化角度,同时,引发学生对于位置和数量两种特殊关系相互转化的思考,促进学生的迁移应用。

第二类,为解决某个一般化的问题,提出特殊问题并尝试解决,最后又回到一般化的问题。比如,以"有关指数函数的一类函数图像中心对称性的研究"为主题,设计如下问题:①已知函数 $h(x)=\dfrac{am^x+b}{cm^x+d}(cd\neq0,a^2+b^2\neq0,ad\neq bc,m>0,m\neq1)$,请研究函数 $y=h(x)$ 图像的中心对称性;②求函数 $y=\dfrac{1}{m^x+k}(m>0,m\neq1,k\neq0)$ 图像的对称中心;③已知函数 $f(x)=\dfrac{1}{2^x-4}$,$g(x)=\dfrac{1}{4+2^x}$,请分别研究 $y=f(x)$ 和 $y=g(x)$ 的图像是否存在对称中心? 如果存在,请求出其对称中心;如果不存在,请说明理由。

在该组问题设计中,问题①是一个有待解决的一般化问题,对学生而言有一定的挑战性,因而考虑特殊的问题。因为 $h(x)=\dfrac{a}{c}+\dfrac{bc-ad}{c^2}\left(\dfrac{1}{m^x+\dfrac{d}{c}}\right)$,可利用 $y=\dfrac{1}{m^x+\dfrac{d}{c}}$ 与 $y=h(x)$ 两个图像之间的变换关系,转化为问题②的研究。

考虑到问题②也有一定的难度,故取有代表性的两组字母 m 和 k 的特殊值,转化为问题③的研究。问题③的解决为探索一般化问题提供了思路和结论的猜想,有助于学生解决问题①。

3. 以联想思维为基础的问题设计

联想是指由于某些经验产生的概念、事物或心理状态之间的联结。联想主义心理学家把联想分为四类,即接近联想、相似联想、对比联想、关系联想。运用联想解决数学问题,一般会经历观察、联想、转化三个阶段,即在已有知识与经验的基础上,通过对问题的观察、分析,联想到与之相关的知识、方法或与之类似的问题、结构、解法等,从而将问题转化为熟悉的、已解决的问题的过程。联想使我们由此及彼,在未知与已知之间建立起桥梁。

比如,以"从多角度求解二元一次式的取值范围"为主题,设计如下问题:已知实数 x、y 满足 $x^2+y^2=1$,请从不同视角、用多种方法,求 $-x+3y$ 的取值范围。这一问题的本质就是求双变量函数的值域。可以由知识联想,从方程组视角,令 $t=-x+3y$,转化为方程组有解;可以从函数视角,通过三角换元,转化为单变量函数的值域;可以由数形联想,从解析几何视角,转化为直线与圆有公共点;也可以从向量视角,用数量积的几何意义,转化为数量投影的取值范围;还可以用数量积的不等关系,由关系联想柯西不等式,从不等式视角解决。基于以上分析,可以构建问题解决的思维路线(见图 3-7)。

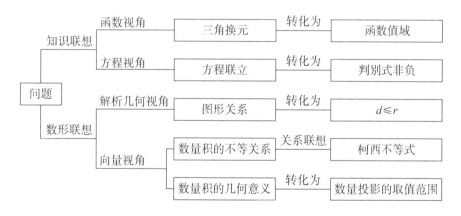

图 3-7 "从多角度求解二元一次式的取值范围"问题解决的思维路线

通过对问题的有序分析,从数学知识、思想方法、研究视角等方面展开合情、合理的联想,进而从不同角度把原问题转化为熟悉的问题,展现不同数学结构相互转化的多样美,实现不同知识、不同思想方法的单元间统整,完善学生的认知结构,提升学生的数学思维能力。当然,本问题条件中的二次曲线可以灵活改变,由类比联想求解有关双变量函数的值域。

以上借助一般化、特殊化、联想等基本思维,分别讨论了如何在这些思维的基础上开展数学探究活动的主题设计。值得注意的是,在具体设计和实际教学时,往往是多种思维交融,而不局限于某种思维。另外,数学探究活动的设计最好以真实情境为载体,真实的情境更能带来真实的探究,全情投入的真实探究更有利于学生提升问题解决能力,进一步体会数学与生活的联系。

(二) 结构性的活动设计和素养要求

数学探究活动的挑战性问题一般是围绕某个待探究的主题而展开设计的,每个主题都拥有一种结构,包含对学生有一定挑战的不同角度的探究活动。在实施的准备阶段,教师先要有一个结构性的活动设计,允许并鼓励学生提出相关的研究命题,将其补充到结构性的活动设计中。因此,教师设计的主题及其相关的探究活动,不仅对学生提出了具体的活动要求,还能激励学生围绕主题提出更好的活动建议。

例如,我们以"有关基本不等式的探究"为活动主题,设计了 3 个探究活动。探究活动 1 和探究活动 2 是从基本不等式"对于任意实数 a 和 b,都有 $a^2+b^2 \geqslant 2ab$,当且仅当 $a=b$ 时等号成立"及其变形出发,从不等式项的系数、次数和项数等角度,提出问题并加以研究。探究活动 3 研究基本不等式及其变形的几何解释、不等式链等。探究活动 1 和探究活动 2 由师生在课内合作进行,探究活动 3 由学生在课外自主探索。事实上,在每个探究活动中,学生的表现都超出了教师的预期。比如,在探究活动 2 中,学生从项数和系数的角度提出了命题,并加以证明。优化后的探究活动结构图见图 3 - 8。

学生进行探究活动时,需要用到数学知识和技能。学生探究能力的培养从探究技能开始,结合探究活动的主题和挑战性问题的设计,我们把数学探究活动中涉及的探究技能概括为五方面,即实验验证、归纳推理、类比推理、发散联想、逆向思考。我们希望通过探究活动,培养学生思维的深刻性、批判性、全面性、独创性。我们希望学生具备如下数学素养:(1)能把握知识的本质和联系;(2)能对问题做出假设并进行探索;(3)能对数学问题进行延伸、拓展;(4)能对解决问题的过程进行反思、评价;(5)能积累从具体到抽象、特殊与一般、联想思维的活动经验,养成一般性思考问题的习惯。探究能力表现分析见表 3 - 3。

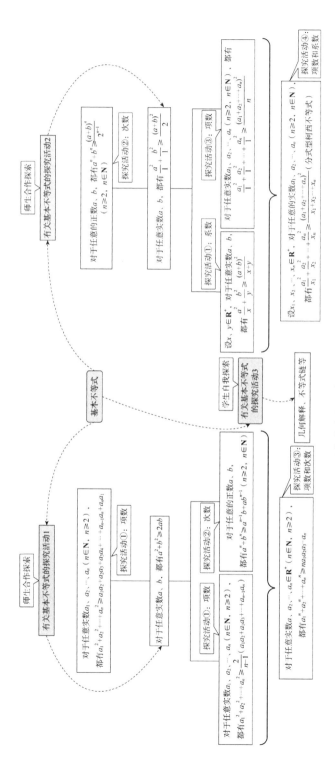

图 3-8 "有关基本不等式的探究"活动结构图

表 3 - 3 探究能力表现分析

	探究技能	思维特征	数学素养表现
探究活动	实验验证 归纳推理 类比推理 发散联想 逆向思考	深刻性 批判性 全面性 独创性	1. 能把握知识的本质和联系 2. 能对问题做出假设并进行探索 3. 能对数学问题进行延伸、拓展 4. 能对解决问题的过程进行反思、评价 5. 能积累从具体到抽象、特殊与一般、联想思维的活动经验,养成一般性思考问题的习惯

（三）主动探索、交流与反馈

学生的主动探索、交流与反馈是探究活动设计需要关注的要素之一。学生的探究活动应该是有目的的行动,通过活动,学生要获得新知识、新的思想方法和行动策略等。

在探究活动实施过程中,参考合作学习的学习模式,我们将其教学流程设计为"提出问题—独立探究—交流汇报—研讨质疑—共同总结"。为了弥补讨论式教学某些固有的不足(如组内成员间、小组间的思考不同步等),在讨论课的组织策略上,我们以同步推进为原则,创建有教师引导的讨论环境,使学生先在教师的指导下获取开展讨论所必备的基础知识,再通过讨论来建构新的知识结构。每次讨论后,教师要及时对讨论的内容进行归纳,使得不同基础的学生都能理解刚才讨论的内容所对应的新知识与新方法。在归纳新知识的基础上,学生可以展开进一步的讨论,从而不断完善知识结构,形成新的思想方法和行动策略。在各环节中,讨论的形式是多样的,如在组内交流时,学生要阐明自己的观点和辨析他人的观点;在全班交流时,学生要在思索各种差异性解答中不断尝试和优化,促进自我反思和深化认识,发展思维的灵活性和深刻性,从而提升数学核心素养。

（四）活动成果

探究活动的成果一般以作业单和研究报告等形式呈现。比如,在以"有关基本不等式的推广"为主题的探究活动 3 中,有一部分学生通过多种途径构造几何图形,应用几何性质,获得了基本不等式及其变形的多种几何解释;有一部分学生应用基本不等式和不等式的性质，完成了不等式链的证明，即"$\dfrac{2ab}{a+b} \leqslant \sqrt{ab} \leqslant$

$\dfrac{a+b}{2} \leqslant \dfrac{a^2+b^2}{a+b}(a>0,b>0)$，当且仅当 $a=b$ 时等号成立"；还有一部分学生根据算术、几何、调和、反调和这四个中项的意义，证明了该不等式链的成立。

（五）探究活动的评价

探究活动的评价由课堂评价和课后评价组成。在每个探究活动的讨论中间、末尾及课后，教师和学生共同评价。其中，教学中间、教学末尾的评价是非正式的，包括：（1）由组长记录同伴在组内讨论时提出的问题、本组已解决的问题、小组代表参与全体讨论时的研究方案和结论；（2）由教师记录需要教师帮助的环节、学生对教师的提问或提示的回答。课后的评价比较正式，包括：（1）以书面形式表达对学习活动的体会，如知识结构的建立、思维方法的习得、进一步的思考；（2）完成学习活动进一步探究的作业单或研究报告的质量。虽然在探究活动过程中，我们清晰地知道学生理解的深刻程度和解决问题的能力有明显差异，但我们没有在这些"帮助性"评价中评定学生的等级，评价的主要目的是帮助个别学生或小组，确保每个学生都理解所探究的内容。评价的等第简单分为 A（高）、B（较高）、C（一般）、D（低）。

二、数学建模活动设计

数学模型是指用数学的语言描述现实世界所依赖的思想，数学模型的价值取向往往不是数学本身，而是对描述学科所起的作用。数学的基本思想，即抽象、推理、模型，为由现实到数学、数学内部发展、由数学到现实提供了思维工具，理性地把握这些内容对数学的教学是有益处的。数学建模活动的设计侧重单元与其他学科间统整，其过程是面对一个现实情境，先通过调动相关学科知识分析问题，特别是通过对其中的数量和数量关系、图形和图形关系的分析，判断它满足某种数学模型的条件，再利用给定情境中的数据具体确定模型中的参数及其限制范围等，最终借助数学模型解决实际问题。

数学建模活动需要设置活动专题，让学生完整经历用数学知识建立数学模型解决实际问题的过程。我们归纳了数学建模活动的关键要素，即确定课题、撰写开题报告、构建模型解决问题、撰写和交流研究报告、评价建模活动。

（一）确定课题

课题是建模活动的土壤，课题的选取是建模活动在准备和设计阶段的重要环节。在实际教学中，教师可以从教材提供的建模课题中选择，也可以自行设计，还可以让学生自己确定选题并报给教师，待同意后开展探究。选择和设计建模课题时可从以下几方面进行思考。一是真实性和适切性。内容应来自真实的情境，体现数学的应用价值。内容的广度和深度应符合学生的认知基础和认知规律，兼顾内容的基础性、广泛性、深刻性。二是实践性和应用性。内容应具有跨学科属性，能够激活多学科的知识与方法，使学生体会数学应用的广泛性。同时，要引导学生关注现实生活，调动学生思考、调研、实验、操作、讨论，从数学视角发现问题，运用数学知识分析和解决实践问题。三是开放性和个性化。数学建模活动中允许学生有不同的理解，学生可以按照自己的能力水平、根据不同的模型假设、用自己的思维方式和建模方法得出不同的结论，提出个性化的解决方案。

（二）撰写开题报告

学生撰写开题报告，教师组织开题交流活动。开题报告应包括选题的意义、文献综述、解决问题的思路、研究计划、预期结果等，还应说明需要用到哪些知识，建模的方法和步骤及其合理性、可行性、有效性，并对不同的实施方案进行预设和比较分析等（见表3-4）。学生撰写开题报告时，教师要适当指导，并组织开题论证与评价，结合课题陈述情况、课题价值判断、可行性、可操作性等进行评定（见表3-5）。

表3-4　数学建模活动课题开题报告

确定研究课题	想要解决的问题	
	选择该问题进行研究的原因	
	关于这个问题，已经了解的信息及了解途径	
	最终确定的课题名称	

（续表）

	课题背景（研究的意义和目的）	
制定研究方案	建模活动的内容、方法和实施过程	
	具体任务	
	所需设备	
	完成课题的有利条件分析	
	预计困难（包括相应措施）	
	预期成果	
	资料收集方案	
收集资料	遇到的困难及解决办法	
	收集到的资料（如文摘卡片、访谈记录、考察记录、实验记录等）	

表 3–5　数学建模活动课题论证记录与评价表

课题名称：＿＿＿＿＿＿＿＿＿＿＿＿＿＿＿＿＿＿＿＿＿＿＿＿＿＿＿＿＿

课题组成员：＿＿＿＿＿＿＿＿＿＿＿＿＿　　陈述人：＿＿＿＿＿＿＿＿＿＿＿

项目　　等级　　具体内容	A（好）	B（较好）	C（一般）	D（需改进）	备注
课题陈述情况					
课题价值判断					
课题可行性判断					
课题可操作性判断					
课题论证等第（A、B、C、D）					
课题论证评语（描述性）					
课题论证人员签名					

论证日期：　　年　　月　　日

（三）构建模型解决问题

构建模型解决问题是数学建模的具体实施阶段,学生要按照预设的方案开展自主探究、合作学习、实验观察、过程记录、建模求模等活动。建模活动的理想状态是教师和学生形成共同体,在实施过程中要关注教师的指导。首先,教师要以学习者的身份参与到学生的学习中去,充分倾听学生的想法,及时引导,培养学生的创新精神和实践能力。其次,教师要把探究的过程还给学生,让学生成为学习的主人,这并不意味着教师会变得轻松,教师需要更深入地研究学生跨学科能力的培养方法。比如,松江二中 2016 届学生徐子昊和戚伏波在"用函数研究书法中的长横之美及其应用"的数学建模活动中,以数学内容为主线,融合书法、设计和信息科技等跨学科元素,深入理解数学与生活的关联。他们通过函数拟合勾勒书法中的长横的边框,并运用统计学的思想分析函数,尝试找出其相似点,提炼出数学上的美学原因,从数学领域挖掘了长横之美的来源,并提出其在现代平面设计领域的应用设想,实现了数学与书法艺术的深度融合。他们还应用了相关数学软件进行了分析。他们从函数分析中提炼出的函数 $f(x) = -0.020\,475x^2 + 0.346\,735x$$\left(\text{以正方形画布的边长的} \dfrac{1}{13} \times \dfrac{2}{25} \text{为基准长度}\right)$（见图 3 - 9）,不仅可作

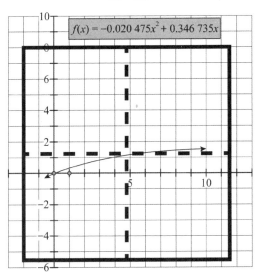

图 3 - 9　学生提炼出的函数

为书写绝大多数长横时的参考骨架,辅助书法教学,还能供一些与汉字中的长横类似构图的平面设计参考,为艺术设计开辟了一条新的道路。

（四）撰写和交流研究报告

学生自由组合探究,教师在学生得出结论的基础上,指导他们撰写研究报告。研究报告应根据选题的内容,采用专题作业、测量报告、算法程序、研究报告、论文等多种形式。在学生撰写研究报告时,教师应给予具体帮助,引导学生规范化地撰写研究报告。数学建模报告每一步的数据都需要有清晰的论述,各个环节之间的逻辑联系也要写明白,研究过程和结果不能弄虚作假。

在完成上述步骤后,教师指导学生分析初稿、复看修改稿和最终的研究报告。教师组织学生开展结题交流时,可采用多样化的方式,如举行答辩会、组织成果展览等。教师要组织学生汇报,引导学生互相学习,可以让每个小组都汇报本小组的建模成果,并安排学生进行组间质疑,促进组间的学习以及同伴之间的借鉴。

（五）评价建模活动

数学建模活动的最终成果以研究报告的形式呈现。虽然最终结果是任务目标的体现,但建模的反思与评价不能仅关注最终结果,也要重视过程评价。

由于数学建模活动过程中学生的行为表现难以一一列举,分析性评价指标的选择没有官方的统一评价标准,我们便依据《普通高中数学课程标准（2017 年版 2020 年修订）》和 PISA2021 数学素养与内涵测评框架,选择一些常见的数学建模活动过程中学生的行为表现,建立通俗易懂、便于评价的分析性评价指标进行表现性评价。

《普通高中数学课程标准（2017 年版 2020 年修订）》中将数学建模核心素养从低到高划分为水平一、水平二、水平三。在表现性评价中,由于表现性任务存在零完成度的可能性,将分析性评价指标划分为四个评价标准,即水平零、水平一、水平二、水平三,分别对应分值 a_0、a_1、a_2、a_3,其中 $0 = a_0 < a_1 < a_2 < a_3 (a_1, a_2, a_3 \in \mathbf{N}^*)$。

在"发现和提出问题"的行为表现中,常见的有理解情境、信息提取、发现问题、提出问题、调查研究、数据收集等,基于此可以建立相应的分析性评价指标,见表3-6。

表3-6 "发现和提出问题"中常见的分析性评价指标示例

水平 具体内容 评价指标	水平零:a_0分	水平一:a_1分	水平二:a_2分	水平三:a_3分
理解情境	完全不理解情境	理解实际问题的背景	理解熟悉的情境	理解综合的情境
信息提取	没有提取信息	提取无用信息	提取部分有用信息	提取所有有用信息
发现问题	对问题没有想法且没有发现问题	对问题有一些想法但没有发现问题	对问题有一些想法且发现无关紧要的问题	对问题有一些想法且发现核心问题
提出问题	没有提出问题	提出没有可操作性且没有价值的问题	提出具有可操作性或有价值的问题	提出具有可操作性且有价值的问题
调查研究	没有进行调查研究	进行了少量的调查研究	进行了大量的调查研究	进行了大量的调查研究且进行了整理和分析
数据收集	没有收集数据	收集了少量的数据但未考证数据的真实性	收集了大量的数据但未考证数据的真实性	收集了大量的数据且考证了数据的真实性

在"建立和求解模型"的行为表现中,常见的有合理假设、数学抽象、逻辑推理、数学运算、空间想象、数据分析等,基于此可以建立相应的分析性评价指标,见表3-7。

表 3-7 "建立和求解模型"中常见的分析性评价指标示例

水平 / 具体内容 / 评价指标	水平零:a_0 分	水平一:a_1 分	水平二:a_2 分	水平三:a_3 分
合理假设	没有进行假设	进行了不合理的假设	进行了合理的假设	进行了合理且尽可能贴近现实的假设
数学抽象	没有进行数学抽象	尝试进行数学抽象	初步应用数学抽象	熟练应用数学抽象
逻辑推理	没有进行逻辑推理	尝试进行逻辑推理	初步应用逻辑推理	熟练应用逻辑推理
数学运算	没有进行数学运算	尝试进行数学运算	初步应用数学运算	熟练应用数学运算
空间想象	没有进行空间想象	尝试进行空间想象	初步应用空间想象	熟练应用空间想象
数据分析	没有进行数据分析	尝试进行数据分析	初步应用数据分析	熟练应用数据分析

在"检验和完善模型"的行为表现中,常见的有技术使用、实验模拟、检验评估、模型完善、系统思维、批判创新等,基于此可以建立相应的分析性评价指标,见表 3-8。

表 3-8 "检验和完善模型"中常见的分析性评价指标示例

水平 / 具体内容 / 评价指标	水平零:a_0 分	水平一:a_1 分	水平二:a_2 分	水平三:a_3 分
技术使用	没有使用技术	具有使用技术的意识	尝试使用技术	熟练使用技术
实验模拟	没有进行实验模拟	具有实验模拟的意识	尝试实验模拟	成功实验模拟
检验评估	没有检验和评估模型	具有检验和评估模型的意识	尝试检验和评估模型	成功检验模型并进行了有效的评估

（续表）

评价指标 \ 具体内容 \ 水平	水平零：a_0 分	水平一：a_1 分	水平二：a_2 分	水平三：a_3 分
模型完善	没有完善模型	具有完善模型的意识	尝试完善模型	成功完善模型
系统思维	没有系统思维	具有系统思维的意识	尝试系统思维	具有系统思维且有所体现
批判创新	没有批判创新	具有批判创新的意识	尝试批判创新	具有批判性思维且进行了创新

在"分析和解决问题"的行为表现中，常见的有实际应用、论文写作、交流反思、答辩展示、团队合作、数学情感等，基于此可以建立相应的分析性评价指标，见表3-9。

表3-9 "分析和解决问题"中常见的分析性评价指标示例

评价指标 \ 具体内容 \ 水平	水平零：a_0 分	水平一：a_1 分	水平二：a_2 分	水平三：a_3 分
实际应用	没有实际应用	有理论上的实际应用价值	有具体的实际应用	有具体的实际应用且具有指导性作用
论文写作	没有完成基本的论文写作	完成了基本的论文写作	完成了基本的论文写作且论文具有可读性	完成了基本的论文写作且论文具有可读性和观赏性
交流反思	没有交流反思	只有交流或者只有反思	有交流且有反思	交流和反思后有所进步和提升
答辩展示	没有完成答辩展示	需要在他人的提示或帮助下完成答辩展示	独立自主地完成答辩展示	独立自主且自信、流利地完成答辩展示

（续表）

具体内容 评价指标 水平	水平零:a_0 分	水平一:a_1 分	水平二:a_2 分	水平三:a_3 分
团队合作	没有团队合作	被动参与团队合作	主动参与团队合作	主动参与团队合作并承担责任
数学情感	极度厌恶、反感或漠视	接受数学且认可数学的应用价值	欣赏数学且乐意学习数学建模	喜欢数学且乐意开展数学建模

在具体的数学建模活动过程中,当发现学生的实际表现与评价标准差距较大时,以教师等专业人士群体为代表的评价主体可以实时修改评价标准或评价指标,避免无效和无意义的评价。值得注意的是,分析性评价指标的评价标准重在反映学生的核心素养,虽然也关注学生的区分度,但不把区分度作为划分水平的主要考虑因素。

【参考文献】

[1] 吕立杰.大概念课程设计的内涵与实施[J].教育研究,2020(10):53-61.

[2] 刘徽."大概念"视角下的单元整体教学构型——兼论素养导向的课堂变革[J].教育研究,2020(6):64-77.

[3] 王喜斌.学科"大概念"的内涵、意义及获取途径[J].教学与管理,2018(24):86-88.

[4] 中华人民共和国教育部.普通高中数学课程标准(2017年版2020年修订)[S].北京:人民教育出版社,2020:18-19.

[5] 卜梦丹,唐恒钧.数学大概念的内涵、提取途径及其理解维度[J].中小学教师培训,2022(7):36-39.

[6] 格兰特·威金斯,杰伊·麦克泰.理解为先模式——单元教学设计指南(一)[M].福州:福建教育出版社,2018:24-26.

[7] 喻平.论内隐性数学课程资源[J].中国教育学刊,2013(7):59-63.

[8] 徐斌艳,等.数学素养与数学项目学习[M].上海:华东师范大学出版社,2021:55-63.

[9] 史宁中.漫谈数学的基本思想[J].中国大学教学,2011(7):9-11.

[10] 郑毓信.数学方法论[M].南宁:广西教育出版社,2001:78-79.

[11] 黄继红.数学发现学习的促进——以"有关基本不等式的探究"为例[J].数学通讯,2017(2):27-29.

[12] 黄继红.高中数学讨论课的问题设计和组织策略[J].数学教学,2018(11):28-30.

[13] 周文德.基于联想理论的英语词汇记忆策略[J].红河学院学报,2013(6):99.

[14] 白军鹏."单元统整"理念下基于联想的一道数列题的讲评[J].数学教学,2022(7):22-25.

第四章　以函数为例的单元统整教学设计

在函数(必修)部分的单元统整教学设计中,我们选取的是上海教育出版社出版的《普通高中教科书　数学》必修课程相关教材。其中,函数(必修)部分由第 4 章"幂函数、指数函数与对数函数"、第 5 章"函数的概念、性质及应用"、第 7 章"三角函数"组成,其内容的编排顺序与其他版本教材的编排不同,这一"从特殊到一般再回到特殊"的研究框架,从整体设计上为培育学生的数学核心素养提供了可能,为学生提供了一个"认识幂函数、指数函数与对数函数—归纳基本函数的共性特征、概括其本质属性、抽象一般函数的概念—在一般观念的引导下研究函数性质—用函数的观点解决问题—研究三角函数,深化研究函数的基本思路"的数学化活动路径。根据研究函数的一般思路与趋势,函数(必修)部分的单元统整教学依据教学设计路径进行设计,分为前期分析和开发设计两大板块。

第一节　研究函数的一般思路与趋势

在中小学课程中,函数一直是不可或缺的组成部分。在小学阶段,数与代数领域分为数与运算、数量关系两个主题,数与运算由数的认识、数的运算整合而成,数量关系由探索规律、式与方程、正比例与反比例三个主题整合而成,渗透着分类、对应、序列、对称、守恒等思想。在初中阶段,从变量依赖的角度定义函数,通过表达式、列表、图像表示函数。通过固定等式 $a=bc$ 中 a、b、c 三个量中的一个量,研究另两个量的相互关系和变化规律,定义正比例函数和反比例函数,并进行研究,随后,以运算为基础,从几何意义和运动模型的角度研究一次函数和二次函数。在高中阶段,在指数运算和对数运算的基础上,通过固定等式 $a^b=c$ 中 a、b、c 三个量中的一个量,研究另两个量的相互关系和变化规律,定义三种应用广泛的函数——幂函数、指数函数、对数函数,随后,从集合对应的角度定义函数,研究抽象函数的单调性、奇偶性、最值、零点和周期性等性质,并研究三角函数。

函数是刻画和研究某个变化过程中数量关系的工具,其一般的研究思路分为五种。一是将某种变化表示为可以理解的数量形式,表示形式分为坐标系、表达式、列表、图像。例如,在细胞分裂过程中,细胞的数量与分裂次数的变化可以用指数函数的表达式、列表、图像进行表示。二是对变化的类型进行分类,形成基本初等函数。例如,可以用三角函数刻画生活中的周期现象(如钟表指针的转动、弹簧的振动、潮汐现象等)。三是对某种特殊类型的变化规律(如变化范围、特殊点、单调性、奇偶性、周期性、变化率、连续性等)进行认知与分析。例如,对于函数 $y=f(x)(x\in D)$ 的图像关于 y 轴对称或关于原点中心对称这一特性进行研究,从而得到函数的奇偶性。四是通过建模将变化的数学规律运用于外部世界(如测量、运动、自然变化、物理变化等)。例如,可以用对数模型刻画声音的响度。五是利用数学方法(如定性与定量、整体与局部、优化等)对变化过程进行控制与调节。另外,计算机的产生使得学者对变化的研究出现了两种趋势:一是利用几何学和计算机图形学的相关知识,用越来越精确的逼近方法(如回归、拟合等)得到函数;二是利用动态软件把大量信息集中在一个简单易懂的图形中,将函数特征可视化,然后进行图像分析。

第二节　前期分析

一、明确素养指向,提炼学科大概念及关键概念

在函数(必修)部分的单元统整教学设计中,明确其素养指向,分析课程标准中的内容要求,结合相关教材内容和学生情况,提炼学科大概念及关键概念。

数学抽象、数学建模、数学运算、直观想象、逻辑推理五个数学学科核心素养

既相对独立，又相互交融，是一个有机的整体，在函数（必修）单元的每个部分都有渗透，尤为清晰。其中，数学抽象主要表现为从数学情境中抽象出函数概念和性质，用恰当的数学语言予以表达，并把一些命题推广到更一般的情形，理解高度概括、有序多级的函数知识体系。数学建模主要表现为在科学和社会情境中，能够运用数学思维进行分析，发现情境中的数学关系，提出数学问题，建立函数模型，解决问题，并运用数学语言，清晰、准确地表达数学建模的过程和结果。数学运算主要表现为在函数问题中，明晰运算对象，提出运算问题，探究运算的方向和目标，能够合理选择运算方法，合理设计运算程序，综合利用运算法则解决问题。直观想象主要表现为能够借助函数图像性质探索数学规律，能够用图形描述和表达数学问题，体会数形结合的思想，发现函数图像与函数性质之间的关系；能够在科学情境中，借助图像，通过想象提出数学问题，构建数学模型。逻辑推理主要表现为能够发现蕴含在实际情境中的函数关系和特征，提出有价值的数学问题，并予以数学表达，选择合适的论证方法予以证明，并用准确的数学语言表述论证过程；能够用归纳类比的方法学习具体函数和函数的性质，借鉴学过的论证思路研究新的函数。

《普通高中数学课程标准（2017年版2020年修订）》中关于函数（必修）单元的定位是，通过本单元的学习，可以帮助学生学会用函数图像和代数运算的方法研究幂函数、指数函数与对数函数的性质；理解幂函数、指数函数与对数函数中所蕴含的运算规律；建立完整的函数概念，不仅把函数理解为刻画变量之间依赖关系的数学语言和工具，也把函数理解为实数集合之间的对应关系；能用代数运算和函数图像揭示函数的主要性质；能够从函数的观点认识方程，并运用函数的性质求方程的近似解；能够从函数观点认识不等式，并运用函数的性质解不等式；用几何直观和代数运算的方法研究三角函数的周期性、奇偶性（对称性）、单调性和最值等性质；探索和研究三角函数之间的一些恒等关系；在现实问题中，能够利用函数构建模型，解决问题；重点提升数学抽象、数学建模、数学运算、直观想象、逻辑推理素养。

基于单元定位，结合上海教育出版社普通高中数学教材的内容，绘制函数（必修）单元的内容概念图（见图4-1），以明确概念之间的层次与联系，提炼其

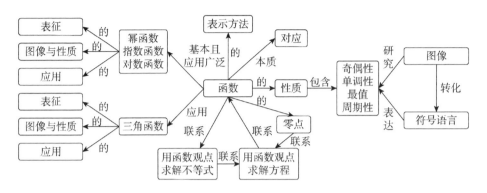

图 4-1 函数(必修)单元的概念图

在核心素养指向下的大概念及关键概念。具体绘制步骤如下：(1)根据课程标准中的函数内容标准选定基本知识作为概念图节点；(2)根据函数内容划分及知识概括性程度确定层级，连接各层级概念节点，并在连线上标明函数(必修)单元中概念之间的关系，即连接词。幂函数、指数函数、对数函数是基本且应用广泛的函数，它们的定义刻画了变量与变量之间的关系，相关性质的研究方法是函数图像和代数运算相结合、抽象出一般函数概念并研究一般函数性质及应用的基础。函数概念既有"变量说"，又有"对应说"，学者还引入了抽象符号 $f(x)$ 来表示一般函数，学生需要具有较高的抽象思维水平才能理解函数概念。函数的对应既是学生理解函数概念的核心，也是学生理解函数概念的难点。函数的三种表征有助于学生认识函数是两个实数集合之间的对应关系。函数的奇偶性和单调性反映着当对应关系作用于具有一定特殊关系的自变量时其函数值关系的特殊性。函数的实际应用表现为两个变量之间对应关系的建立，用函数观点理解和解决方程、不等式问题，可将函数与方程、不等式进行关联。三角函数是比较典型的周期函数，是刻画周期现象的重要数学模型，其研究方式是通过函数图像研究三角函数的性质，以数形结合的方式帮助学生发现三角函数的周期性、奇偶性、单调性、最值等。因此，研究函数大概念的关键概念确定为"幂函数、指数函数与对数函数的表征、图像与性质、应用""表示方法""对应""性质""零点""用函数观点求解方程""用函数观点求解不等式""三角函数的表征、图像与性质、应用"。根据以上分析，构建函数(必修)单元大概念层级金字塔(见图 4-2)。

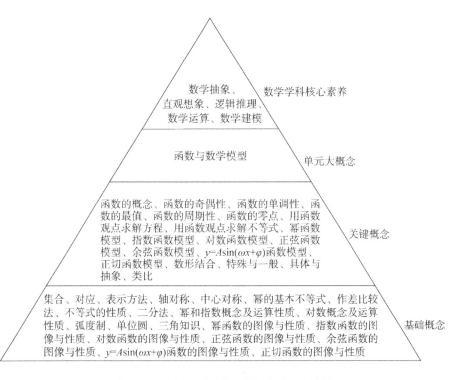

图 4-2　函数(必修)单元大概念层级金字塔

二、规划单元大任务,确立单元学习目标

围绕函数(必修)单元大概念及关键概念,规划单元大任务,并将每个大任务分解为若干子任务(我们称之为任务群),见表 4-1。

表 4-1　单元大任务与子任务

大任务	子任务
如何理解函数是贯穿高中课程的主线	1. 如何用函数解决实际问题 2. 如何理解初高中函数知识的联系和不同 3. 如何形成函数的知识框架 4. 如何形成函数单元与其他单元的联系
如何绘制幂函数、指数函数、对数函数的图像	1. 如何用"描点法"绘制幂函数、指数函数、对数函数的大致图像 2. 如何根据幂函数第一象限的图像画出其他象限的图像 3. 如何根据指数函数和对数函数的图像总结出图像的特征

（续表）

大任务	子任务
如何研究幂函数、指数函数、对数函数的性质	1. 如何根据幂函数、指数函数、对数函数的图像概括出函数的性质 2. 如何用数学语言表征幂函数、指数函数、对数函数的性质 3. 如何理解用图像与代数运算研究函数性质的方法
如何理解函数的本质	1. 如何从特殊函数的公共属性中抽象出函数的一般概念 2. 如何体会集合语言和对应关系在刻画函数概念中的作用 3. 如何理解函数的表示方法
如何研究函数的基本性质	1. 如何理解奇函数、偶函数的概念和图像特征 2. 如何判断简单函数的奇偶性 3. 如何理解函数单调性的定义及相关概念 4. 如何运用函数单调性的定义判断函数的单调性,体会数形结合、从特殊到一般、化无限为有限等思想 5. 如何理解函数的最值 6. 如何求一些初等函数的最值,总结求函数最值的一般方法
如何用函数观点求解方程和不等式	1. 如何用联系的观点理解函数与方程、不等式之间的关系 2. 如何用二次函数的图像与性质求解与二次方程、二次不等式相关的问题 3. 如何理解并掌握用"二分法"求函数零点的步骤,体会无限逼近思想和程序化的算法思想
如何绘制三角函数的图像	1. 如何利用单位圆绘制正弦函数和正切函数的图像 2. 如何利用平移绘制余弦函数的图像 3. 如何运用"五点法"绘制三角函数的图像
如何研究三角函数的性质	1. 如何理解函数的周期性 2. 如何理解三角函数的值域与最值 3. 如何理解三角函数的奇偶性和单调性
探究活动 1 如何用信息技术探究函数的图像与性质	1. 如何探究函数 $f(x)=\dfrac{x}{x+1}$ 的图像与性质 2. 如何探究函数 $g(x)=\dfrac{x}{x+1}+\dfrac{x+1}{x+2}$ 的图像与性质 3. 如何探究函数 $h(x)=\dfrac{x}{x+1}+\dfrac{x+1}{x+2}+\dfrac{x+2}{x+3}+\cdots+\dfrac{x+n-1}{x+n}$ $(n\geqslant 1,n\in \mathbf{N})$ 的图像与性质

（续表）

大任务	子任务
探究活动 2 如何用矩形铁皮制作直角弯管	1. 如何用矩形铁皮制作斜截圆柱 2. 如何研究斜截圆柱的侧面展开图 3. 如何验证截口曲线的展开图是三角函数的图像 4. 如何进一步推广结论
如何用函数建立模型解决问题	1. 如何发现幂函数、指数函数、对数函数的增长差异 2. 如何用幂函数、指数函数、对数函数描述客观世界中一些事物的变化规律 3. 如何用三角函数刻画周期变化的事物 4. 如何选择合适的函数类型刻画现实问题中的变化规律 5. 如何用数学的方式来解释实际问题

　　数学从运动的研究（变化的量及其关系）中引出一个基本概念——函数，或称作变量间的关系；变量和函数是具体变量及其相互依赖关系的抽象概括；函数是一个变量对另一个变量的依赖关系的抽象模型。对于刚进入高中的学生来说，他们的思维能力正在由形象经验型向抽象理论型转变，他们的分析归纳能力和对事物本质的认识能力还比较弱，他们在认识函数的对应关系和抽象符号的表示上还存在困难。此外，他们的函数应用能力薄弱，学习函数知识的方法有待改进。他们很难把复杂的实际问题转化为数学问题，进而选择恰当的函数模型来解决实际问题。大多数学生既缺乏这方面的经验，也缺乏数学抽象的能力。

　　在实际教学中，教师可通过以下几点来突破难点。

　　一是在初中函数定义的基础上定义幂函数、指数函数、对数函数，从图像和代数运算两个角度研究函数的性质，运用这些函数建立相应的数学模型，解决实际问题，让学生体会函数在实际生活中的作用，为学生理解抽象函数的一般概念和研究一般函数的性质奠定基础。

　　二是突出函数概念的本质和建构过程。以具有真实背景的实例和学生学过的基本初等函数为载体，引导学生理解函数概念。先从"变量说"出发，让学生理解基本初等函数刻画了某一类具体运动的变化规律，如一次函数刻画了"匀速"变化规律、二次函数刻画了"匀变速"变化规律、指数函数刻画了"指数爆炸"变化规律等。通过绘制图像、列表，直观呈现变量的变化过程，帮助学生理解变量之间的相依关系，并用集合和对应的语言讲解其对应关系，之后让学生归纳、概括实例和基本初等函数的本质，进而抽象形成"对应说"，在两个实数集之间建立对应关系。

三是研究函数性质时，要给予学生思想方法的明确引导。比如，函数的性质就是当自变量具有某种变化规律时，由函数的对应关系而确定的函数值所保持的不变性或规律性，突出数形结合的思想。对三角函数的研究可以沿用一般函数的研究思路，总结函数的研究方式，突出一般观念和思想方法。

四是强调函数的背景、思想和应用。其一，在函数概念的剖析过程中，始终"用例子说话"，为学生提供思考、探究、交流的机会。其二，要帮助学生养成用函数观点解决方程和不等式问题的习惯，引导学生用函数建立数学模型。函数是一类重要的数学模型，能够刻画现实世界某一方面的变化规律，利用函数解决现实问题的关键是构建函数模型。"函数的应用"便是希望学生能在对现实世界的探索中发现和提出问题，综合运用所学知识，建构合理的模型，解决实际问题。在这一过程中，学生从知识点起步，基于具体问题的分析，合理选择解决路径，从而提升探究能力，最终实现素养的发展。

基于上述学情分析与大任务驱动，函数（必修）单元的学习目标设计如下。

一是掌握幂函数、指数函数、对数函数的图像与性质。理解幂函数、指数函数、对数函数的概念，能够绘制具体函数的图像；掌握从图像特征和代数运算两个角度研究幂函数、指数函数、对数函数的方法，发展直观想象和逻辑推理素养；掌握幂函数、指数函数、对数函数的图像与性质。

二是理解函数的本质。在一些实例和基本初等函数学习的基础上，归纳两个变量之间依赖关系的共性特征，概括其本质属性，抽象出变量之间的对应关系，并用集合和对应的语言描述，形成函数的概念；通过揭示对应关系的三种表现形式（列表法、解析式法、图像法），全面掌握函数的概念。

三是掌握函数性质的研究方法。能用代数运算和函数图像揭示函数的主要性质，即从函数本质出发，通过"自变量与对应函数值在变化中的不变性或规律性"实现图像特征与符号语言的等价转化;会用数学符号语言表达函数的基本性质——奇偶性、单调性、最值、零点,理解它们的作用和几何意义。

四是掌握函数思想。把函数与相应的方程、不等式联系起来,学会构造函数并应用函数性质解决有关方程、不等式的问题,建立函数观,领悟函数思想和转化思想,深化对函数概念的理解。

五是掌握三角函数的图像与性质。借助单位圆理解三角函数的定义,能画出正弦函数、余弦函数、正切函数等三角函数的图像,了解三角函数的周期性、最值、奇偶性、单调性;掌握三角函数的研究方法,从三角函数的图像出发,分析并归纳得出正弦函数、余弦函数、正切函数的性质;结合具体实例,了解函数 $y = A\sin(\omega x + \varphi)$ 的实际意义;能借助图像理解参数 ω、φ、A 的意义,了解参数的变化对函数图像的影响。

六是发展数学建模素养。认识数学模型和数学建模之间的联系与区别,通过完整的数学建模活动,了解函数模型的丰富内涵,综合应用函数和其他学科的知识,学习如何利用数学建模来解决实际问题。

三、明确单元统整教学结构,划分单元主题和课时安排

分析函数(必修)单元的教材内容,明确指向素养培育的单元教学主题及单元统整教学结构。

函数(必修)单元涵盖上海教育出版社出版的《普通高中教科书 数学》必修课程第 4 章、第 5 章、第 7 章的内容,前期的铺垫知识包括第 1 章"集合与逻辑"、第 3 章"幂、指数与对数"、第 6 章"三角"和初中函数"变量说"的概念及正比例函数、反比例函数、一次函数、二次函数。教材对函数(必修)单元的研究方法是"从特殊到一般再到特殊"。通过对教材内容的分析,设计函数(必修)单元的单元统整教学结构图(见图 4 - 3),设计始终围绕着函数的研究方法展开。第一,认识幂函数、指数函数、对数函数。从正比例函数、反比例函数、二次函数等特殊函数抽象出幂函数的概念,选择具有代表性的幂函数,用描点法作出函数图像,归纳函数性质,用代数运算进行证明,让学生初步体会利用图像特征与代数运算研究

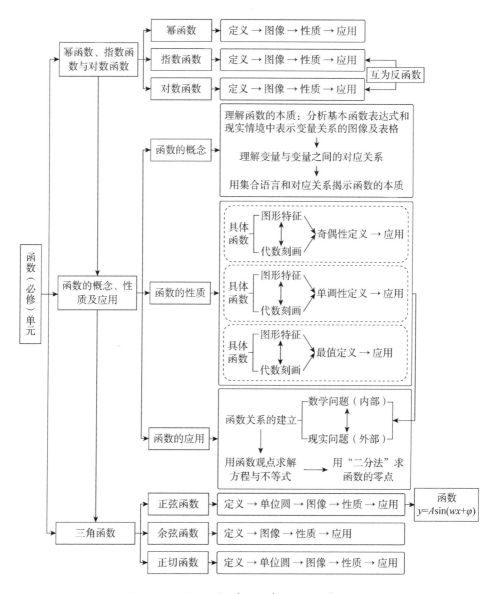

图 4-3 函数(必修)单元的单元统整教学结构图

函数性质的方法,沿用研究幂函数的思路研究指数函数和对数函数,将幂函数、指数函数与对数函数用等式 $a^b=c$ 进行关联,让学生了解函数是研究两个变量的相互关系和变化规律,体现了统一美,同时更好地体会函数是刻画变量与变量之间关系的数学语言和工具,提高学生对幂函数、指数函数、对数函数的整体认知。第二，归纳基本函数的共性特征，概括其本质属性，抽象出一般函数的概念，在一般观念的引导下研究函数的性质，用函数的观点指导解决问题。在研究特殊函数的基础上，发现特殊函数的表达式所表达的对应关系与现实问题中一些不便呈现表达式的图像和表格，让学生多角度地体验各种形式的对应关系，进而归纳共性，概括本质，将其抽象为一般的对应关系；在"函数的基本性质"研究中，让学生理解图像特征描述的变化规律与数学符号语言描述的变化规律的转化，以代数运算刻画自变量与对应函数值在变化中的规律性为媒介，加深对函数对应关系的理解；用函数观点解决有关方程与不等式的问题，通过构造函数、研究性质、应用性质解决问题，为学生审视方程与不等式提供一个新的视角；引导学生用函数建模，在建立函数关系的过程中进一步体验对应关系在实际问题中的多样性和复杂性，深化对函数的理解，发展数学建模素养。第三，研究三角函数，深化研究函数的基本思路。在利用单位圆中角和角的正弦值的变化规律建立正弦函数图像后，让学生通过函数图像归纳出正弦函数的性质并对函数性质进行证明，沿用该思路研究余弦函数与正切函数，深化研究函数的基本思路。

在函数（必修）单元的单元统整教学结构下，划分单元主题和单元子主题，并进行课时安排（见表 4 - 2）。

表 4 - 2　单元主题、单元子主题与课时安排

单元主题	单元子主题	课时安排
1. 起始课	函数单元起始课	1 课时
2. 幂函数	幂函数的定义与图像	1 课时
	幂函数的性质	1 课时
3. 指数函数	指数函数的定义与图像	1 课时
	指数函数的性质	2 课时
4. 对数函数	对数函数的定义与图像	1 课时
	对数函数的性质	2 课时
5. 函数的概念	函数的本质	1 课时
	函数的表示方法	1 课时

（续表）

单元主题	单元子主题	课时安排
6. 函数的性质	函数的奇偶性	1 课时
	函数的单调性	1 课时
	函数的最值	1 课时
7. 函数的应用	函数关系的建立	1 课时
	用函数观点求解方程与不等式	1 课时
	用"二分法"求函数的零点	1 课时
8. 正弦函数的图像与性质	正弦函数的图像	1 课时
	正弦函数的性质	3 课时
9. 余弦函数的图像与性质	余弦函数的图像与性质	1 课时
10. 函数 $y = A\sin(\omega x + \varphi)$ 的图像	函数 $y = A\sin(\omega x + \varphi)$ 的图像	1 课时
11. 正切函数的图像与性质	正切函数的图像与性质	1 课时
12. 数学探究活动	数学探究活动	2 课时
13. 数学建模活动	数学建模活动	3 课时

第三节　开发设计

一、针对单元学习目标和单元主题,明确统整的主要方向

　　针对前期分析中的单元学习目标和 13 个单元主题,从单元内统整、单元间统整、单元与其他学科间统整中加以选择,明确每个单元主题统整的主要方向。主题 1 至 6 和主题 8 至 11 把函数作为教学对象,涉及单元内研究函数的基本思路和方法,以"构建函数单元的整体观,认识函数的整体性质,运用函数解决问题"为教学主题,因此,把单元内统整作为主要方向;主题 7 以"用函数观点认识不等式与方程"为教学主题,主题 12 以"数学探究活动"为教学主题,因此,把单元间统整作为主要方向;主题 13 以"跨学科融合渗透,构建数学与外部世界的桥梁"为教学主题,因此,把单元与其他学科间统整作为主要方向。

二、设计各类统整方向下相应主题的学习活动

对于所划分的单元子主题,确定学习目标,从活动目标、关键问题、设计意图、活动组织、评价要点五方面设计学生活动。在学生活动中,要引导和促进学生再发现、再创造知识,实现感性经验向理性经验的转型,实现个性经验向科学经验的升级,将知识内化形成结构。因此,在活动目标的设计中,要结合单元学习目标,根据单元子主题中的数学知识,将活动目标具体化,体现和落实基础知识、基本技能、基本思想、基本活动经验,促进学生数学核心素养的发展和培育。在关键问题的设计中,结合学生的数学思维活动和单元子主题,创设有价值的、开放的数学情境;根据单元统整教学结构图,针对活动目标设计一系列具有逻辑性、阶梯性的问题,促使学生进行有意义的知识建构。在活动的组织安排上,根据不同学生的活动需求,进行分组合作学习或独立自主学习,如在课堂探究活动中可以把四人作为一组进行小组交流与合作学习。在活动的评价上,不仅要关注学生知识技能的掌握程度,更要关注学生的思维过程,注重评价的自主性、过程性和真实性,可以为学生提供自我评价表,引导学生反思自己的学习活动和结果,发现不足之处,进行自我监控和自我管理。同时,教师可以根据学生的课堂行为进行客观综合评价,帮助学生养成良好的学习习惯。

由于各个单元子主题的主要统整方向不同,其学生活动的设计也略有差异。在以单元内统整为主要方向的单元子主题中,学生活动主要围绕函数的概念及性质展开,所涉及的学习活动本质上都是用抽象的代数式刻画函数图像的几何特征,因此,学生活动设计的本质是创设合适的问题情境,在概念的理解、性质的探究、具体函数的研究等活动中引发学生的认知冲突,让学生感悟学习新知识的必要性。学生活动的设计需要前后一致和逻辑连贯,以便学生搭建知识网络结构,提升数学思维能力。在以单元间统整为主要方向的单元子主题中,学生活动主要围绕函数和其他数学内容展开,注重的是学生综合运用数学知识的能力,因此,学生活动设计倾向于寻找数学知识之间的关联,进行不同单元中数学问题的转化和联结,让学生从整体的角度去看待数学学科。在以单元与其他学科间统

整为主要方向的单元子主题中,学生活动主要围绕有关函数的数学建模活动展开,涵盖不同学科的相关知识,因此,学生活动设计倾向于运用数学模型解决实际问题,所需要的活动时间和周期较长,可以作为一个系列活动开展。

比如,单元子主题"指数函数的定义与图像"学习活动设计中,我们先来分析课程标准、教材和学情。本节课是上海教育出版社出版的《普通高中教科书　数学》必修课程第 4 章第 2 节"指数函数"的第一课时。指数函数作为基本初等函数的一种,是进一步学习一般函数的概念的基础。同时,指数函数与生活实践、科学研究有紧密的联系,广泛应用于这些领域。在"幂、指数与对数"章节的学习后,学生掌握了其基本的运算性质;在幂函数的学习后,学生已经初步体会到运用图像特征与代数运算是研究函数性质的一般方法。接着,我们确定了高一阶段"指数函数的定义与图像"的学习任务:通过概括实例中的函数表达式的共同特征,抽象出指数函数的概念,理解指数函数的概念;类比幂函数的研究方法,能用描点法画出具体指数函数的图像,借助图像分析指数函数的一些性质,并用代数运算进行证明;积累研究函数的经验,进一步体会研究具体函数的一般思路和方法,发展直观想象和逻辑推理核心素养,体会数形结合的思想方法。从单元统整的角度来看,具体函数和一般函数的研究方法贯穿整个高中的学习过程,促进学生认知和应用的螺旋式上升。最后,设计本阶段指数函数的定义与图像学习活动(见表 4-3)。

表 4-3　指数函数的定义与图像学习活动设计

单元主题	指数函数
子主题	指数函数的定义与图像(1 课时)
学习目标	1. 通过概括实例中的函数表达式的共同特征,抽象出指数函数的概念,理解指数函数的概念 2. 类比幂函数的研究方法,能用描点法画出具体指数函数的图像,借助图像分析指数函数的一些性质,并用代数运算进行证明 3. 积累研究函数的经验,进一步体会研究具体函数的一般思路和方法,发展直观想象和逻辑推理核心素养,体会数形结合的思想方法

（续表）

	活动目标	通过概括实例中的函数表达式的共同特征,抽象出指数函数的概念			
			设计意图	活动组织	评价要点
学生活动1	关键问题	[问题1] 请同学们拿出一张纸,试试看能够对折多少次 1. 如果设折叠次数为 x,纸的层数为 y,那么,y 与 x 的关系是什么 2. 如果设所拿出的纸的面积为1,折叠次数为 x,折叠后纸的面积为 y,那么,y 与 x 的关系是什么 [问题2] 这两个函数表达式在形式上有什么共同特征,这类函数的一般形式是什么 [问题3] 在函数 $y=a^x$ 表达式中,a 的范围和自变量 x 的范围是什么	利用折纸活动,调动学生的学习兴趣,让学生初步感受指数爆炸。随后利用情境,设置两个函数实例,让学生体会指数函数的"雏形",引导学生归纳总结共同特征,生成指数函数的定义,并进行完善	组织学生开展折纸活动,概括两个函数表达式的共同特征,得到指数函数的概念	1. 能根据问题情境中的信息得到函数表达式,并能抽象出指数的概念 2. 指向数学抽象素养水平一

（续表）

	活动目标	理解指数函数的概念			
学生活动2	关键问题	［问题4］ 指数函数和幂函数在表达式上有什么区别 ［问题5］ 1. 判断下列哪些是指数函数 $y=2 \cdot 3^x$；$y=x^3$；$y=e^x$；$y=\sqrt[3]{x}$；$y=2^{-x}$；$y=3^{2x}$ 2. 若指数函数 $y=a^x$（$a>0$ 且 $a \neq 1$）的图像经过点 $(2,9)$，求指数函数的表达式 ［问题6］ 如何确定指数函数的表达式	设计意图	活动组织	评价要点
			在学习指数函数前，学生学过幂函数。通过对这两种初等函数进行甄别，可以深化学生对指数函数的认识。概念的学习需要掌握其内涵和外延，问题5的设置旨在让学生牢牢掌握指数函数的特征，理解相关概念，为后续研究指数函数的性质做铺垫	组织学生讨论指数函数的特征，辨析指数函数和幂函数之间的区别	1. 能辨别指数函数和幂函数之间的区别，把握指数函数的本质特征 2. 指向数学抽象素养水平一
学生活动3	活动目标	类比幂函数的研究方法，能用描点法画出具体指数函数的图像，借助图像分析指数函数的一些性质，并用代数运算进行证明			
	关键问题	［问题7］ 类比幂函数的研究过程，我们应当如何研究指数函数 ［问题8］ 在同一直角坐标系中画出指数函数 $y=2^x$ 和 $y=\left(\dfrac{1}{2}\right)^x$ 的图像 ［问题9］ 请仔细观察这两个指数函数的图像，研究它们的共同点和不同点，归纳指数函数的图像特征，并进行证明	设计意图	活动组织	评价要点
			1. 沿用研究幂函数的思路，归纳指数函数的图像特征，让学生感受从特殊到一般的数学思想方法 2. 让学生利用代数运算解释图像特征，分析指数函数的性质，体会数形结合的思想方法和数学的严谨性	组织学生讨论、作图、归纳共同特征和差异，并进行代数证明	1. 能说出研究幂函数的思路 2. 能用描点法画出具体指数函数的图像 3. 能通过图形归纳出指数函数图像的共同特征，并用代数运算进行证明 4. 指向直观想象素养水平二，逻辑推理素养水平三

（续表）

	活动目标	利用指数函数的性质进行简单应用			
学生活动 4			设计意图	活动组织	评价要点
	关键问题	[问题 10] 比较下列各题中两个数的大小 1. $1.7^{2.5}$ 与 1.7^3 2. $\left(\dfrac{3}{4}\right)^{\frac{1}{6}}$ 与 $\left(\dfrac{4}{3}\right)^{-\frac{1}{5}}$ 3. $a^{\frac{1}{2}}$ 与 $a^{\frac{1}{3}}$ $(a>0$ 且 $a\neq1)$	借助指数函数的单调性比较两个数的大小关系,让学生体会指数函数性质的应用。在解决问题的过程,让学生进一步体会运用函数的观点解决问题,渗透分类讨论的思想	组织学生思考函数性质的应用,并进行讨论	1. 能应用指数函数的单调性比较两个数的大小关系 2. 指向逻辑推理素养水平二
	活动目标	总结指数函数的研究内容和方法			
学生活动 5			设计意图	活动组织	评价要点
	关键问题	[问题 11] 本节课中,你研究了指数函数的哪些内容,是如何研究的	通过回顾研究过程,进一步加深对研究方法和具体操作过程的认识,体会研究过程所渗透的数学思想方法。通过总结,让学生对函数单元有一个整体的观念,大致了解后续的研究内容	师生共同完成	1. 能反映指数函数的研究内容和研究方法 2. 指向逻辑推理素养水平二

【参考文献】

［1］崔允漷.如何开展指向学科核心素养的大单元设计[J].北京教育(普教版),2019(2):11-15.

［2］斯海霞,叶立军.大概念视角下的初中数学单元整体教学设计——以函数为例[J].数学通报,2021(7):23-28.

［3］张良.核心素养的生成:以知识观重建为路径[J].教育研究,2019(9):65-70.

［4］屠桂芳,孙四周.什么样的活动是"数学活动"[J].数学教育学报,2012(5):98-100.

［5］王新民,王富英,王亚雄.数学"四基"中"基本活动经验"的认识与思考[J].数学教育学报,2008(3):17-20.

第五章　单元统整教学的学习评价

考虑到数学核心素养在整个高中阶段发挥着统领的作用,本研究将数学核心素养的评价贯穿单元统整教学的整个过程。第三章所涉及的评价主要是关于学生课堂表现和问题解决能力的评价,而本章基于数学核心素养对学生"学"的效果加以测试,从数学核心素养测试的前提思考、评价框架、试题编制、具体结果四方面进行阐述。

第一节　数学核心素养测试的前提思考

构建数学核心素养测试前,必须厘清相关内容,它们是构建单元统整教学学习评价的前提。

1. 数学核心素养的测试采取独立评价方式。六大数学学科核心素养既相对独立,又相互交融,是一个有机的整体,在同一个问题中往往会涉及多种素养的渗透。为了相对准确地评价某种核心素养的水平,本研究的素养测试采取独立评价方式,即研究团队通过命制多套试题分别考查学生某种具体素养的水平,每套试题的编制都尽可能凸显相关素养的考查。

2. 数学核心素养的测试应以能力考查为重。《普通高中数学课程标准(2017 年版 2020 年修订)》在课程目标中明确指出,通过高中数学课程的学习,学生能获得"四基",提高"四能",发展数学学科核心素养。学生能提高学习数学的兴趣,发展自主学习的能力;树立敢于质疑、善于思考、严谨求实的科学精神;不断提高实践能力,提升创新意识;认识数学的科学价值、应用价值、文化价值和审美价值。我们知道,课程目标是学业评价的依据,也是学业评价的归宿。显然,课程目标表明,学习评价不能只是对知识理解情况的考查,还应考查能力。

3. 数学核心素养的测试不能脱离数学教学内容。数学学科核心素养的生成源于数学知识,不能脱离数学知识空谈核心素养。数学核心素养的测试与教学内容密切关联,内容上应弱化单纯追求知识点理解和掌握的情况以及过度追求技能和技巧的倾向,引入情境性、发散性、开放性问题,增强对学生思维深刻性和创新性的考查,考查的题型应以解答题为主。

4. 数学核心素养的测试需要提前确定测试对象。本研究尝试在高中数学课中通过单元统整教学探索数学核心素养培育的有效性。为了便于实施教学,使教学效果更加明显,项目组以五所试点学校 2020 级、2021 级、2022 级高一年级的学生为研究对象,把函数(必修)主题作为主要研究内容,在实验班实施单元统整教学,在对照班进行常规教学,开展三轮循环研究。为了避免高一学生还未学完全部知识点,测试对象包括其中三所实验学校 2022 级高二年级的相关学生。

第二节　数学核心素养测试的评价框架

《普通高中数学课程标准(2017 年版 2020 年修订)》将每种数学学科核心素养划分为三种水平,每种水平都是通过数学学科核心素养的具体表现和体现数学学科核心素养的四个方面进行表述的。其中,对数学学科核心素养的水平划分是从情境与问题、知识与技能、思维与表达、交流与反思四个方面进行考量的。因此,本研究将从这四个方面、三种水平对高中生的数学抽象、逻辑推理、直观想象素养进行测评。

参考课程标准,先确定核心素养的内涵和价值,再建立核心素养测评框架。比如,确定的数学抽象素养的内涵和价值如下:数学抽象是指舍去事物的一切物理属性,得到数学研究对象的素养。主要包括:从数量与数量关系、图形与图形关系中抽象出数学概念与概念之间的关系,从事物的具体背景中抽象出一般规律和结构,用数学语言予以表征。数学抽象是数学的基本思想,是形成理性思维的重要基础,反映了数学的本质特征,贯穿在数学产生、发展、应用的过程中。数学抽象使得数学成为高度概括、表达准确、结论一般、有序多级的系统。通过高中数学课程的学习,学生能在情境中抽象出数学概念、命题、方法和体系(能力),积累从具体到抽象的活动经验;养成在日常生活和实践中一般性思考问题的习惯,把握事物的本质,以简驭繁;运用数学抽象的思维方式思考并解决问题。在解析数学抽象素养内涵和价值的基础上,构建数学抽象素养测评框架,见表5-1。

表5-1 数学抽象素养测评框架

三种水平＼四个方面＼具体内容	情境与问题	知识与技能	思维与表达	交流与反思
水平一	1. 能够在熟悉的情境中直接抽象出数学概念和规则 2. 能够在特例的基础上归纳并形成简单的数学命题 3. 能够模仿学过的数学方法解决简单问题	1. 能够在熟悉的情境中解释数学概念和规则的含义 2. 能够了解数学命题的条件与结论之间的逻辑 3. 能够在熟悉的情境中抽象出数学问题	1. 能够了解用数学语言表达的推理和论证 2. 能够在解决相似问题的过程中感悟数学的通性通法,体会其中的数学思想	在交流的过程中,能够结合实际情境解释相关的抽象概念
水平二	1. 能够在关联的情境中抽象出一般的数学概念和规则 2. 能够将已知的数学命题推广到更一般的情形 3. 能够在新的情境中选择和运用数学方法解决问题	1. 能够用恰当的例子解释抽象的数学概念和规则 2. 能够理解数学命题的条件与结论 3. 能够理解和构建相关数学知识之间的联系	1. 能够理解用数学语言表达的概念、规则、推理和论证 2. 能够提炼出解决一类问题的数学方法,理解其中的数学思想,初步建立网状的知识结构	在交流的过程中,能够用一般的概念解释具体现象

（续表）

三种水平 / 四个方面 具体内容	情境与问题	知识与技能	思维与表达	交流与反思
水平三	1. 能够在综合的情境中抽象出数学问题，并用恰当的数学语言予以表达 2. 能够在得到的数学结论的基础上形成新命题 3. 能够运用或创造数学方法解决具体问题	1. 能够通过数学对象、运算或关系理解数学的抽象结构 2. 能够理解数学结论的一般性 3. 能够感悟高度概括、有序多级的数学知识体系	1. 在现实问题中，能够把握研究对象的数学特征，并用准确的数学语言予以表达 2. 能够感悟通性通法的数学原理和其中蕴含的数学思想	在交流的过程中，能够用数学原理解释自然现象和社会现象

第三节 数学核心素养测试的试题编制

按照第二节建立的测评框架，结合第一节的相关思考，将数学抽象、逻辑推理、直观想象素养的考查均按内容、认知、水平三个维度建立命题双向细目表，见表5-2。

表5-2　_____素养的命题双向细目表

题目	内容维度	认知维度				水平维度		
		情境与问题	知识与技能	思维与表达	交流与反思	1	2	3
第1题								
第2题								
第3题								
……								
第n题								

利用表5-2，可以分析某种素养在某道题的考查中分别对应什么认知维度

和什么水平维度,在相应的位置打"√",同时在内容维度的相应位置填写函数主线中的具体内容。由此,可以清晰地观察到该素养在内容、认知、水平三个维度上其题目分布的合理性。

关于数学抽象、逻辑推理、直观想象素养测试卷的编制,本研究以《普通高中数学课程标准(2017 年版 2020 年修订)》为指导,参考以往的研究,各设置了 6 道大题,测试时长均为 90 分钟。除了直观想象素养的试题中有两道题涉及几何与代数主线,其余都是函数内容。水平一、二、三的满分值分别设计为 5 分、8 分、12 分,根据不同表现,将每种水平的评分划分为 A、B、C、D 四档,见表 5 - 3。

表 5 - 3　评分框架

	A	B	C	D
水平一	5	3～4	1～2	0
水平二	7～8	4～6	2～3	0～1
水平三	10～12	6～9	3～5	0～2

三套试题大部分选自《普通高中数学课程标准(2017 年版 2020 年修订)》以及现有研究文献中的测试题,也有部分试题经改编而得。经过预测以及多轮次的修改和调整,试题最后由简至难分布。在此基础上,进一步完善核心素养的命题双向细目表和评分编码,形成的数学抽象、逻辑推理、直观想象素养测试的满分值分别为 99、71、80。例如,数学抽象素养的命题双向细目表和评分编码分别见表 5 - 4 和表 5 - 5。

表 5 - 4　数学抽象素养的命题双向细目表

题目	内容维度	认知维度				水平		
		情境与问题	知识与技能	思维与表达	交流与反思	1	2	3
T1.1	函数概念、图像	√				√		
T1.2	函数概念、图像	√				√		
T2	函数性质		√				√	

（续表）

题目	内容维度	认知维度				水平		
		情境与问题	知识与技能	思维与表达	交流与反思	1	2	3
T3.1	函数图像	✓					✓	
T3.2	函数性质	✓		✓				✓
T4.1	函数图像、函数应用	✓			✓		✓	
T4.2	函数图像、函数应用	✓			✓		✓	
T5.1	函数性质		✓	✓			✓	
T5.2	等比数列		✓	✓				✓
T6.1	逻辑语言、函数表示		✓			✓		
T6.2	逻辑语言、函数与方程		✓				✓	
T6.3	逻辑语言、函数与方程		✓	✓				✓

表 5 - 5　数学抽象素养的评分编码

项目	注释	编码
School	学校	1（上海市松江二中） 2（上海市松江一中） 3（上海师范大学附属外国语中学）
Grade	年级	2（高二）
Class	班级	A（实验班） B（对照班）
T1.1	"速度/路程-时间函数图"得分	0—5（分）
T1.2	"速度/路程-时间函数图"得分	0—5（分）
T2	"一类函数性质的抽象刻画"得分	0—8（分）
T3.1	"图像成中心对称的函数识别"得分	0—8（分）
T3.2	"图像成中心对称的函数刻画"得分	0—12（分）
T4.1	"运用数学模型解释实际问题"得分	0—8（分）
T4.2	"运用数学模型解释实际问题"得分	0—8（分）
T5.1	"抽象函数的单调性证明"得分	0—8（分）

（续表）

项目	注释	编码
T5.2	"有关等比数列前 n 项和的新命题"得分	0—12（分）
T6.1	"按要求写出函数"得分	0—5（分）
T6.2	"按要求写出函数"得分	0—8（分）
T6.3	"按要求写出函数"得分	0—12（分）
Total	总分	99 分

关于试题的改编，我们的主要做法是把现有的封闭题改造或改编成为开放题。以高二学生数学抽象素养测试卷第 6 题的编制为例进行分析，该题改编自 2020 年上海秋季高考的第 11 题。原题为，设 $a\in\mathbf{R}$，若存在定义域为 $\mathbf{R}$ 的函数 $f(x)$ 满足：①对任意 $x_0\in\mathbf{R}$，$f(x_0)$ 的值为 x_0 或 x_0^2；②关于 x 的方程 $f(x)=a$ 无实数解，则 a 的取值范围是_____。

这一问题的关键是对"或"的理解以及函数与方程思想的运用，我们将这一问题变式为三种水平：水平一，能够了解函数与逻辑语言知识之间的联系；水平二，能够理解和构建函数、逻辑语言、方程之间的联系，运用数形结合、函数与方程思想，有逻辑地思考、分析、表达；水平三，能够在得到的数学结论的基础上形成新命题，能够通过数形结合、函数与方程思想理解数学结论的一般性，并通过从具体到抽象的一般性推广，感悟通性通法的数学原理和其中蕴含的数学思想。形成的三个问题如下：（1）若定义域为 $\mathbf{R}$ 的函数 $f(x)$ 满足对任意 $x_0\in\mathbf{R}$，$f(x_0)$ 的值为 x_0 或 x_0^2，请写出一个符合条件的分段函数的解析式；（2）是否存在定义域为 $\mathbf{R}$ 的函数 $f(x)$ 满足下列条件：①对任意 $x_0\in\mathbf{R}$，$f(x_0)$ 的值为 x_0 或 x_0^2，②关于 x 的方程 $f(x)=2$ 无实数解，若存在，请写出一个符合条件的函数，若不存在，请说明理由；（3）设 $a\in\mathbf{R}$，若存在定义域为 $\mathbf{R}$ 的函数 $f(x)$ 满足下列条件：①对任意 $x_0\in\mathbf{R}$，$f(x_0)$ 的值为 x_0 或 x_0^2，②关于 x 的方程 $f(x)=a$ 无实数解，求 a 的取值范围并写出一个符合条件的函数解析式。

第四节　数学核心素养测试的具体结果

本研究把三所实验学校 2022 级高二年级对照班和实验班的学生分别合并为对照班和实验班并作为测试对象,其中,实验班由实验学校参与项目研究的三位教师所任教的班级组成,再由这三位教师确定学习基础和学习能力比较接近的班级组成对照班。在核心素养测试时,将对照班和实验班的学生随机分为三部分,分别测试其数学抽象、逻辑推理、直观想象素养,去除部分无效答卷后,获得对照班有效答卷 212 份和实验班有效答卷 226 份,具体信息见表 5-6。

表 5-6　研究对象信息情况

素养名称 ＼ 人数 ＼ 研究对象	对照班	实验班
数学抽象	72 名	82 名
逻辑推理	77 名	78 名
直观想象	63 名	66 名

研究团队以描述性统计分析和 SPSS 量化分析结合的方式对测试结果进行分析与探讨,结论如下。

1. 总体分布方面,数学抽象、逻辑推理、直观想象素养测试结果的总分分布均符合正态分布。

2. 认知维度方面,三个测试中实验班在四个方面的表现均优于对照班,并且在"知识与技能""交流与反思"方面的表现更为突出,见表 5-7。

表 5-7　认知维度的得分提升比率

素养名称 ＼ 提升比率 ＼ 认知维度	情境与问题	知识与技能	思维与表达	交流与反思
数学抽象	5.94%	20.12%	11.85%	12.38%
逻辑推理	12.15%	17.04%	12.73%	17.71%
直观想象	12.48%	12.54%	14.43%	15.57%
平均	10.19%	16.57%	13.00%	15.22%

3. 素养水平方面,三个测试中实验班在三种水平的表现均优于对照班,并且三种水平的得分提升比率接近,见表 5-8。

表 5-8　素养水平的得分提升比率

素养水平提升比率　素养名称	水平一	水平二	水平三
数学抽象	11.77%	14.31%	11.73%
逻辑推理	13.56%	14.60%	13.53%
直观想象	12.44%	12.32%	15.90%
平均	12.59%	13.74%	13.72%

4. 差异分析方面,三个测试中实验班的平均得分率相较对照班均高出约 15%,由 SPSS 两独立样本 T 检验,数学抽象和逻辑推理方面,实验班与对照班的概率 p 值远小于 0.05,即得分存在显著差异,与平均得分率比较结果相符;而直观想象素养方面,实验班与对照班的概率 p 值大于 0.05,即得分不存在显著差异,说明实验班与对照班在直观想象上虽然平均差异大,但是得分分布相似,并且相同分值区间下的分值差异较小,见表 5-9。

表 5-9　素养水平的平均得分率

研究对象平均得分率　素养名称	对照班	实验班
数学抽象	34%	47%
逻辑推理	36%	49%
直观想象	41%	58%

综上所述,学生接受单元统整教学后在数学抽象、逻辑推理、直观想象素养四个方面、三种水平的表现上都有了明显的提升,在四个方面中的"知识与技能""交流与反思"方面提升较大,三种水平的得分提升比率接近;数学抽象、逻辑推理的提升存在显著差异,而在直观想象上的提升差异不明显。"情境与问题"和"思维与表达"要求学生对于关联情境的理解以及将理解转化为合适的数学语言予以表达的能力培养不是一蹴而就的,也并非所有学生都能达到的,后续的教学

应该关注如何协调各方面能力的培养。同样,在达成水平一的基础上,要进一步培养水平二和水平三所对应的能力。另外,不能被表面的平均分数提升所蒙蔽,以直观想象素养为例,相较另外两种素养,直观想象素养的提升难度更大,教师在教学时需要给予更多的关注。

【参考文献】

[1] 喻平.发展学生数学核心素养的教学与评价研究[M].上海:华东师范大学出版社,2021:288-292.

[2] 中华人民共和国教育部.普通高中数学课程标准(2017年版2020年修订)[S].北京:人民教育出版社,2020:100-102+104.

[3] 胡蝶.关于高中生数学抽象素养的调查研究——以深圳市某所学校为例[D].上海:华东师范大学,2019.

[4] 王雪海.县域高中高三学生数学抽象素养的调查研究[D].长春:东北师范大学,2023.

[5] 黄继红,蒋铖昊.基于数学核心素养培育的"或"结构模型的建构和应用[J].数学教学,2021(9):8-12.

附录 1

高二学生数学抽象素养测试卷

学校_____ 班级_____ 姓名_____

（注：请你详细写出各题的解答过程，尽可能呈现自己的思考过程；若无思路，也可将自己的想法写下来。）

1. 学校宿舍与办公室相距 a 米。某位同学有重要材料要送给老师，从宿舍出发，先匀速跑步 3 分钟来到办公室，停留 2 分钟，然后匀速步行 10 分钟返回宿舍。在这个过程中，这位同学行进的速度和行走的路程都是时间的函数。请分别画出这位同学从宿舍到办公室，再返回宿舍的整个过程中：(1)速度关于时间的函数图像；(2)路程关于时间的函数图像。

2. 我们知道函数 $y=x^3$ 与函数 $y=x$ 均满足"函数 $f(x)=-f(-x)$"，因此，可以将它们看作一类函数，我们将满足这一性质的函数称为奇函数；函数 $y=x^2$ 与函数 $y=|x|$ 均满足"函数 $f(x)=f(-x)$"，因此，可以将它们看作一类函数，我们将满足这一性质的函数称为偶函数。请探索函数 $y=\log_a x$（$a>0$，$a\neq1$）与函数 $y=x-\dfrac{1}{x}$ 是否同时满足某种类似于奇偶性刻画的一般等式。

3. 试观察下面四个函数图像，回答有关问题：

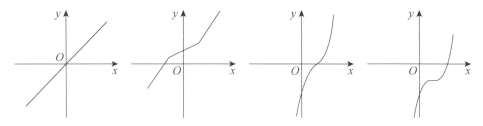

(1)这四个函数的图像都具有"与 x 轴、y 轴各只有一个交点"和"由左至右图像上升"的共性特征，除此之外，它们还有什么共同的图像特征；(2)试用数学

符号语言刻画这种图像特征,即当函数 $y=f(x)$,$x\in\mathbf{R}$ 的图像满足(1)中的特征时,需要满足什么要求。

4.下表是一个养殖场工人做的记录,记录的是某年前八个月猪的月平均收购价格与养殖成本:

月份	1月	2月	3月	4月	5月	6月	7月	8月
平均收购价格(元)	6	7	6.3	5	5.8	7.1	6	5.2
养殖成本(元/斤)	3	4.1	4.6	5	6.8	5.6	5.8	6.1

现在,养殖场老板想根据工人做的记录来判断猪的月平均收购价格与养殖成本的变化是否有规律,给出四个函数模型:①$y=2^{x+a}+b$,②$y=b+\log_2(x+a)$,③$y=(x+a)^2+b$,④$y=A\sin(\omega x+\varphi)+B$,请从中选择适当的数学模型来分别拟合如下两个函数关系,并给出合理解释(不需要写出最终的解析式):

(1)收购价格与相应月份;(2)养殖成本与相应月份。

5.已知函数 $y=f(x)$ 对任意实数 x、y 均有 $f(x+y)=f(x)+f(y)$,$f(1)=3$,当 $x>0$ 时,$f(x)>0$。(1)试判断 $y=f(x)$ 在 $\mathbf{R}$ 上的单调性,并说明理由;(2)设 $f(1)$,$f(2)$,$f(4)$,$\cdots$,$f(2^{n-1})$ 为数列 $\{a_n\}$,请写出一个关于该数列前 n 项和 S_n 的不等式,并加以证明。

6.(1)若定义域为 $\mathbf{R}$ 的函数 $f(x)$ 满足对任意 $x_0\in\mathbf{R}$,$f(x_0)$ 的值为 x_0 或 x_0^2,请写出一个符合条件的分段函数的解析式;(2)是否存在定义域为 $\mathbf{R}$ 的函数 $f(x)$ 满足下列条件:①对任意 $x_0\in\mathbf{R}$,$f(x_0)$ 的值为 x_0 或 x_0^2,②关于 x 的方程 $f(x)=2$ 无实数解,若存在,请写出一个符合条件的函数,若不存在,请说明理由;(3)设 $a\in\mathbf{R}$,若存在定义域为 $\mathbf{R}$ 的函数 $f(x)$ 满足下列条件:①对任意 $x_0\in\mathbf{R}$,$f(x_0)$ 的值为 x_0 或 x_0^2,②关于 x 的方程 $f(x)=a$ 无实数解,求 a 的取值范围并写出一个符合条件的函数解析式。

(命题教师:上海市松江二中 黄继红)

附录 2

高二学生逻辑推理素养测试卷

学校_____　班级_____　姓名_____

(注:请你详细写出各题的解答过程,尽可能呈现自己的思考过程;若无思路,也可将自己的想法写下来。)

1. 已知函数 $y=x+\sin x$ 图像的对称中心为 $(0,0)$,求函数 $y=x+\sin(x+1)$ 图像的对称中心,并说明理由。

2. 定义在 D 上的函数 $f(x)$,如果满足:对任意 $x\in D$,存在常数 $A\in \mathbf{R}$,都有 $f(x)\geqslant A$ 成立,则称函数 $f(x)$ 在 D 上有下界,其中,A 称为函数的下界。(1)请类比函数有下界的定义,给出函数 $f(x)$ 在 D 上有上界的定义;(2)请判断函数 $f(x)=2x^2+\dfrac{1}{x}$ 在 $[1,2]$ 上是否有上界,并说明理由。

3. 某地新建一家服装厂,从 2023 年 7 月份开始投产,并且前 4 个月的产量分别为 1 万件、1.2 万件、1.3 万件、1.37 万件。由于产品质量好,服装款式新颖,前几个月的产品销售情况良好。为了使推销员在推销产品时接收订单不产生过多或过少的情况,需要估测以后几个月的产量。就月份 x、产量 y 给出四种函数模型:$y=ax+b$,$y=ax^2+bx+c$,$y=ax^{\frac{1}{2}}+b$,$y=ab^x+c$。假如你是厂长,你会利用哪种模型来估算以后几个月的产量,请说明理由。

4. 已知函数 $g(x)=3^x,h(x)=[g(x)]^2$。令 $p(x)=\dfrac{g(x)}{g(x)+\sqrt{3}}$,$q(x)=\dfrac{h(x)}{h(x)+3}$,求证:$p\left(\dfrac{3}{2\,024}\right)+p\left(\dfrac{4}{2\,024}\right)+\cdots+p\left(\dfrac{2\,020}{2\,024}\right)+p\left(\dfrac{2\,021}{2\,024}\right)=q\left(\dfrac{3}{2\,024}\right)+q\left(\dfrac{4}{2\,024}\right)+\cdots+q\left(\dfrac{2\,020}{2\,024}\right)+q\left(\dfrac{2\,021}{2\,024}\right)$。

5. 为了鼓励居民节约用气,某市对燃气收费实行阶梯计价,普通居民燃气收费标准如下:第一档,年用气量在 0—310 立方米,价格为 a 元/立方米;第二档,年用气量在 311—520 立方米,价格为 b 元/立方米;第三档,年用气量在 521 立方米以上,价格为 c 元/立方米。(1)请写出普通居民的年度燃气费用(单位:元)关于年度的燃气用量(单位:立方米)的函数解析式(用含 a、b、c 的式子表示);(2)已知某户居民 2023 年部分月份用气量与缴费情况如下表,求 a、b、c 的值。

月份	1月	2月	3月	4月	5月	9月	10月	12月
当月燃气用量(立方米)	56	80	66	58	60	53	55	63
当月燃气费用(元)	168.0	240.0	198.0	174.0	183.0	174.9	186.0	264.6

6. 已知函数 $y = x + \dfrac{a}{x}$ 有如下性质:如果常数 $a > 0$,那么该函数在 $(0, \sqrt{a}]$ 上是严格减函数,在 $[\sqrt{a}, +\infty)$ 上是严格增函数。(1)请研究函数 $y = x^2 + \dfrac{a}{x^2}$(常数 $a > 0$)在定义域内的单调性,并说明理由;(2)对函数 $y = x + \dfrac{a}{x}$ 和 $y = x^2 + \dfrac{a}{x^2}$(常数 $a > 0$)进行推广,使它们都是你所推广的函数的特例。请研究推广后的函数的单调性(只需要写出结论,不必证明)。

(命题教师:上海市松江--中 丁元忠 何佳、

上海师范大学附属外国语中学 李响)

附录 3

高二学生直观想象素养测试卷

学校_____　班级_____　姓名_____

（注：请你详细写出各题的解答过程，尽可能呈现自己的思考过程；若无思路，也可将自己的想法写下来。）

1. 如图，有三个底面半径均为 1，高分别为 1、2、3 的圆锥、圆柱形容器，现同时分别向三个容器中注水，直到注满为止，在注水的过程中，保证水面高度平齐，且匀速上升，记三个容器中水的体积之和为 $V=V(h)$，h 为水面的高，则函数 $V=V(h)$ 的图像大致为 　　　（　　）

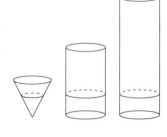

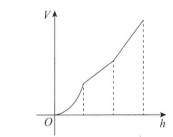

A

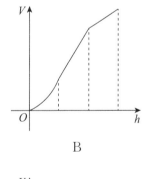

B

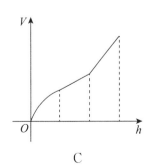

C

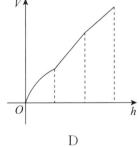

D

请简述理由：

_____

_____

2. 如图,已知二次函数 $f(x)=(x+1)^2-3$ 向右平移 2 个单位得到抛物线 $y=g(x)$ 的图像,求阴影部分的面积。

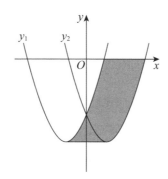

3. 古希腊地理学家埃拉托色尼曾用下面的方法估算地球的周长(即赤道周长)。他从书中得知,位于尼罗河第一瀑布的塞伊尼(现在的阿斯旺,在北回归线上),夏至那天正午,阳光直射,立竿无影;同样在夏至那天,他所在的城市——埃及北部的亚历山大城,立杆可测得日影角大约为 $7°$,埃拉托色尼猜想造成这个差异的原因是地球是圆的,并且因为太阳距离地球很远(现代科学观察得知,太阳光到达地球表面需要 8.3 s,光速 300 000 km/s),太阳光平行照射在地球上。根据平面几何知识,平行线内错角相等,因此,日影角与两地对应的地心角相等,他又派人测得两地距离大约为 5 000 古希腊里,约合 800 km。(1)请按照埃拉托色尼的方法,画出平面示意图;(2)请根据所得数据测算地球的周长。

4. 已知 $f(x)=x^2-\lambda x+2\lambda$,$g(x)=ln(x+1)$,令 $u(x)=f(x)\cdot g(x)$。

(1)当实数 λ 取 $-\dfrac{1}{4}$ 时,请判断函数 $y=u(x)$ 的图像是否在各个象限均有分布,并说明理由;(2)若函数 $y=u(x)$ 的图像在各个象限均有分布,求实数 λ 的取值范围。

5. 如图,水平的广场上有一盏路灯挂在高 10 m 的电线杆顶部,记电线杆的

底部为点 A。把路灯看作一个点光源，身高 1.5 m 的女孩站在离点 A 5 m 的点 B 处。(1)若女孩以 5 m 为半径绕着电线杆走一个圆圈，人影扫过的是什么图形，请画出示意图并求这个图形的面积；(2)若女孩向点 A 前行 4 m 到达点 D，然后从点 D 出发沿着以 BD 为对角线的正方形走一圈，请画出女孩走一圈时头顶影子的轨迹，并说明轨迹的形状。

6. 足球场上竖立了一个电影屏幕，屏幕高度为 L，底部距离地面高度为 H，设一人站立在操场上观看电影，其眼睛距离地面高度为 h，$r = H - h > 0$。(1)请画出平面示意图；(2)请借助几何直观和空间想象，推理或计算此人站在什么位置时，其眼睛观察屏幕上下沿形成的视角最大。

（命题教师：上海市松江二中　　蒋铖昊　　肖光华）

实践篇

案例1　函数单元起始课

【教学对象】

本节课的教学对象是上海市松江区实验性示范性高中一年级平行班的学生。

【单元统整教学的内容分析】

函数单元是上海教育出版社出版的《普通高中教科书　数学》必修课程第 4
章、第 5 章和第 7 章的全部内容，并且涵盖初中阶段的函数内容。初中阶段的函
数内容是高中继续学习的基础。幂函数、指数函数、对数函数和三角函数是基本
初等函数，幂函数、指数函数和对数函数也是进一步学习一般函数概念的基础。
函数是现代数学基本的概念之一，也是贯穿高中数学课程的主线之一，在解决实
际问题中发挥着重要作用。

一、知识建构

（一）知识学习的先决条件

高中阶段所学习的函数知识是初中阶段所学知识的继承、深化和精确化。初中，
学生已了解函数的一些内容，包括：具体函数、函数的图像、函数的性质以及函数应
用；学生经历了函数的"变量说"定义的学习；学生对函数有了一定的整体认识。生活
中，学生知道了细胞分裂方式（1 个细胞分裂成 2 个、2 个细胞分裂成 4 个、4 个细胞分
裂成 8 个……）、年利率按年计复利等指数变化规律现象；学生已经掌握多项式的概
念及其运算，锐角的正弦、余弦、正切等概念及其运算，指数式、对数式等表达式。

（二）知识的发生背景

函数的继续学习，一是由于初中阶段所学习的一次函数、二次函数和反比例函数等函数模型不能完全满足生产生活的需要，需要引入新的函数模型；二是随着集合等知识的学习，需要使用规范的集合语言来表述函数定义，进一步精确函数概念，较为准确地将函数描述为非空实数集合到实数集合满足某些特性的对应关系。函数概念的表述从"变量说"转为"对应说"，是数学发展的必然结果。事物发展总的方向和趋势是由低级到高级、由简单到复杂的。"发展似乎是在重复以往的阶段，但它是以另一种方式重复，是在更高的基础上重复。"函数的学习同样符合事物发展和认识的一般规律。

（三）知识的内在结构

集合是函数"对应说"的基础；等式与不等式是研究函数定义域、值域和单调性等的基本工具和基本方法；多项式、指数式、对数式和正弦、余弦、正切可以帮助学生从"表达式"角度理解相应函数。指数运算和对数运算为用幂函数、指数函数和对数函数描述变量之间的相应关系作准备。定义幂函数、指数函数和对数函数，再通过图像和代数的方法研究它们的性质，为抽象出一般函数的概念和进一步研究一般函数的性质及应用奠定基础。在此基础上，结合高中阶段所学的三角知识，引出三角函数水到渠成。幂函数、指数函数、对数函数和三角函数作为常见的函数模型，它们与生活实践、科学研究均有着密切的联系，在相关领域中有着广泛的应用。人们应用这些函数建立相应数学模型，解决实际问题。函数单元起始课的内在结构如图1所示。

图1 函数单元起始课的内在结构

（四）思想方法

本节课的教学让学生经历分析问题和解决问题的过程，用函数解决实际问题，培育学生的数学建模素养；让学生初步了解可用函数求解超越方程和超越不等式，感悟函数思想，体会函数、方程与不等式之间的相互联系。通过介绍函数的单调性，引发与"直观图像"的认知冲突，让学生初步感受代数的严谨性和代数证明的必要性，凸显逻辑推理的重要性。

（五）知识的学科价值

生活是数学研究的不竭动力和源泉，基于数学情境的探究，让学生认识到生活中处处有数学，处处蕴含着数学，形成用数学的眼光观察世界的意识。函数是数形结合的典范，让学生初步了解高中阶段研究函数性质方式的转变，提高数学运算和逻辑推理等核心素养。因此，函数单元起始课的教学承载着培育学生数学运算、数学建模和直观想象核心素养的任务，有助于学生整体认识相关知识。

二、认知方式

（一）认知阶段

从函数表达式角度分析，初中阶段主要接触正比例函数、一次函数、反比例函数和二次函数，属于表达式代数阶段。从函数研究方式分析，初中阶段主要从函数图像的直观性去研究函数的性质，处于直观想象阶段。从函数应用角度分析，初中阶段主要涉及应用于生活实际的简单的数学建模，而未涉及函数在数学研究中的应用。从函数定义的角度分析，初中阶段用"变量说"描述函数定义，处于"变量说"阶段。

（二）认知起点

学生已有函数的概念、函数的图像、函数的性质以及函数的应用等相关经验。学生也积累了通过函数图像研究函数的单调性、对称性、最值等性质的相关活动经验。教学中要让学生再次明确函数的应用包括两个方面：一是在生产、生活中的应用；二是函数作为一个数学概念，在其他数学研究中的应用。函数的重要应用价值也是学生进一步学习函数的认知起点。

（三）认知障碍

学生在本单元学习中面临如下认知障碍。一是具体函数的性质与图像。教学中,应从数与形两个方面让学生思考,达成数与形的统一。二是函数的定义。教学中,应选择典型、丰富的实例,为学生提供思考、探究、交流的机会,形成函数概念理解活动的强大背景支撑。三是函数的应用。教学中应强化在真实的生活情境和数学情境中探讨怎样把生活问题、数学问题转化为函数问题。四是"函数思维"的形成。教学中,应以真实问题为载体,让学生真切地感受从"数"的角度思考,用函数求解方程、不等式等的必要性和优越性,感受函数在解决最值问题中的作用。

（四）思维方式

学生具有一定的观察分析、对比迁移能力,积累了一定数学抽象、直观想象、数学建模的经验,能用函数的语言表达和交流,能借助教师的讲解理解函数单元知识,能运用函数方法解决一些实际问题。但绝大多数学生还习惯于接受学习而不习惯探究思考,停留在"会解题不会思考"和"知道解题的重要性而不明白概念的重要性"等思维怪圈中,不善于总结,难以自主形成函数知识框图。

三、实践创新

（一）跨学科角度

通过函数的螺旋式上升学习,学生能体会事物发展总的方向和趋势是由低级到高级、由简单到复杂的,明白发展是在更高的基础上重复。函数是描述客观世界中变量关系和规律的基本的数学语言和工具,在物理学、生物学、经济学等学科中有着广泛应用。

（二）现实意义

通过函数单元起始课的学习,学生能感悟到生活中处处蕴含数学知识,数学源于生活又服务于生活的理念。与此同时,对函数性质的研究,学生能感悟逻辑推理在数学研究中的作用,发展理性思维和科学精神。

（三）德育价值

建立函数实际应用的背景,体会进一步学习函数的必要性及其数学应用价值。通过初中阶段与高中阶段函数知识的对比,感悟着数学中的认识观和辩证统一思想。在对函数单元知识框架归纳总结的过程中,逐渐形成一个较完整的函数单元与其他章节的知识框图,体会联系无处不在,世界是普遍联系的哲学观。

【课时大概念层级金字塔】

通过上述单元统整教学的内容分析,提炼出本节课的课时基础概念:一次函数、二次函数、反比例函数、指对数方程、指对数不等式、增减性、对称性。根据基础概念之间的关联,确定本节课的课时关键概念:幂函数、指数函数、对数函数、三角函数、数学建模、函数定义、奇偶性、单调性、最值。从关键概念看,本节课的教学目标在于激发学生学习函数的热情,引导学生形成函数单元的知识框架。为此,提炼出本节课的课时大概念:函数是描述客观世界中变量关系和规律的数学语言与工具。于是,得到本节课的课时大概念层级金字塔(见图2)。

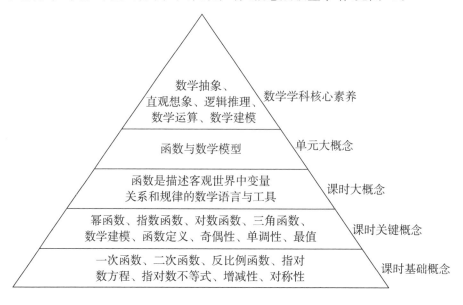

图 2 函数单元起始课的课时大概念层级金字塔

【教学目标】

1. 通过丰富实例,激发学生学习函数的热情,让学生初步了解幂函数、指数函数和对数函数的表达式,以及初步了解函数的奇偶性、单调性等基本名称、研究方法。

2. 通过初中阶段与高中阶段函数知识的发展对照,使学生初步形成函数大单元的知识框架。

3. 通过具体实例的介绍,让学生知道函数、方程与不等式三者之间的联系,使学生感悟函数思想。

【教学重难点】

教学重难点:激发学生学习函数的热情,形成函数大单元的知识框架。

【教学过程】

一、开门见山,情境设疑

师:同学们,从今天开始,我们将进入函数单元,再次学习函数。

师:可能有的同学感觉庆幸——初中已经学习了函数,心里有底;也可能有的同学产生疑惑——已经学习过了,为什么还要再学习?

师:我们将从以下问题的解答中,寻找"疑惑"的答案,也为"庆幸"的同学打一剂预防针。

问题 1:某小区要建造一个直径为 16 m 的圆形喷水池(见图 3),并在池的周边靠近水面的位置安装一圈喷水头,使喷出的水柱在离池中心 3 m 的地方到达最高高度 4 m。各方向喷来的水柱在池中心上方某一点汇合,求该点离水面的高度。

图 3　圆形喷水池

问题 2:某地的出租车收费标准规定如下,当行驶里程不超过 3 km 时,只收取起步费 11 元;行驶里程超过 3 km 且不超过 10 km 的部分,按每千米 2.1 元计费,行驶里程超过 10 km 的部分,按每千米 3.15 元计费。若某乘客搭乘出租车行驶了 x 千米,请写出车费 y 与行驶里程 x 的关系式。

生 1:根据力学原理,每条喷出的水珠的轨迹均应为一条抛物线的一部分,轨迹上任何一个点距池中心的水平距离与其所处的高度之间是对应的。

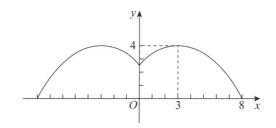

图 4   学生绘制的平面直角坐标系

生 2:过水池的中心任取一个竖直截面。建立如图 4 所示的平面直角坐标系。根据题意,可设图 4 中 y 轴右侧的曲线所对应的函数表达式为:$y = f(x)$,其中,$f(x) = -a(x-3)^2 + 4, 0 \leqslant x \leqslant 8$。

生 3:又因为 $f(8) = 0$,解得 $a = 0.16$,所以 $f(x) = -0.16(x-3)^2 + 4$,$0 \leqslant x \leqslant 8$。从而,汇合点离水面的高度应是 $f(0) = 2.56(m)$。

生 4:对于问题 2,根据题意,可知当 $0 < x \leqslant 3$ 时,$y = 11$;当 $3 < x \leqslant 10$ 时,$y = 2.1x + 4.7$;当 $x > 10$ 时,$y = 3.15x - 5.8$。

师:同学们的解答都很棒。问题 1 是"建筑问题",问题 2 是"出租车问题"。这两个问题是生活中常见的,我们运用函数知识很好地解决了问题。生活中处处有函数,不仅如此,函数在数学问题解答中也是一把利器。请看问题 3 和问题 4,思考并分析。

问题 3:证明:方程 $\lg x + 2x = 16$ 没有整数解。

问题 4:解不等式:$2^x + \log_2 x > 2$。

生 5:我们刚刚学习第 3 章"幂、指数与对数",其中涉及指数方程和对数方程的求解,我们学会了求解形如:$a^x = m, a^{2x} + b \cdot a^x + c = 0, \log_a x = n$,

$(\log_a x)^2 + b \cdot \log_a x + c = 0$ 的方程,还未学习形如问题 3 这种形式方程的求解。

师:不错,问题 3 是对数式与一次式相加构造的方程,称之为"超越方程";问题 4 是对数式与指数式相加构成的不等式,称之为"超越不等式"。直接求解它们有困难,我们可以借助函数知识求解。哪位同学能将问题 3 中的方程转化为函数?

生 6:问题 3 的方程可以转化成函数:$y = \lg x + 2x$。

生 7:问题 3 的方程可以转化成函数:$y = \lg x + 2x - 6$。

师:这两位同学都很棒。这两个问题留给大家,看哪位同学在后期的函数学习过程中,率先寻找到解决它们的方法,欢迎过来跟老师交流。

设计意图:初中已经学习过函数,为何高中仍需要学习? 一方面是由于函数的作用决定的,函数是刻画现实事物变化规律的一种数学模型,生活中,处处有函数的影子;另一方面,在数学中,函数思想与方法贯穿高中数学课程的始终,在数学这座大厦中起着举足轻重的作用。此处简单介绍函数的作用,作为函数大单元学习的"先行组织者"。

二、复习旧知,拓展内容

师:通过问题 1、2、3 的分析或解答,我们知道了函数有广泛的实际应用和数学应用。所以,我们有必要继续研究它。我们在初中学习了哪些具体的函数?

生 8:正比例函数、一次函数、反比例函数和二次函数。

师:这四类函数属于代数函数范畴。但随着科技的发展,数学模型不局限于代数函数。请同学们看我们教材的封面和第 4 章的"章头图"。它们是同一张照片,展示的是什么?

齐声:中国航天运载火箭。

师:不错。我们国家的航天事业蓬勃发展,取得了巨大的成就。2023 年 5 月 30 日,神舟十五号与神舟十六号的航天员在空间站完成了交接。航天事业离不开火箭,运载火箭的升空,则必须要提及航天之父、俄罗斯科学家齐奥科夫斯基。他于 1903 年给出了火箭速度的计算公式。请同学们阅读教材 108 页课后阅读"火箭速度的计算公式",见图 5。

 课后阅读 ————————————————————

火箭速度的计算公式

航天之父、俄罗斯科学家齐奥科夫斯基(K. E. Tsiolkovsky)于 1903 年给出火箭速度的计算公式

$$v = V_0 \ln\left(1 + \frac{M}{m_0}\right).$$

其中，V_0 是燃料相对于火箭的喷射速度，M 是燃料的质量，m_0 是火箭(除去燃料)的质量，v 是火箭将燃料喷射完之后达到的速度. 可以看出 v 与 M 是对数函数的关系，由于对数函数增长速度很慢，通过大量增加燃料$\left(\text{即增加} \frac{M}{m_0}\right)$难以达到航天器绕地球运行所需要的第一宇宙速度，据此他又提出了采用多级火箭发射航天器的设想。

现代运载火箭大多采用三级火箭，当第一级火箭的燃料用完时，点燃第二级火箭并抛弃第一级火箭，这相当于大大减小第二级火箭推进时的 m_0，从而在第二级火箭燃料用完时航天器可以达到较高的速度. 然后类似地点燃第三级火箭并抛弃第二级火箭，最终可以将航天器送入太空轨道.

图 5   课后阅读

师:航天之父、俄罗斯科学家齐奥科夫斯基于 1903 年给出火箭速度的计算公式

$$v = V_0 \ln\left(1 + \frac{M}{m_0}\right).$$

其中，V_0 是燃料相对于火箭的喷射速度，M 是燃料的质量，m_0 是火箭(除去燃料)的质量，v 是火箭将燃料喷射完之后达到的速度。此计算公式给出了 v 与 M 的对数函数关系，借助公式，我们可以计算出将火箭顺利送入太空需要装载的燃料数。

师:高中阶段，我们研究的函数的"篮子"要变大，会新加入幂函数、指数函数、对数函数等函数。它们的表达式分别是 $y = x^k$，$y = a^x$，$y = \log_a x$，其中，常数 $k \in \mathbf{R}$，$a > 0$ 且 $a \neq 1$。

设计意图:初中学习的函数属于代数函数范畴，无法满足生产生活、科技发

展的需要。让学生知道,高中阶段需要学习新的函数,来充实基本初等函数。

师:初中时,我们研究函数哪些内容?

生 9:函数的图像、函数的性质、函数的应用。

师:高中阶段,我们仍然主要从图像、性质两方面研究。请问,我们研究了函数的哪些性质?

生 10:函数的对称性、增减性和最值。

师:哪位同学能具体说一下吗?

生 11:反比例是中心对称图形;二次函数是轴对称图形,主要还学习了二次函数的最值。

师:在高中,我们会继续研究这些性质,但有两点变化:名称的变化和研究方式的变化。

师:例如,增减性改为单调性;初中主要利用函数图像的直观进行研究,高中还增加了"代数研究法",即逻辑推理。

问题 5:请观察数学软件中的函数图像(见图 6),说明它的"单调性"。

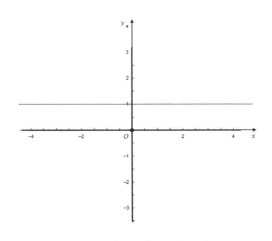

图 6　数学软件中的函数图像

齐声:是常值函数,不增不减。

追问:确定吗?

齐声:确定。(部分学生出现了怀疑眼神,声音降低了)

此时,显示函数表达式:$y=10^{-5} \cdot x+1$。

师:这个函数是一次函数,由表达式可以知道一次项系数大于 0,它的图像从左到右是上升趋势。但是由于一次项系数是 10^{-5},值比较小,从图像的直观难以看出它的单调性。所以,我们需要引入代数方法,从"数"的角度进行严格的证明。这正是"我不与你争辩,我要算给你看。"

师:请同学们课后思考:如何用代数语言表述"从左到右图像呈上升趋势"?

师:同样,我们也会从代数角度研究函数的对称性,这就是函数奇偶性问题。下面,同学们总结一下从初中阶段到高中阶段,我们学习的函数发生的变化。

生 12:初中与高中相比较,函数研究的框架基本上没变,研究的内容是一样的,函数性质名称发生了变化。最主要的变化是两点:研究的函数增添了三个新成员,研究方法增加了代数研究法。

师:这位同学总结得比较完整。函数与方程、不等式有着千丝万缕的联系(见图 7)。

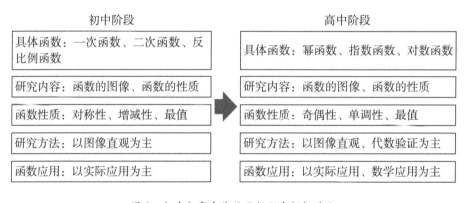

图 7 初中与高中阶段函数研究框架对比

师:其实,还有一个重要变化,是函数的定义。先请同学们回忆初中学习的函数的定义。

生 13:在某个变化过程中有两个变量,设为 x 和 y,如果在变量 x 的允许范围内,变量 y 随着 x 的变化而变化,它们之间存在确定的依赖关系,那么变量 y 称为变量 x 的函数。

师:请同学们思考,能否举出不符合定义的函数表达式吗?

生 14:$y=1$ 是常值函数,但随着 x 的变化,y 值未出现变化。

师:很好。初中的定义我们一般称之为"变量说"。高中阶段,我们将用集合语言对其进行修正,用"对应"来描述函数的定义。函数概念的演变过程如下:17世纪早期,关于 x 的函数仅指 x 的幂;之后,其含义被拓宽为含 x 的代数式;然后,从代数式拓宽到含 x 的任意解析式;最后,从任意解析式拓宽为依赖于 x 或由 x 所确定的任意变量。19 世纪 70 年代以后,随着集合论的出现,就有了使用集合语言表述的函数定义。现代函数概念的形成历经了 200 多年,经过几代数学家的努力,最终用"集合"+"对应说"的方式定义函数。1859 年,清代数学家李善兰将"function"翻译为"函数"。同学们,请在课后阅读教材 122 页"函数概念的形成和发展"。从代数表达式角度看,在初中,除了学习多项式外,我们还学习过哪些表达式呢?

生 15:$\sin A$,$\sin B$;$\cos A$,$\cos B$。

师:不错。例如,我们将 $\sin A$ 改写成 $y=\sin x$ 的形式,就得到了正弦函数的表达式。三角函数是函数大家庭中重要的一员,我们将在之后学习。

设计意图:依据初高中函数知识的相似和差异之处,以具体样例方式呈现内容,不仅向学生呈现新知识与已知知识的相似之处,也呈现了两者的差异之处,可以避免新旧知识之间的干扰。

三、函数思想,贯穿始终

师:我们知道函数的思想和方法贯穿高中数学课程的始终。口说无凭,我们用事实说话。

问题 6:请用初中函数的定义判断下列式子是函数表达式吗?

(1) $a_n=n+1$,$n\in \mathbf{N}^*$;

(2) $y=\sqrt{1-x^2}$,$-1\leqslant x\leqslant 1$;

(3) $\varphi_{\mu,\sigma^2}(x)=\dfrac{1}{\sqrt{2\pi\sigma^2}}\mathrm{e}^{-\frac{(x-\mu)^2}{2\sigma^2}}$,其中 μ、σ 是参数。

生 16:(1)a_n 随着 n 的变化而变化;(2)当 $-1 \leqslant x \leqslant 1$ 时,y 随着 x 的变化而变化;(3)$\varphi_{\mu,\sigma^2}(x)$随着 x 的变化而变化。所以,它们都是函数表达式。

师:是的。它们分别是等差数列通项公式、圆的方程(上半圆)、正态分布函数,涉及数列、圆锥曲线、概率等知识。函数(必修)与其他章节的知识框架见图 8。可见,函数的触角确实很长。

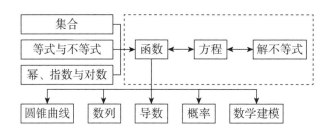

图 8　函数(必修)与其他章节的知识框架

设计意图:帮助学生初步形成函数单元与其他单元之间的联系,先行大致了解高中阶段数学学习的内容,让学生再次感受函数在数学中的作用。

四、归纳总结,布置作业

师:本节课是函数单元第一课,我们知道了高中阶段为什么要再次研究函数,函数哪些发生了变化等问题。下面,我们来总结。

生 17:函数不仅在生产生活中应用很广泛,在数学应用中也是一种重要的思想方法,因此,函数很重要。

生 18:高中阶段,我们将要新学习幂函数、指数函数、对数函数和三角函数。函数定义也会进一步完善。初高中函数研究的框架是相似的,包含定义、具体函数、性质、研究方法以及应用等。

师:同学们总结得很好。下面我们一起完成初中与高中函数对比图(见图 9)。

师:课后作业如下,(1)阅读教材第 108 页、第 122 页的课后阅读;(2)查阅资料,继续了解函数的发展、应用等;(3)思考如何用代数语言表述"从左到右图像呈上升趋势"?

初中阶段	高中阶段
定义：在某个变化过程中有两个变量，设为x和y，如果在变量x的允许范围内，变量y随着x的变化而变化，它们之间存在确定的依赖关系，那么变量y称为变量x的函数	定义："集合语言" + "对应说"
具体函数：一次函数、二次函数、反比例函数	具体函数：幂函数、指数函数、对数函数、三角函数
研究内容：函数的图像、函数的性质	研究内容：函数的图像、函数的性质
函数性质：对称性、增减性、最值	函数性质：奇偶性、单调性、最值
研究方法：以图像直观为主	研究方法：以图像直观、代数验证为主
函数应用：以实际应用为主	函数应用：以实际应用、数学应用为主

图 9　初中与高中阶段函数相关知识对比图

设计意图：通过总结再次帮助学生梳理知识，形成单元知识框架。

【自我评述】

本节课是函数单元起始课，可以说是一节介绍课，帮助学生梳理高中阶段函数单元将要学习的内容，理解教材编排的先后顺序，构建函数单元知识的宏观结构，使学生初步了解函数单元知识结构、相关背景及应用价值，初步体会高中阶段函数知识与初中阶段函数知识间的内在联系以及新的发展、不同点。

单元起始课旨在告知学生高中为什么还要学函数、学哪些内容、如何学，为函数单元学习提供"先行组织者"，为后续的学习做好铺垫。教学采用情境设疑的方式，从而引出生活中、数学研究中处处有函数，让学生认识到函数的重要性。通过介绍"火箭速度的计算公式"这一航天科技中的数学问题，让学生体会一次函数、二次函数等函数已不能满足生产发展的需要，为研究幂函数、指数函数、对数函数等函数埋下伏笔。学生通过观察函数 $y = 10^{-5} \cdot x + 1$ 图像，得到了错误的单调性结论，形成认知冲突，自然而然地，需要寻找新的方式研究函数的单调性。除此之外，初中函数定义的不精确性也需要进一步完善。接着，总结初中与高中阶段函数知识,让学生形成知识联结,有助于学生理解和掌握函数单元整体知识结构。学生已经明了高中阶段函数将要学习的内容,此时再介绍其他章节与函数的关联,一方面告诉学生"函数思想和方法贯穿高中数学课程的始终",另一方面帮助学生构建函数单元与其他章节的知识框图,达成"单元内统整"的效果。

【参考文献】

[1] 李昌官.素养为本的高中数学单元起始课教学——兼谈"平面向量及其应用"单元起始课教学[J].中学数学教学参考,2020(7):21－26.

[2] 章建跃,陶维林.注重学生思维参与和感悟的函数概念教学[J].数学通报,2009(6):19－30.

[3] 边锋.章起始课教学略谈[J].中学数学教学参考,2020(11):66－67.

（案例提供者：上海师范大学附属外国语中学　李响老师）

案例 2　幂函数(第一课时)

【教学对象】

本节课的教学对象是上海市松江区实验性示范性高中一年级的学生。

【单元统整教学的内容分析】

幂函数是上海教育出版社出版的《普通高中教科书　数学》必修课程第 4 章第 1 节的内容,隶属于函数主题。教材中包含四类基本初等函数,即幂函数、指数函数、对数函数、三角函数。其中,高中第一个学习的是幂函数。幂函数对于帮助学生学会用函数图像和代数运算的方法去研究函数的性质,以及通过建立函数模型解决简单的实际问题起到引导和铺垫的作用。

一、知识建构

(一) 知识学习的先决条件

初中阶段,学生通过对正比例函数、反比例函数、一次函数、二次函数等基本初等函数的学习,对函数是反映变量之间变化规律的工具有了初步的认知,而且对可以借助图像研究函数的方法有了初步的接触。高中阶段,通过学习幂运算等基础知识,学生对于 a^s 中指数幂的拓展有了更多的认知。

(二) 知识的发生背景

研究函数中两个变量之间的相互关系和变化规律是数学研究学习的重要内容。初中阶段学过的基本初等函数——反比例函数 $y=\dfrac{1}{x}$,一次函数 $y=x$,二

次函数 $y=x^2$——的函数表达式借助"幂、指数与对数"章节中所学知识,均可以转化为等式 $y=x^a$ 的形式。函数表达式所具有的相似性,是否反映了这些函数在固定指数幂 a 之后,两个量 x、y 之间的相互关系和变化规律也具有一定的相似性?所以,从这一类函数开始研究符合学生的认知发展规律。

(三)知识的内在结构

作为高中阶段数学知识结构中函数专题的学习起点,以初中研究过的 $y=x$,$y=x^{-1}$,$y=x^2$ 三种函数表达式的相似性为切入点,引导学生归纳出幂函数的概念以及表达式 $y=x^a$。然后借助初中研究函数常用的方法"函数图像法",画出函数大致图像,观察指数 a 取不同的值时对于变量 x、y 之间变化规律的影响,以形成对幂函数性质(对称性、单调性)的初步印象。验证观察得出的结果是否正确时,需要运用数学的方法进行推理(见图1)。因此,需要学会运用代数方法去证明幂函数图像的对称性,这体现了数学的严谨性。此外,在幂函数小专题的后续课时中,还需要通过观察函数的图像,进一步归纳函数的单调性以及函数图像平移之后得到的新函数的图像与之前函数图像之间的关系,然后同样需要用代数方法去论证观察结果的正确性。还可以用幂函数学习中掌握的方法去进一步研究正比例函数 $y=x$ 与反比例函数 $y=x^{-1}$ 相加之后构成的新函数 $y=x+\dfrac{1}{x}$ 的图像与性质,乃至在学生学完导数之后去研究一元三次函数的图像与性质。

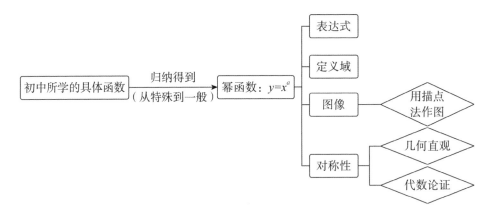

图1　幂函数(第一课时)的内在结构

（四）思想方法

幂函数作为高中阶段学生接触到的第一个初等函数,整个学习的过程中都渗透着数形结合思想。此外,通过对数学知识的概括和总结,让学生经历由简单到复杂、由抽象到一般的学习过程,将知识逐渐内化为自身的学习经验,形成知识的脉络和认知地图,有助于提高学生的数学抽象、逻辑推理、直观想象等数学核心素养。

（五）知识学科价值

幂函数作为高中阶段函数大单元学习的起始内容,以初中学习过的函数为引,结合等式 $a^b=c$,探求固定指数 b,变量 a、c 的对应关系,归纳得到初中几类函数表达式中自变量与因变量之间的对应关系即为函数 $y=x^a$ 中指数 a 固定,自变量 x 与因变量 y 之间的对应关系,顺应了知识发展的规律,拓展了数学知识的内容。同时幂函数的学习还承载着为函数大单元其他函数模型的学习提供研究方法,探索说理路径的重要使命,培养学生严谨的数学求知精神。

二、认知方式

（一）认知阶段

学生对幂函数的学习包括五个阶段。第一个阶段是概念形成阶段,教师引导学生发现相关表达式的共同特征,从而让学生得出“幂函数”的概念。第二个阶段是直观认知阶段,学生根据函数表达式和图像,直观了解其定义域、单调性、对称性。第三个阶段是抽象思维阶段,学生根据函数表达式中自变量与因变量之间的对应关系,运用代数方法去验证其对称性并判断两个函数图像之间的关系。第四个阶段是综合思维阶段,学生根据所掌握的幂函数的性质,借助数形结合思想去综合分析与解决相关问题。第五个阶段是提升思维阶段,学生初步形成研究函数的思路。

（二）认知起点

在知识层面,学生已经掌握了正比例函数 $y=x$,反比例函数 $y=x^{-1}$,二次函数 $y=x^2$ 的图像和简单的性质。结合第 3 章“幂、指数与对数”学习,对于等

式 $a^b = c$ 中指数幂 b 的认知已经从整数拓展到全体实数。在活动层面,学生经历了用描点法画函数的大致图像以及通过图像观察函数的相关性质,也会化简和计算指数幂为非整数的指数式。学生具备了一定的抽象、概括、计算能力,但其认知只停留在几个具体的函数上,没有形成统一的认知。

(三) 认知障碍

对于幂函数的认知障碍主要有两个方面。一是忽略函数表达式本身的特征。幂函数定义表明,"当指数 a 固定,等式 $y = x^a$ 确定了变量 y 随变量 x 变化的规律,称为指数为 a 的幂函数"。学生容易错误地认为函数 $y = 2x^2$ 或是 $y = 2^x$ 是幂函数。二是完成从几何直观到代数说理上的障碍,对于用代数方法去说明某些幂函数图像的对称性不习惯。如何在无法取遍函数图像上所有点的情况下,将函数图像的对称性判断转化为说明点 $P(x_0, y_0)$(点 P 代表图像上的任意一点)关于原点或是 y 轴的对称点在函数图像上?

(四) 思维方式

美国教育心理学家奥苏伯尔曾经提出"先行组织者"的理论,即先于学习任务本身呈现的一种引导性材料,它通常先用学生能懂的语言在介绍学习材料本身以前呈现出来,以便建立有意义学习的心向。本节课的"先行组织者"就是曾学过的一次函数 $y = x$,二次函数 $y = x^2$ 和反比例函数 $y = x^{-1}$ 的相关知识。在具体的学习过程中,进一步列举更多的例子,如利用"描点法"粗略地画出函数 $y = x^{\frac{1}{2}}, y = x^3, y = x^{-\frac{2}{3}}$ 的大致图像,体现了与初中所学函数在内容上的连贯性以及研究函数方法上的一致性。然后引导学生根据图像所体现的对称性,用代数方法去说理,培养学生"直观想象""逻辑推理""数学抽象"素养。

三、实践创新

(一) 跨学科角度

幂函数所揭示的变量之间的对应关系,在金融、物理等领域有着广泛的运用。金融学中存款的利率计算问题,物理学中很多与物体运动有关的问题,等等,都是以幂函数为基础模型进行计算的。

（二）现实意义

幂函数学习中,教师要引导学生大胆猜想,小心求证。这种科学严谨的态度,不仅要体现在幂函数图像对称性的代数说理上,也要体现在认识其他事物的一般规律上。

（三）德育价值

幂函数的学习中所渗透的"数学抽象"和"逻辑推理"素养的持续培养,可以帮助学生在复杂多变的现实生活中快速理清思路,抓住问题本质。

【课时大概念层级金字塔】

通过上述单元统整教学的内容分析,提炼出本节课的课时基础概念:幂指数、函数"变量说"、幂函数、定义域、用描点法作图、中心对称、轴对称、几何直观、代数说理。根据基础概念之间的关联,确定本节课的课时关键概念:幂函数、用描点法作图、中心对称、轴对称、代数说理、数形结合。进一步提炼出本节课的课时大概念:幂函数的定义、中心对称以及轴对称的代数说理。于是,得到本节课的课时大概念层级金字塔(见图2)。

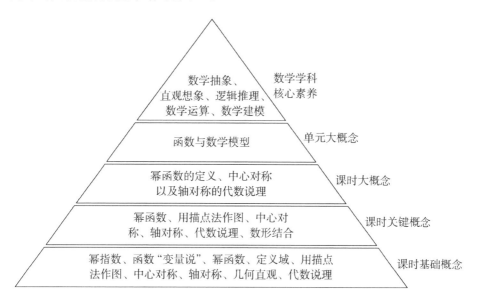

图2　幂函数(第一课时)的课时大概念层级金字塔

【教学目标】

1. 从具体的幂函数出发,理解幂函数的概念,会求具体的幂函数的定义域。

2. 理解幂函数的图像的概念,能用描点法作出具体的幂函数的大致图像。

3. 通过研究具体幂函数的图像的对称性,经历从几何直观到代数说理的过程,体会数形结合的思想方法,培养直观想象、数学抽象、逻辑推理和数学运算的核心素养。

【教学重难点】

教学重点:用描点法画出幂函数的大致图像。

教学难点:研究具体幂函数图像的对称性,完成由几何直观到代数说理的论证过程。

【教学过程】

一、创设情境,引入课题

初中阶段,学生已经学过一些基本的初等函数,如一次函数 $y=x$,二次函数 $y=x^2$,反比例函数 $y=\dfrac{1}{x}=x^{-1}$。学生还知道函数是描述客观世界中变量之间相互关系和变化规律的重要语言与工具,如一次函数可以描述匀速运动,二次函数可以描述匀加速运动等。

这些函数都是将幂的指数 a 固定,底数是变量 x,反映的都是 x^a 随底数 x 变化的而变化的规律。对于确定的 a 的值,我们将满足 x^a 有意义的 x 带入 x^a 计算后得到的值记作 y,即 $y=x^a$,这个式子成为表示 y 与 x 之间对应关系的函数表达式,这就是我们今天要学习的幂函数。

二、形成概念,理解辨析

(一) 幂函数定义

当指数 a 固定,等式 $y=x^a$ 确定了变量 y 随变量 x 变化的规律,称为指数

为 a 的幂函数。

　　其中 $a \in \mathbf{R}$,使得 x^a 有意义的 x 的取值范围,称为此幂函数的定义域。

　　问题 1:幂函数 $y = x$ 和幂函数 $y = x^{-1}$ 的定义域分别是什么? 该如何表示?

　　生 1:幂函数 $y = x$ 的定义域为一切实数;幂函数 $y = x^{-1}$ 的定义域为不等于 0 的一切实数。

　　问题 2:那我们该如何用符号语言来表示这两个幂函数的定义域呢?

　　生 2:函数 $y = x$ 的定义域为 $\mathbf{R}$;函数 $y = x^{-1}$ 的定义域为 $\{x \mid x \neq 0\}$ 或写成 $(-\infty, 0) \bigcup (0, +\infty)$。

　　师:很好! 函数的定义域是使得函数表达式有意义的自变量 x 组成的集合,前面我们学习过集合的表达方式,因此函数的定义域要用集合或是区间的形式来表示才准确。同时,我们还注意到这两个幂函数的定义域因为指数 a 的不同而不同。

　　设计意图:借助熟悉的函数提出问题 1 是想要学生体会幂函数的定义域因为指数 a 的不同而不同。问题 2 的提出是想要学生注意高中阶段函数定义域的表述方式与初中的不同,需要写成集合或区间的形式。

　　此外,我们知道函数的图像是直观理解变量间关系的重要手段。

　　问题 3:请问画出一个函数的大致图像的步骤有哪些?

　　生 3:列表、描点、连线。

　　设计意图:复习巩固函数大致图像的作图步骤,为接下去画其他幂函数的图像做铺垫。

　　(二) 幂函数的图像

　　师:非常好! 我们结合函数的定义域,通过列表、描点、连线在同一平面直角坐标系下画出过函数 $y = x$,$y = x^2$ 以及 $y = x^{-1}$ 的图像(见图 3)。

　　在列表取点的时候,取到的点越多,画出来的图像就越接近这个函数图像本身的样子,而且通过图像我们自然发现由于指数 a 的取值不同,三个函数的图像也不同。

　　对于一般情况下的幂函数 $y = x^a$,我们也将结合函数 $y = x^a$ 的定义域,按

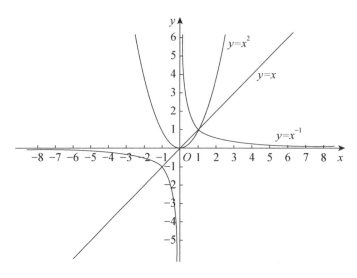

图 3   幂函数的图像

照这三个步骤去画函数的大致图像。请看例 1。

例 1   作幂函数 $y = x^{\frac{1}{2}}$ 的大致图像。

分析:因为该函数的定义域为$[0, +\infty)$,所以列表可取如表 1 所示的值。建立平面直角坐标系、描点、连线。如图 4,我们借助计算器多采集一些点,就可以粗略地作出其图像。

表 1   幂函数 $y = x^{\frac{1}{2}}$ 的取值

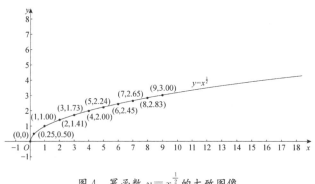

图 4   幂函数 $y = x^{\frac{1}{2}}$ 的大致图像

x	$y = x^{\frac{1}{2}}$
0	0
0.25	0.50
1	1.00
2	1.41
3	1.73
4	2.00
5	2.24
6	2.45
7	2.65
8	2.83
9	3.00

(注:y 的近似值保留两位小数。)

设计意图:在画函数的大致图像时,部分学生所取点的横坐标和纵坐标基本上都是整数。通过此题,希望引导学生体会当指数 $a = \dfrac{1}{2}$ 时,为了让图像更为准确,所取点的坐标的可以选择非整数。此外,希望让学生进一步体会指数 a 的取值对函数图像的影响。

例 2　作出幂函数 $y = x^3$ 的大致图像。

分析:因为该函数的定义域为 **R**,所以列表可取如表 2 所示的值。建立平面直角坐标系、描点、连线。如图 5,我们借助计算器多采集一些点,可以粗略地作出其图像。在取点的时候,我们发现当自变量 x 互为相反数时,计算出来的函数值 y 也是互为相反数,此时描出来的两个点关于原点对称,随着点取得越来越多,描绘出来的幂函数 $y = x^3$ 的图像就是关于原点中心对称的。

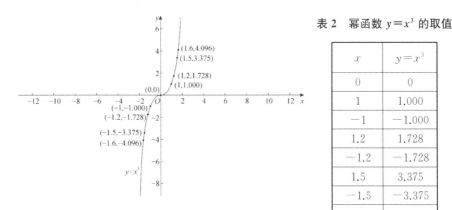

图 5　幂函数 $y = x^3$ 的大致图像

表 2　幂函数 $y = x^3$ 的取值

x	$y = x^3$
0	0
1	1.000
-1	-1.000
1.2	1.728
-1.2	-1.728
1.5	3.375
-1.5	-3.375
1.6	4.096
-1.6	-4.096

师:观察幂函数 $y = x^3$ 的大致图像,同学们觉得幂函数 $y = x^3$ 的图像在对称性上有什么特征呢?

生 4:函数 $y = x^3$ 的图像是关于原点中心对称的。

师:非常好!但是仅仅通过观察图像得到的结论可能还不够准确,那么能不能用代数方法来证明幂函数 $y = x^3$ 的图像是关于原点中心对称的呢?

生 5:回顾刚才取点的过程,我发现当自变量 x 互为相反数时,计算出来的函数值 y 也互为相反数,得到的两个点就是关于原点对称的。

师:你看问题的角度非常的精准,可是我们又如何才能把幂函数 $y = x^3$ 上所有的点的坐标之间的关系说清楚呢？能否用幂函数 $y=x^3$ 上点的坐标之间的关系来说明呢？

生6：我们可以设 $P(x_0,y_0)$ 是幂函数 $y=x^3$ 图像上的任意一点，则点 P 的坐标满足等式 $y_0=x_0^3$。而点 $P(x_0,y_0)$ 关于原点的对称点是 $Q(-x_0,-y_0)$，由于 $(-x_0)^3=-x_0^3=-y_0$，所以点 $Q(-x_0,-y_0)$ 也在该函数图像上。这样根据点 P 的任意性，我们就可以说明函数 $y=x^3$ 的图像是关于原点中心对称的。

师：你讲得太好了，分析得特别清楚。借助点 P 的任意性，我们就巧妙地解决了无法取遍幂函数 $y=x^3$ 上所有点的问题，然后通过计算，得出点 P 与 Q 这一对关于原点对称的点均在幂函数 $y=x^3$ 的图像上，就成功地用代数的方法讲明了幂函数 $y=x^3$ 的图像是关于原点中心对称的。

设计意图：通过这个例子，继续巩固作函数大致图像的步骤：列表—描点—连线。引导学生在从几何直观上感受幂函数 $y=x^3$ 图像的对称性的同时，还能进一步根据作图前取具体的几个点的坐标的经历，从特殊到一般，进一步抽象为图像上任意的一点 $P(x_0,y_0)$，借助点 P 的任意性，以达到"取遍函数图像上所有点"的目的，完成代数说理论证。

接下来请看例3。

例3　作出幂函数 $y=x^{-\frac{2}{3}}$ 的大致图像并用代数的方式说明其对称性。

分析：因为 $y=x^{-\frac{2}{3}}=\dfrac{1}{\sqrt[3]{x^2}}$，所以该函数的定义域为 $(-\infty,0)\bigcup(0,+\infty)$，可以在作图时作如表3所示的取值，建立平面直角坐标系、描点、连线（见图6）。

表3　幂函数 $y=x^{-\frac{2}{3}}$ 的取值

x	$y=x^{-\frac{2}{3}}$
-1	1.00
-2	0.63
-4	0.40
1	1.00
2	0.63
4	0.40

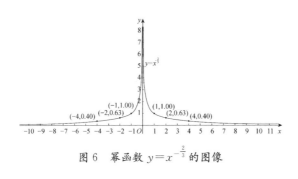

图6　幂函数 $y=x^{-\frac{2}{3}}$ 的图像

（注：y 的近似值保留两位小数。）

师:请同学们观察图像,仿照例 2 的说理过程,尝试解决这个问题。

生 7:根据图像观察,幂函数 $y=x^{-\frac{2}{3}}$ 的图像关于 y 轴对称。根据例 2 探讨幂函数 $y=x^3$ 的图像对称性的原理,可以设 $P(x_0,y_0)$ 是函数 $y=x^{-\frac{2}{3}}$ 图像上任意一点,点 P 关于 y 轴的对称点是 $Q(-x_0,y_0)$。因为 $y_0=\sqrt[3]{x_0^2}$,$\sqrt[3]{(-x_0)^2}=\sqrt[3]{x_0^2}=y_0$,所以点 $Q(-x_0,y_0)$ 也在函数 $y=x^{-\frac{2}{3}}$ 的图像上,因此幂函数 $y=x^{-\frac{2}{3}}$ 的图像关于 y 轴对称。

师:非常好!你很好地类比了探讨幂函数 $y=x^3$ 的方法,完成了幂函数 $y=x^{-\frac{2}{3}}$ 的代数说理。

设计意图:引导学生进一步体会从几何直观到代数说理的论证方法。

三、巩固新知,灵活运用

师:除了函数 $y=x^{-\frac{2}{3}}$ 之外,你还能举出哪些幂函数,它们的图像是关于 y 轴对称且不经过原点的呢?

生 14:$y=x^{-2}$,$y=x^{-4}$,$y=x^{-\frac{4}{3}}$ 等。

设计意图:引导学生在刚刚接触幂函数 $y=x^{-\frac{2}{3}}$ 的图像之后再多想一步,进一步体会指数 a 对函数图像的影响。既是对刚刚所学问题的巩固,也是对幂函数性质的初步探究,为下一节课进一步研究幂函数的性质做好铺垫。

四、归纳总结,布置作业

(一) 内容小结

师:本节课的总结见图 7。

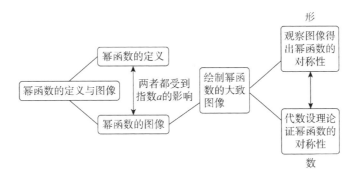

图 7　幂函数的内容小结

（二）作业练习

（1）（必做）若幂函数 $y=x^a$ 的图像经过点 $(3,\sqrt{3})$，求该幂函数的表达式。

（2）（必做）求下列函数的定义域，并作出它们的大致图像：

　　　　①$y=x^{\frac{1}{3}}$；　　　　　　　②$y=x^{-\frac{1}{2}}$；　　　　　　　③$y=x^{\frac{4}{3}}$。

（3）（必做）若幂函数 $y=x^{-m^2+2m+3}$（m 为整数）的定义域为 **R**，求 m 的值。

（4）（选做）已知幂函数 $y=x^{-m^2+4m+5}$（m 为正整数）的图像是关于原点中心对称的，且与两坐标轴无公共点，求 m 的值。

（5）（选做）试探讨指数 a 取不同的值（无理数除外）时，幂函数图像在第一象限的特征。

【自我评述】

首先，我想谈一下这节课在函数大单元学习中的地位以及教材在编排中与"二期课改"教材的不同之处。本节内容的标题是"幂函数的定义与图像"，而在"二期课改"教材中，幂函数相应内容的标题是"幂函数的性质与图像"。标题不同，意味着授课时的侧重点也要有所不同。"二期课改"教材中，学生是在学习了一般函数概念并掌握了研究函数的一般方法后，将幂函数作为第一个具体的初等函数的学习，之后学习指数函数、对数函数、三角函数等，在学习的过程中体会并运用相关知识去研究函数的相关性质，包括图像、奇偶性、单调性、最值等，体现的是从一般到特殊。在学习本节内容前，学生较系统地学习了"幂、指数与对数"，但学生头脑中对于函数的概念，也只是停留在初中的认知水平上。幂函数的学习是学生进入高中所接触到了第一个具体的初等函数，一般函数的概念则是放在了第 5 章——学生学完第 4 章"幂函数、指数函数与对数函数"后，三角及三角函数分别出现在第 6 章和第 7 章，体现了"特殊——一般—特殊"的认知规律。正因为教材编排上有很大不同，所以，教师帮助学生建构知识结构时，在教学安排上也应与之前有所不同。

其次，我想谈一下本节课的教学设计。作为函数大单元学习的起始内容，本节课能够帮助学生积累经验、养成习惯，为学生提供工具。而函数的概念曾是

"二期课改"教材中文字表述较多的一个概念,当然也是学生进入高中后始终较难理解的一个概念。结合教材,在设计引入幂函数定义的时候,利用学生初中已有的对函数中变量之间相互关联的表述就比较容易理解。而且,学生初中已经学习了一次函数 $y=x$、二次函数 $y=x^2$、反比例函数 $y=x^{-1}$,这些函数都是我们这节课要学习的幂函数。这样的衔接,让学生既不感到陌生,也不必把重心放在理解函数的概念上,自然就将目光聚焦在幂函数本身的特征上了。

学生头脑中有了幂函数的概念,接下去延续初中认识函数的方法,那就是画函数的大致图像。初中阶段,学生已经归纳过画函数大致图像的步骤,即"列表—描点—连线",进入高中阶段,我们同样使用这个方法。这样的教学安排,有利于学生在头脑中形成统一的认知规律。接着通过一些具体的例子,如分别作幂函数 $y=\sqrt{x}$,$y=x^3$,$y=x^{-\frac{2}{3}}$ 的大致图像,通过一次又一次"列表—描点—连线",让学生直观感受指数 a 对函数定义域和函数的图像的影响。

对于得到的幂函数的大致图像,高中阶段仅仅只有直观感受还不够,还需要较为严密的数学推理证明,要用代数方法去说理论证,本节课的难点也就随之就出现了。难点一:如何利用代数方法验证函数图像的对称性? 在难点一的突破上,本节课设计了引导学生通过回顾画图中所取的点的坐标之间的对应关系,想到从图像上所有点的坐标之间的对应关系这个角度来说理。可是我们取到的点是有限的,无法取遍函数图像上所有的点。难点二:如何实现这样一个用"有限"说清"无限"的问题呢? 对于这个难点,借助函数的图像是由所有满足函数表达式的点构成的客观事实,以及初中所学过的中心对称的定义,设 $P(x_0,y_0)$ 是幂函数 $y=x^3$ 上的任意一点,只要能说明点 $P(x_0,y_0)$ 关于原点的对称点 $Q(-x_0,-y_0)$ 也在函数图像上,就能说明幂函数 $y=x^3$ 的图像是关于原点中心对称的,进而突破难点,达到用代数方法说理的目的。对于例3,幂函数 $y=x^{-\frac{2}{3}}$ 的图像的对称性说理,就可以借鉴幂函数 $y=x^3$ 的说理过程与方法,这既是培养学生数学抽象、逻辑推理素养的良好契机,又是介绍类比推理方法的一次好机会。

最后,我设计了一个环节,请学生举例说明"除了函数 $y=x^{-\frac{2}{3}}$ 之外,哪些幂

函数的图像是关于 y 轴对称且不经过原点的"。这一环节是希望学生对本节课所接触到的幂函数,有一个"高一点站位"的认知,主动去思考指数 a 对于幂函数图像的影响,为下一节课学习"幂函数的性质"做铺垫,这也是为了体现教材编写者的要求,"不要让学生死记硬背一些函数的性质,而是要注重学习过程中对函数性质的感悟"。在最后小结的部分点明了本节课研究的路径,为接下来学习指数函数、对数函数做铺垫。

【参考文献】

[1] 中华人民共和国教育部.普通高中数学课程标准(2017 年版 2020 年修订)[S].北京:人民教育出版社,2020:6.

[2] 王琦,雷晓莉."幂函数"教学设计[J].中国数学教育(高中版),2020(10):14-18.

[3] 李旭,冯祖琨.让核心素养在数学课堂悄然生长——"幂函数"教学设计与思考[J].中学数学研究,2020(10):8-11.

[4] 倪小玲,陈碧芬.指向数学核心素养的逆向教学设计——以"幂函数"为例[J].中学数学杂志,2020(7):10-14.

(案例提供者:华东师范大学松江实验高级中学　陈俊飞老师)

案例 3　对数函数的定义与图像

【教学对象】

本节课的教学对象是上海市松江区实验性示范性高中一年级平行班的学生。

【单元统整教学的内容分析】

对数函数的定义与图像是上海教育出版社出版的《普通高中教科书　数学》必修课程第 4 章第 3 节的内容,隶属于函数主题。"对数函数"是高中阶段学习的第三个基本初等函数。学生经历了幂函数、指数函数的学习,进一步学习对数的定义和对数的运算性质,既是对基本初等函数模型的再拓展,又是对"背景—概念与图像—性质—应用"函数研究路径的再强化,能够为后续学习反函数做铺垫。

一、知识建构

（一）知识学习的先决条件

小学和初中阶段,学生已经知道减法是加法的逆运算、开方是乘方的逆运算。在高中阶段,学生具备了对数的定义以及指数式与对数式的相互转化等知识基础,明白了对数是指数运算的逆运算;学生也经历了幂函数、指数函数的学习方法和过程,积累了从特殊到一般、从具体到抽象的数学活动经验,初步掌握了研究一般函数的常规方法。

（二）知识发生的背景

学习完幂函数及指数函数,生活中还会遇到大量"反解指数"的情况,这是引入对数函数的现实需要。事实上,对于等式 $a^b=c$ 的三个量 a、b、c,固定 a,研究变量 b 随变量 c 的变化规律,即得到了对数函数。通过固定等式 $a^b=c$ 的三个量中的一个量,研究另两个量的相互关系和变化规律共三种情形,对数函数是三种情形之一。

（三）知识的内在结构

"对数函数"安排在幂函数、指数函数之后。教材在"4.3 对数函数"中,首先通过对数 $\log_a N(a>0, a\neq1)$ 抽象出对数函数的定义,并指出"对数函数 $y=\log_a x$ 是指数函数 $y=a^x$ 的反函数",所以对数函数是在对数与指数的内在关联、"逆运算"和反函数的角度建立的。对数"$\log_a N(a>0, a\neq1)$"与"$\log_a x(a>0, a\neq1)$"在本质上是无区别的,但在思维上则体现了从"静态 N"到"动态 x"的变化,再次让学生体会"对数 $\log_a x$ 随 x 的变化而变化"的函数"变量说"概念,为"函数的对应说"打下基础。

我们知道,对数运算的作用之一是"大数变小数",其本质是化乘除运算为加减运算。在概率统计学中,对数型函数是典型的函数模型,遇到数据处理时常常会"对数化",如密度函数求参数的极大似然估计。内在结构见图1。

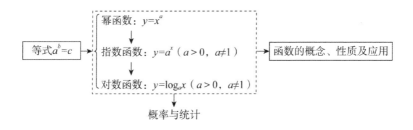

图1　对数函数的定义与图像的内在结构

（四）思想方法

对数函数定义的教学不仅要体现引入的必要性,还要通过对对数函数定义、本质的理解,让学生体会等价与转化、抽象与概括等数学思想与方法,提升数学运算、数学抽象、逻辑推理等核心素养。可以让学生观察一些特殊对数函数的图像,归纳出对数函数的图像及其性质,充分体会数形结合思想方法的运用;让学生结合对数函数的底数变化对图像的影响,体会分类讨论思想的运用,提升思维的严谨性。

(五)知识的学科价值

生活是数学赖以生存和发展的源泉,基于对生活情境的探究和发现,来构建对数函数的定义,让学生认识到"数学源于生活",回归生活是数学研究重要的途径;归纳对数函数的图像,提升学生发现和提出问题、分析和解决问题的能力。因此,"对数函数的定义与图像"的教学能培育学生数学抽象和直观想象等核心素养,也能培育学生的理性思维和科学精神。

二、认知方式

(一)认知阶段

学生对函数的学习包括四个阶段。第一个阶段是经验感知阶段,学生知道一个量随另一个量的变化而变化的具体情境,如"随着时间的推移,我的年龄越来越大"等。第二个阶段是形象描述阶段,学生能用一定的符号语言描述一个量随另一个量变化的趋势,如"y 随 x 的增大而增大"。第三个阶段是抽象概括阶段,学生能从具体和直观的对象中抽象出函数的概念,用符号语言进行描述,即"集合对应说"。第四个阶段是推广发展阶段,学生能理解同一个 x 值可以对应多个 y 值,这类函数可称为多值函数。

(二)认知起点

教材在内容上按幂、指数与对数→幂函数→指数函数→对数函数→函数的概念、性质及应用的顺序编排教学内容。其中,对数的定义、对数的运算性质和指数函数是学习"对数函数的定义与图像"的知识基础。而在前面学习"幂函数""指数函数"时形成的"背景—概念与图像—性质—应用"的函数研究路径,是本节课的认知思维起点。

(三)认知障碍

学习对数函数的定义与图像的认知障碍主要包括两个方面:一是对表达式

$x=\log_2 y$ 的理解,学生容易产生认知上的惯性,掉进思维定式陷阱,对于 y 是自变量感觉不适应,容易忽略借助初中所学习的函数概念对其进行判断;二是对数函数图像的归纳过程中,学生很难从感性认识上升到理性解读,完成从底数 $a=2$ 到 $a=\dfrac{1}{2}$ 的迁移。所以,教师应多引导学生回忆相关章节的知识。

(四) 思维方式

幂函数和指数函数的定义均采用初中函数"变量说"的形式进行描述,而对于幂函数和指数函数的图像作图则采用描点作图法。同时,教材渗透了幂函数 $y=x^{-\frac{2}{3}}$ 图像的对称性以及两个指数函数 $y=2^x$ 与 $y=\left(\dfrac{1}{2}\right)^x$ 的图像对称性问题。由此可见,"运用直观描点"和"代数逻辑推理"是研究函数图像的两种基本方法。教师应确保学生在知识体系和认知观念上具有逻辑一致性,进一步帮助学生树立从"图像直观"和"代数推理"两个角度研究函数的意识。

三、实践创新

(一) 跨学科角度

对数函数是逆向思维的典范,让学生经历从反函数的角度抽象对数函数的定义,体会万物之间是相互联系的,且可相互转化的辩证思想。而且,对数函数是一种重要的数学模型,在经济学、物理学、生物学等学科中有广泛应用。

(二) 现实意义

通过对数函数的学习,学生能进一步体会研究函数的基本路径,感悟数学源于生活又服务于生活的理念。与此同时,通过对数函数定义与图像的研究,学生能理解世间万物是相互联系且可以相互转化的,领悟辩证法,掌握认识世界的方法论。

(三) 德育价值

引导学生了解建立对数函数定义的背景,体会引入对数函数的必要性及其数学应用价值。通过对数函数的定义与图像的学习,让学生感悟数学中的辩证法和认识论。在对数函数的图像归纳过程中,让学生通过观察、小组讨论,逐渐从感性认识转化为理性抽象。通过本节课的学习,进一步提升学生的数学语言表达能力、合作交流能力、数学抽象概括能力,让学生体会学习过程中相互合作的重要意义和价值。

【课时大概念层级金字塔】

通过上述单元统整教学的内容分析,提炼出本节课的课时基础概念:对数、指数函数、函数"变量说"、用描点法作图、对数的运算性质。根据基础概念之间的关联,确定本节课的课时关键概念:对数函数、对数函数图像、分类讨论、特殊与一般。从关键概念看,本节课的教学目标在于理解对数函数的定义。通过绘制不同底数的对数函数图像,观察、归纳、抽象出对数函数图像的一般情况,进一步体会分类讨论思想,感悟从特殊到一般的数学思想,掌握对数函数的图像。为此,提炼出本节课的课时大概念:对数函数是刻画对数变化规律的数学模型。于是,得到本节课的课时大概念层级金字塔(见图 2)。

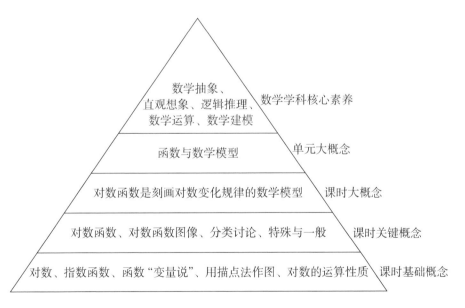

图 2　对数函数的定义与图像的课时大概念层级金字塔

【教学目标】

1. 理解对数函数的定义,掌握对数函数的图像;会求相应的对数型函数的定义域。

2. 通过绘制不同底数的对数函数图像,观察、归纳、抽象出对数函数图像的一般情况,进一步体会分类讨论思想,感悟从特殊到一般的数学思想。

3. 在经历对数函数概念的构建和对数函数图像的探讨过程中,提高发现和提出问题的能力,提升分析、归纳、抽象等思维能力,发展数学抽象、直观想象和逻辑推理的核心素养。

【教学重难点】

教学重点:理解对数函数的定义,掌握对数函数的图像。

教学难点:归纳对数函数图像的一般特征。

【教学过程】

一、情境再现,引入新知

师:同学们,我们知道:如图 3,一张纸对折一次,由 1 层变为 2 层,再对折一次,由 2 层变为 4 层,……,对折 x 次,层数 y 与对折次数 x 的函数关系为 $y=2^x$。

问题 1:我们知道,一张纸很薄,但为了方便计算,我们假设一张纸的厚度是 1 mm。如果一幢教学楼大约为 20 m(见图 4),请问这张纸对折多少次,才能达到该教学楼的高度?

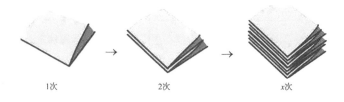

1次 → 2次 → x次

图 3　折纸实验

图 4 教学楼

生 1:该问题相当于 $y=20\,000$ 时,反解 x 的值。

师:正确。月球与地球之间的平均距离约为 $384\,000$ km,那么需要对折多少次呢?

齐声:该问题相当于 $y=3.84\times10^{11}$ 时,反解 x 的值。

追问:能否给出关于 x 的一般表达式?

生 2:$x=\log_2 y$。

设计意图:通过情境再现的方式让学生感受对数函数的实际背景,体现引入对数函数的必要性,为抽象对数函数做准备。同时,让学生体会"指数爆炸"和对数将"大数变小数"的作用;建立对数函数与指数函数的联系。

二、生成概念,理解辨析

师:通过反解 $y=2^x$,得到对数式 $x=\log_2 y$。

问题 2:对折次数 x 是层数 y 的函数吗?

生 3:是的,对折次数 x 随 y 的变化而变化。

师:很好。同学们能根据初中学习的函数定义进行判断,是正确的思路。我们习惯上,自变量用 x 表示,因变量用 y 表示,即 $y=\log_2 x$。

定义 当底数 a 固定,且 $a>0$,$a\neq1$ 时,x 以 a 为底的对数 $y=\log_a x$ 确定了变量 y 随变量 x 变化的规律,称为底为 a 的对数函数。

问题 3:为什么底数 a 满足 $a>0$ 且 $a\neq1$? 对数函数的定义域是什么?

生 4:因为对数函数 $y=\log_a x$ 与指数函数 $y=a^x$ 的底数是一致的。对数 $\log_a N$ 要求真数 $N>0$,所以对数函数 $y=\log_a x$ 的定义域是 $(0,+\infty)$。

设计意图:抽象出对数函数的定义,让学生感悟从特殊到一般的数学思想,培育学生的数学抽象素养。通过对底数 a、自变量 x 的意义进行探究,一方面引导学生对定义再认识,另一方面区别定义中字母 a 与 x 本质的不同。

例 1 判断下列函数是否为对数函数:

(1) $y=\lg x$; (2) $y=\log_x 2$; (3) $y=\log_3(2x)$。

生 5:(1)是对数函数;(2)(3)不是对数函数。

例 2 求下列函数的定义域:

(1) $y=\log_2(x-1)$; (2) $y=\log_a(x^2-4x-5)$(常数 $a>0,a\neq1$)。

生 6:(1) 由 $x-1>0$,得该函数的定义域是 $(1,+\infty)$。(2) $x^2-4x-5>0$,得该函数的定义域是 $(-\infty,-1)\bigcup(5,+\infty)$。

设计意图:让学生进一步认识对数函数的定义;渗透整体化归思想。

三、描点作图,归纳提炼

师:同学们,作出函数图像的三步骤是什么?

齐声:列表、描点、连线。

师:像以前学习过的其他函数一样,对数函数的图像也是一条曲线。

例 3 完成表 1,结果保留两位小数,并用描点法作出下列对数函数的图像:

(1) $y=\log_2 x$; (2) $y=\log_3 x$; (3) $y=\log_{\frac{1}{2}} x$。

表 1 对数函数的取值

x	$\log_2 x$	$\log_3 x$	$\log_{\frac{1}{2}} x$
$\dfrac{1}{100}$			
$\dfrac{1}{10}$			
$\dfrac{1}{3}$			

（续表）

x	$\log_2 x$	$\log_3 x$	$\log_{\frac{1}{2}} x$
$\dfrac{1}{2}$			
1			
$\dfrac{3}{2}$			
2			
$\dfrac{5}{2}$			
3			
10			
100			

生 7：见表 2，对三个对数函数进行取值。$y = \log_2 x$，$y = \log_3 x$ 和 $y = \log_{\frac{1}{2}} x$ 的图像分别见图 5、图 6、图 7。

表 2　对数函数的取值

x	$\log_2 x$	$\log_3 x$	$\log_{\frac{1}{2}} x$
$\dfrac{1}{100}$	-6.64	-4.19	6.64
$\dfrac{1}{10}$	-3.32	-2.10	3.32
$\dfrac{1}{3}$	-1.58	-1.00	1.58
$\dfrac{1}{2}$	-1.00	-0.63	1.00
1	0	0	0
$\dfrac{3}{2}$	0.58	0.37	-0.58
2	1.00	0.63	-1.00
$\dfrac{5}{2}$	1.32	0.83	-1.32
3	1.58	1.00	-1.58

(续表)

x	$\log_2 x$	$\log_3 x$	$\log_{\frac{1}{2}} x$
10	3.32	2.10	-3.32
100	6.64	4.19	-6.64

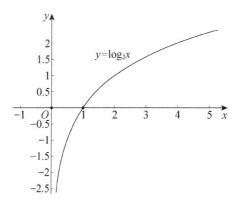

图 5　对数函数 $y=\log_2 x$ 的图像

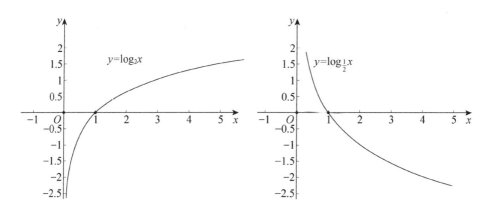

图 6　对数函数 $y=\log_3 x$ 的图像　　　　图 7　对数函数 $y=\log_{\frac{1}{2}} x$ 的图像

师：请同学们再作出下列函数的图像：

（1） $y=\log_{\frac{1}{3}} x$；　（2） $y=\log_4 x$；　（3） $y=\log_{\frac{1}{4}} x$。

仍参照上述步骤，可作出各函数的图像。（图像略）

问题 4：请结合对数函数的图像特征，初步判断哪些对数函数在定义域上是严格增函数,哪些在定义域上是严格减函数,它们的底数有什么共同特点? 关于其证明我们下节课研究。

生 9:函数 $y=\log_2 x$, $y=\log_3 x$, $y=\log_4 x$ 是严格增函数; $y=\log_{\frac{1}{2}} x$, $y=\log_{\frac{1}{3}} x$, $y=\log_{\frac{1}{4}} x$ 是严格减函数。严格增函数的底数 a 满足 $a>1$,严格减函数的底数 a 满足 $0<a<1$ 。

追问:以 $y=\log_2 x$ 和 $y=\log_{\frac{1}{2}} x$ 为例,请解释它们之间单调性的关系?

生 10:从列表过程知道,对于同一个 x , $y=\log_2 x$ 和 $y=\log_{\frac{1}{2}} x$ 的函数值互为相反数的关系。

师:观察数据,进行分析,发现了这一规律。很不错。哪位同学能给出这个规律的一般性解释?

生 11:利用对数运算性质,可知 $y=\log_{\frac{1}{2}} x=-\log_2 x$ 。

师:很好,所以当 $y=\log_2 x$ 是严格增函数时, $y=-\log_2 x$ 是严格减函数。根据底数 a 的不同,对数函数的单调性分成两类。对数函数的图像有哪些共性呢?

生 12:都过点 $(1,0)$ 。

生 13:图像都在 y 轴的右侧。

设计意图:给出具体的列表值,引导学生主动发现 $y=\log_2 x$ 和 $y=\log_{\frac{1}{2}} x$ 的关系,为归纳对数函数的图像特征做好铺垫。让学生自己作图、比较和归纳,体验知识产生、发展和形成的过程,在体验中培养学生数据分析、抽象概括的能力,凝练数学核心素养。

四、归纳总结,布置作业

师:本堂课围绕"对数函数的定义""对数函数图像的特征"两个方面展开,下面我们进行总结。

生 14:对数函数是通过指数函数的"逆运算"得到。

师:生 14 说出了对数函数生成的起点,也指出了对数函数与指数函数的关系。

生15：我们用描点作图法得到了对数函数的图像，归纳出了对数函数的单调性。

师：由 $y=\log_{\frac{1}{a}}x=-\log_a x$ 进行分析，可知对数运算性质是重要的研究工具。

对数函数 $y=\log_a x$ 的图像总结如下（师生一起完成表3）。

表3　对数函数的图像及其特征

$y=\log_a x$	$a>1$	$0<a<1$
图像	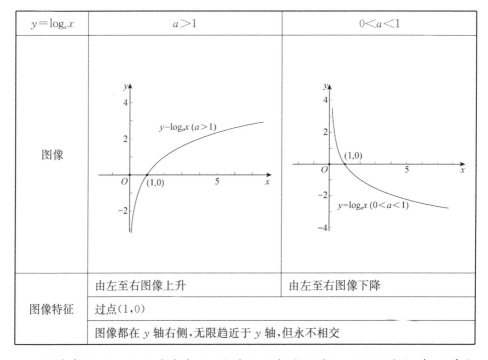	
图像特征	由左至右图像上升	由左至右图像下降
	过点$(1,0)$	
	图像都在 y 轴右侧，无限趋近于 y 轴，但永不相交	

设计意图：从知识的生成起点、发展和形成过程进行回顾和总结，帮助学生形成知识间的联系性和整体性这一意识，促进学生形成"单元统整"的认知结构。

师：课后作业如下，(1) 必做题，教材 100 页和 106 页相关习题；(2) 选做题：①若对数函数 $y=\log_a x$ 的图像经过点 $P(m,n)$，求指数函数 $y=a^x$ 的图像经过哪个点（坐标用 m、n 表示）？②判断对数函数 $y=\log_2 x$ 和 $y=\log_{\frac{1}{2}}x$ 图像的关系，并证明。

设计意图：通过分层作业设计，给学生创设探究空间。探究同底的指数函数和对数函数的关系、底数互为倒数关系的两个对数函数图像的关系，进一步促进学生形成"单元统整"的认知结构。

【自我评述】

本节课是对数函数的第一课时,是一节概念课。教师在教学中采用情境再现的方式,在原有的基础上进行变化,引出对数函数的定义。对于熟悉的情境,学生会有"温故"的亲切感和"知新"的成就感。这无形中让学生认识到了指数函数与对数函数的紧密关联,养成了从不同角度看待问题的习惯,有助于学生把握事物的多样性。认识事物的多样性是学生整体把握事物的前提。

在探究对数函数图像的过程中,学生先自己作出三组函数的图像,形成感性认识,再在教师的引导下进行理性思考。学生通过分析对数函数内部之间的联系,抽象、归纳、总结出对数函数图像的特征,从而形成从指数函数到对数函数和从 $a>1$ 到 $0<a<1$ 的知识结构,即 $y=a^x \rightarrow y=\log_a x \rightarrow y=\log_{\frac{1}{a}} x$。同时,对数函数内部之间的相互转化能让学生明白"幂、指与对数"是我们研究的基础。作业设计进一步让学生思索从对数函数到指数函数的转化,进而达成指数函数与对数函数之间的知识闭环,即 $y=a^x \leftrightarrow y=\log_a x$。

通过情境引入、归纳提炼、作业设计等,让学生对数学学习的整体结构有一个更深的把握,达成单元统整的学习目标。

【参考文献】

[1] 李晶."对数函数的概念"教学设计与反思[J].中国数学教育(高中版),2021(4):17-21.

[2] 洪兵.凝练核心素养,培育高阶思维——"对数函数及其性质"教学设计与教学反思[J].中学数学月刊,2021(12):3-5.

[3] 刘金焕.新课标引领下"指数函数与对数函数"单元教学剖析——以人教A版教材为例[J].中学数学(高中版),2022(11):8-10.

[4] 张格波.数学活动经验视角下的问题教学——以"对数函数的图像与性质"为例[J].中学数学教学参考,2022(3):21-24.

［5］张海强.单元教学设计中"单元"的建构与规划——以幂函数、指数函数和对数函数单元为例［J］.中学数学月刊,2022(6):26-29.

［6］庞良绪.基于新教材特点的幂函数教学——以沪教版"幂函数的定义与图像"为例［J］.数学通报,2022(9):45-48.

（案例提供者:上海师范大学附属外国语中学　李响老师）

案例 4　函数(第一课时)

【教学对象】

本节课的教学对象是上海市实验性示范性高中一年级平行班的学生。

【单元统整教学的内容分析】

函数是上海教育出版社出版的《普通高中教科书　数学》必修课程第 5 章第 1 节的内容,隶属于函数主题。函数的概念是初中阶段所学的函数概念的精确化,是本章学习的基础,是研究其他初等函数的基石。函数概念的形成体现了数学抽象的一般过程,为后续性质的抽象化提供了思路。

一、知识建构

(一) 知识学习的先决条件

在初中,学生已经学习过函数的概念,从两个变量之间依赖关系的角度理解了函数的概念,研究了一次函数、反比例函数、二次函数等函数。在第 4 章中,学生进一步研究了幂函数、指数函数、对数函数三个具体函数。从内涵的角度对幂函数、指数函数、对数函数下定义,强调两个变量之间的变化规律,为学生发现两个变量之间的对应关系,深入理解函数概念的本质奠定了基础。同时,学生已经积累了一些研究问题的经验,在一定程度上具备了抽象、概括的能力和语言转换能力,这有利于他们使用集合语言准确刻画函数的概念。

(二) 知识的发生背景

完善函数概念的必要性源自之前学习中出现的认知冲突。在学习幂函数时,学生发现函数 $y=x^0$,即 $y=1,x\in(-\infty,0)\bigcup(0,+\infty)$ 中的 y 并没有随着 x 的变化而变化,与之前初中所学的函数概念有冲突。其实这是初中的遗留问题,之前的函数概念无法很好地解释当时所学的常值函数。另外,新的函数概念在旧概念的基础上进一步抽象,引入抽象化符号"f",是函数概念历史发展进程的重要一步,有助于后续研究函数的性质。

（三）知识的内在结构

初中的函数概念是:在某个变化过程中有两个变量,设为 x 和 y,如果在变量 x 的允许取值范围内,变量 y 随着 x 的变化而变化,它们之间存在确定的依赖关系,那么变量 y 称为变量 x 的函数。此概念停留在定性层面,借助学习过的具体函数,将确定的依赖关系抽象为确定的对应关系 f,上升到定量层面,将函数由两个变量间的关系上升为两个非空数集间的关系,从而得到新的函数概念:设 D 是一个非空的实数集,如果按照某种确定的对应关系 f,使对集合 D 中的任意给定的 x,都有唯一的实数 y 与之对应,就称这个对应关系 f 为集合 D 上的一个函数,记作 $y=f(x),x\in D$。该函数概念依旧揭示了函数的内涵,且其抽象程度更高,真正刻画了函数概念的本质和特性,展现了数学内部的抽象结构,同时为后续剖析更为抽象的"集合关系说"下的函数概念奠定了基础。内在结构见图 1。

图 1   函数（第一课时）的内在结构

（四）思想方法

本节课的教学在数学抽象过程中要体现"归纳、总结共性、抽象与概括、符号化"等数学思想方法,通过问题情境让学生体会数学抽象的一般过程,培养数学抽象思维能力。函数概念的教学不仅要求学生理解函数的概念,还要参与函数概念的形成过程,积累从具体到抽象的活动经验,养成在日常生活和实践中一般性思考问题的习惯,把握事物的本质,运用数学抽象思考并解决问题。

(五)知识的学科价值

函数的概念从"变量依赖说"发展到"集合对应说",是数学不断发展进步的体现,也是数学概念简明精练和逐渐抽象化的表现。函数概念涉及从具体函数中归纳出 y 与 x 间的关系,抽象出确定的对应关系 f,并用高度概括的语言准确表达。因此,函数的概念承载着数学抽象和逻辑推理素养培育的任务。

二、认知方式

(一)认知阶段

函数的概念是极具有抽象性的概念,在概念形成时离不开数学抽象。史宁中教授把数学抽象分为简约阶段、符号阶段、普适阶段三个阶段。学生对函数概念的学习包括三个阶段。第一个阶段是简约阶段,学生能把握住一些具体函数的本质特征,将 x 和 y 之间的关系简单化、条理化地表达出来。第二个阶段是符号阶段,学生能去掉具体函数中的相关内容,利用符号 f 表述一般函数中 x 和 y 之间的对应关系。第三个阶段是普适阶段,学生能通过推理,建立两个非空数集之间的对应关系 f,在一般意义上描述函数的特征,得到函数的概念。

(二)认知起点

从学生的基础看,在知识层面,学生已经掌握了"变量依赖说"下的函数概念,也学习研究了大量的具体函数——可以作为抽象出函数概念的具体实例。在活动层面,学生经历了从形式定义的角度学习正比例函数、反比例函数、二次函数等具体函数的概念;也经历了对幂函数、指数函数和对数函数下定义,从揭示内涵的角度学习一些具体函数的概念。但是,在函数概念的学习过程中,会遇到"将确定的依赖关系抽象为确定的对应关系 f","将两个变量间的关系抽象为两个非空数集间的关系"的挑战。从学生的需求看,在知识层面,学生需要把握事物的本质,以简驭繁,用符号语言表达函数的概念。在活动层面,学生需要积累数学抽象的数学活动经验,这是抽象出函数概念的一个难点。

(三)认知障碍

学生对于函数概念的认知障碍有如下几个方面:首先,初高中函数概念联系隐蔽,学生时常会有"初中已经学过函数概念,为何高中还要学函数概念的困惑";其次,学生不容易理解函数概念中的对应关系 f。因此,在教学中,要让学生理解初中保留"变量依赖说"定义的合理性,体会完善概念的必要性,要让学生从研究事物运动变化关系转化为研究两个非空集合间的对应关系,从描述过程到描述对象,理解函数概念从"变量依赖说"到"集合对应说"的内在逻辑,辩证地看待初高中函数概念,理解对应关系 f 需要满足条件"使对集合 D 中的任意给定的 x,都有唯一的实数 y 与之对应",真正理解函数的抽象符号 $y=f(x)$,$x\in D$,明确函数的两个要素。

(四) 思维方式

函数概念的形成体现的是从具体到抽象的思维方式。这是高中数学学习中第一个抽象程度较高的数学概念,也是初中函数概念的继承与延续,是函数概念从定性走向定量的一步。因此,函数概念在建构的思维方式上,要保证概念前后的辩证性,引导学生从具体到抽象得到数学概念,从正、反两方面理解数学概念。

三、实践创新

(一) 跨学科角度

函数概念的学习展现了数学抽象的一般过程,让学生体会到事物发展是前进性与曲折性相统一的。此外,函数是研究其他初等函数的基石,是刻画世间万物之间联系的有力工具,在物理学、生物学、经济学等领域有着广泛的应用。

(二) 现实意义

函数源自于生活,在生活中随处可见的两个量之间都可能存在数量关系,如路程与速度、气温与时间等,函数概念是对这些数量关系的抽象。反过来,函数概念能够指导现实世界,反映现实世界。

(三) 德育价值

17 世纪,在人们对函数概念还没有充分的认识时,函数是被当作曲线研究的。1673 年,莱布尼茨使用"函数"一词来表示曲线相关的量。函数概念的发展经历了漫长的过程,与初中、高中函数概念紧密相关的是"变量依赖说"和"集合对应说"。

函数概念的一次次完善和革新中,展现了数学体系不断严密发展的过程,体现了数学家们的科学精神和理性精神,这些精神正是学生所要传承的。

【课时大概念层级金字塔】

通过上述单元统整教学的内容分析,提炼出本节课的课时基础概念:"变量依赖说",集合,对应,一次函数、二次函数、反比例函数、幂函数、指数函数和对数函数的定义、图像与性质、表示方法。根据基础概念之间的关联,确定本节课的关键概念:函数的概念、具体与抽象、特殊与一般。从关键概念看,本节课的教学目标在于引导学生由具体函数抽象出一般函数的概念,用集合语言从对应角度精确地刻画函数,建立函数的概念,理解函数概念的本质。为此,提炼出本节课的课时大概念:函数是刻画客观世界中变量关系和规律的最基本的数学概念。于是,得到本节课的课时大概念层级金字塔(见图 2)。

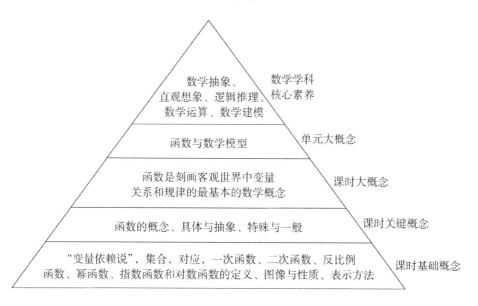

图 2　函数(第一课时)的课时大概念层级金字塔

【教学目标】

1. 经历从实例出发、由具体函数抽象出一般函数概念的过程,用集合语言,从对应角度精确地刻画函数,建立函数的概念。

2. 了解构成函数的两个要素,会求简单函数的定义域和值域。

3. 理解函数概念的本质,辩证看待初高中函数概念,发展数学抽象素养;知道有关函数概念的数学史,感受数学的理性精神和文化价值。

【教学重难点】

教学重点:建立函数的概念,理解函数概念的本质。

教学难点:函数概念的完善,理解函数概念的本质。

【教学过程】

一、复习引入

师:函数是刻画世间万物之间联系的有力工具,也是高中数学学习的重点内容。请同学们回顾一下之前学习过哪些具体函数?

生1:一次函数、二次函数、反比例函数、正比例函数、幂函数、指数函数、对数函数。

问题1:在初中数学中,如何定义函数?

生2:在某个变化过程中有两个变量,设为 x 和 y,如果在变量 x 的允许取值范围内,变量 y 随着 x 的变化而变化,它们之间存在确定的依赖关系,那么变量 y 称为变量 x 的函数,x 称为自变量。函数的自变量允许取值的范围,称为这个函数的定义域。对于 x 在定义域内取定的一个值 a,变量 y 的对应值称为当 $x=a$ 时的函数值。

师:在学习幂函数时,有同学向我提出,当 $a=0$ 时,幂函数表达式为 $y=x^0$,即 $y=1,x\in(-\infty,0)\bigcup(0,+\infty)$,也就是初中所学的常值函数。但是,$y$ 并没

有随着 x 的变化而变化,为什么它是函数?

设计意图:复习初中所学的函数概念,提出学生在幂函数学习中的困惑,营造认知冲突,展现完善函数定义的必要性。

二、概念形成

师:因此,今天我们要完善函数的概念,我们从学过的一些具体函数开始研究,进一步分析。

问题 2:分析函数 $y=2x$, $y=2^x$, $y=\log_3 x$, $y=x^0$ 中 y 与 x 有怎样的关系?

师:对于函数 $y=2x$, y 是如何随着 x 的变化而变化的?

生 3:$\mathbf{R}$ 中的任意给定的 x,都有唯一的实数 $y=2x$ 与之对应。

师:对于函数 $y=2^x$, y 是如何随着 x 的变化而变化的?

生 4:$\mathbf{R}$ 中的任意给定的 x,都有唯一的实数 $y=2^x$ 与之对应。

师:对于函数 $y=\log_3 x$, y 是如何随着 x 的变化而变化的?

生 5:$(0,+\infty)$ 中的任意给定的 x,都有唯一的实数 $y=\log_3 x$ 与之对应。

师:对于函数 $y=x^0$, y 与 x 有怎样的关系?

生 6:$(-\infty,0)\bigcup(0,+\infty)$ 中的任意给定的 x,都有唯一的实数 $y=1$ 与之对应。

师:请同学们归纳以上四个函数的共同特征。(学生活动)

生 7(小组汇报):(1)x 属于一个非空的实数集 D;(2)都有某种确定的对应关系 f;(3)集合 D 中任意给定的 x,都有唯一的实数 y 与之对应。

设计意图:从初中函数概念出发,分析四个具体实例中 y 随着 x 的变化而变化的规律,生成 y 与 x 的对应关系,归纳共性,抽象出函数的特征。

问题 3:请同学们从对应角度,结合集合语言叙述函数的概念。

生 8:设 D 是一个非空的实数集,如果按照某种确定的对应关系 f,使对集合 D 中的任意给定的 x,都有唯一的实数 y 与之对应,就称这个对应关系 f 为集合 D 上的一个函数,记作 $y=f(x)$,$x\in D$。

师:其中,x 称为自变量,其取值范围(数集 D)称为该函数的定义域。此时,

就称 y 是 x 的函数。当自变量 x 取值 x_0 时,由对应关系 f 所确定的对应于 x_0 的值 y_0,称为函数在 x_0 处的函数值,记作 $y_0 = f(x_0)$。所有函数值组成的集合 $\{y \mid y = f(x), x \in D\}$ 称为这个函数的值域。

师:同学们所完善的定义是"集合论"创立后,人们在狄利克雷的定义基础上改进的。初中所学习的函数概念对应于 1755 年欧拉在《微分学原理》中给出的函数定义。今天同学们能够完善定义,非常了不起。而中文的"函数"一词是 1859 年中国清代数学家李善兰由"function"创译的,他给出的理由是"凡此变数中函彼变数者,则此为彼之函数",即"函"为包含之意。

设计意图:在共同特征的基础上,引导学生从对应角度完善函数的概念,并应用函数概念解决引入时的困惑。同时借助数学史,体会概念生成的不易。

三、概念理解

师:我们通过以下四个问题,进一步体会函数概念。

(学生活动:辨析函数概念)

1. 当 x 为有理数时,y 对应的值是 1;当 x 为无理数时,y 对应的值是 0。那么 y 是 x 的函数吗?

2. 表 1 列出了国家统计局网站上发布的 2000 年至 2016 年的国内生产总值 (GDP)。那么国内生产总值是年份的函数吗?

表 1   2000 年至 2016 年中国 GDP 变化表

年份	GDP/亿元	年份	GDP/亿元
2000	100 280	2009	348 518
2001	110 863	2010	412 119
2002	121 717	2011	487 940
2003	137 422	2012	538 580
2004	161 840	2013	592 963
2005	187 319	2014	641 281
2006	219 439	2015	685 993
2007	270 092	2016	740 061

（续表）

年份	GDP/亿元	年份	GDP/亿元
2008	319 245		

（注：未包括中国香港、澳门特别行政区和台湾省的地区生产总值数据。）

3. 上海市某年 8 月上半月每天的最高气温 $T(^\circ C)$ 随日期 t 变化的情况,如图 3 所示,那么最高气温 T 是日期 t 的函数吗?

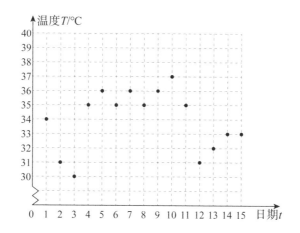

图 3　上海市某年 8 月上半月每天的最高气温 T 随日期 t 变化的情况

4. 当 y 与 x 满足关系：$x^2 + y^2 = 1$ 时,y 是 x 的函数吗?

生 9：第 1 个是函数,因为 $\mathbf{R}$ 是一个非空的实数集,按照某种确定的对应关系 f,集合 $\mathbf{R}$ 中的任意给定的 x,都有唯一的实数 y 与之对应。

师：那究竟是怎么样的对应关系?

生 9：当 x 为有理数时,y 对应的值是 1;当 x 为无理数时,y 对应的值是 0。

生 10：第 2 个是函数,因为 $\{2\,000, 2\,001, \cdots, 2\,016\}$ 是一个非空的实数集,按照表 1 给出的对应关系 f,集合 $\{2\,000, 2\,001, \cdots, 2\,016\}$ 中的任意给定的 x,都有唯一的实数与之对应。

生 11：第 3 个是函数,因为 $\{t \mid 1 \leqslant t \leqslant 15, t \in \mathbf{Z}\}$ 是一个非空的实数集,按照图像给出的对应关系 f,集合 $\{t \mid 1 \leqslant t \leqslant 15, t \in \mathbf{Z}\}$ 中的任意给定的 t,都有唯一的实数 T 与之对应。

生 12：第 4 个不是函数，因为当 $x=0$ 时，存在 $y=1$ 和 $y=-1$ 与之对应，实数 y 不唯一。

师：通过以上四个辨析题，同学们对对应关系有新的认识吗？

生 13：除了表达式以外，还能用文字语言、表格、图形语言表示对应关系。

问题 4：能否谈谈高中函数概念与初中函数概念的区别？

生 14：高中函数概念用集合语言，从对应的角度刻画函数概念，抽象程度更高，使概念更加准确。

$$任意给定\ x\in D\ \xrightarrow{\quad f\quad}\ 唯一的\ y\in A$$

$$\text{定义域}\qquad\text{对应关系}\qquad\text{值域}$$

师：请同学们根据新的函数概念，解释 $y=x^0$ 为什么是函数。

生 15：因为 $(-\infty,0)\bigcup(0,+\infty)$ 是一个非空的实数集，按照确定的对应关系 f，集合 $(-\infty,0)\bigcup(0,+\infty)$ 中的任意给定的 x，都有唯一的实数 $y=1$ 与之对应。

设计意图：四个辨析题中前三个让学生体会对应关系可以用文字语言、表格、图形语言表示，第四个让学生从反例角度理解对应关系，体会方程与函数之间的差异，从而感受到高中函数概念比初中函数概念更加准确，解决最初提出的问题。

问题 5：根据函数的概念，如何确定一个函数？

生 16：根据函数的概念，在定义域和对应关系确定的时候，这个函数就完全被确定了，从而值域也随之被确定。因此，定义域和对应关系称为函数的两个要素。

师：下列函数中哪些是相同的函数？（学生活动）

（1）$y=x$；（2）$y=(\sqrt{x})^2$；（3）$y=\dfrac{x^2}{x}$；（4）$y=\sqrt[4]{x^4}$；（5）$y=\ln e^x$。

生 17（小组汇报）：（1）和（5）是相同的函数，因为他们的定义域相同，对应关系一致。

问题 6：如何判断两个函数是否相同？

生 18:如果两个函数的定义域和对应关系都完全一致,就称这两个函数是相同的。

师:如何理解对应关系一致?

生 19:任意一个自变量所对应的函数值相等。

师:请再举出几组对应关系一致,但表述形式不同的两个相同函数。

生 20:$y=x$ 与 $y=\sqrt[3]{x^3}$,$y=\sqrt[4]{x^4}$ 与 $y=|x|$。

师:那么 $y=x,x\in\{-1,0,1\}$,$y=x^3,x\in\{-1,0,1\}$ 这两个函数相同吗?

生 21:相同,因为定义域与对应关系一致。

设计意图:通过问题 5,引出函数的两个要素,突出函数概念的本质。在学生活动中,总结出判断两个函数相同的方法,进一步体会对应关系一致的内涵。

四、例题讲解,巩固新知

例 1　求下列函数的定义域:(1) $y=\log_2(x+1)$;(2) $y=\dfrac{\sqrt{x+3}}{x-1}$。

生 22:对于 $y=\log_2(x+1)$,由于真数大于零,所以定义域为 $(-1,+\infty)$。

生 23:对于 $y=\dfrac{\sqrt{x+3}}{x-1}$,由于分式的分母不为零,且被开方数不小于零,所以定义域为 $[-3,1)\cup(1,+\infty)$。

师:给出函数的表达式,求函数的定义域,常常需要考虑哪些问题?

生 24:分式的分母不为零;根指数是偶数时,根式的被开方数不小于零;0 次幂的底数不为零;指数形式和对数形式的底数限制、对数的真数限制;在实际问题中,有关函数的定义域应该受到问题实际意义的制约。

例 2　求函数 $y=\dfrac{1}{2^x+1}$ 的值域。

生 25:函数的定义域为 **R**,当 x 取遍所有实数时,2^x 的取值范围为 $(0,+\infty)$,因而 2^x+1 的取值范围为 $(1,+\infty)$,因此函数 $y=\dfrac{1}{2^x+1}$ 的值域为 $(0,1)$。

设计意图:通过例题的讲解,总结求简单函数定义域和值域的方法。

五、课堂小结

师:本节课研究了什么内容? 我们是怎样进行研究的? 你认为函数概念的本质是什么?

生22:本节课研究了函数的概念,从具体到抽象得到函数的概念,再从抽象到具体,理解函数的概念,函数的本质是对应。

设计意图:回顾本节课的内容,体会从具体到抽象的研究方法,抓牢函数概念的本质。

六、课后作业,拓展探究

1. 必做题:教材第 121 页相关习题。

2. 选做题:查找历史上数学家对函数概念的研究,并写成小论文。

设计意图:尊重学生差异,帮助学生巩固知识,提升综合能力,感悟数学的科学价值、应用价值和文化价值。

【自我评述】

本节课是关于"函数的概念"的一节概念课,在体现概念课教学的一般过程中,重点突出函数概念的完善和理解,发展数学抽象核心素养,开展单元统整背景下的教学实践。

一是关注知识联系,突出概念本质。本课时教学从函数概念的"变量依赖说"演变为"集合对应说",抓住函数概念的本质,以简驭繁围绕"对应"展开。基于初中函数的"变量依赖说",重提学生在幂函数学习中的困惑,营造认知冲突,展现完善函数定义的必要性和概念发展的必然性,体现初高中函数概念的关联。在"对应"的形成中,采取从特殊到一般的思想方法,通过分析四个具体的函数中一些特殊的自变量 x 的取值与函数值 y 的关系,得到一般的 y 随 x 变化的变化规律,提炼出 y 与 x 的对应关系。在此基础上,采取从具体到抽象的思想方法,归纳四个具体函数的共性,抽象出函数的本质特征,利用符号 f 表述一般函数

中 x 和 y 间的对应关系,最后建立两个非空数集间的对应关系 f,在一般意义上刻画函数的特征,得到函数的"集合对应说"概念。在"对应"的理解中,利用四个辨析题让学生体会函数中的对应可以用文字语言、表格、图形语言表示,感受高中函数概念比之初中函数概念更加准确。在函数概念的发展中,不止步于此,对函数中的数学关系进一步抽象后,还能得到函数的"集合关系说"。

　　二是聚焦数学抽象,学习数学概念。概念的形成离不开数学抽象核心素养,函数的概念作为高中阶段学生接触并研究的第一个抽象程度较高的概念,能够指导研究其他具体函数,为学生学习数学概念提供一般思路。首先,在熟悉的具体函数中观察分析特殊的 x 和 y 之间的关系,形成定义域中的任意 x 和 y 之间的关系;随后,去掉具体函数中的具体内容,利用符号 f 表述一般函数中任意 x (x 在定义域中)和 y 间的对应关系;最后通过推理,建立两个非空数集间的对应关系 f,在一般意义上描述函数的特征,得到函数的"集合对应说"。在这个过程中,反复体现了从具体到抽象和从特殊到一般的数学思维方式,这也是概念学习的必经之路。

【参考文献】

[1] 史宁中.数学基本思想 18 讲[M].北京:北京师范大学出版社,2016:14.

[2] 陈中.函数概念的历史演变[J].数学通报,1992(10):31 - 33.

[3] 钟志华,黄桂君.从联系观点看高中函数概念教学难点及成因[J].数学通报,2022(6):25 - 29+48.

(案例提供者:上海市松江二中　金晓晖老师)

案例 5　函数的奇偶性

【教学对象】

本节课的教学对象是上海市实验性示范性高中一年级创新实验班的学生。

【单元统整教学的内容分析】

函数的奇偶性是上海教育出版社出版的《普通高中教科书　数学》必修课程第 5 章第 2 节的内容,隶属于函数主题。函数的奇偶性是高中学习的第一个函数性质,对研究函数的其他基本性质具有很好的借鉴作用,也是今后研究各种基本初等函数的基础。

一、知识建构

(一) 知识学习的先决条件

生活中存在着很多对称性现象。初中阶段,学生已获得"轴对称图形"和"中心对称图形"的概念,对于对称性有了一定的整体认识。高中阶段,学生需要在平面直角坐标系中理解点的对称关系,如点 (x_0, y_0) 分别与 $(-x_0, y_0)$、$(x_0, -y_0)$、$(-x_0, -y_0)$ 关于 y 轴对称、x 轴对称和原点中心对称等。在此基础上,学生还需要理解一些特殊幂函数图像对称性的证明;理解幂函数、指数函数、对数函数等基本函数的图像特征与其函数性质是相统一的;理解一般函数的概念,特别是理解定义域和对应关系两个要素。

(二) 知识的发生背景

函数奇偶性的学习,一是源于对生活中对称图形的代数描述,将某些特殊对称图形抽象为函数图像,利用代数语言刻画其对称性;二是源于知识学习的内部需求,数学学习中,存在着大量图像具有对称性的函数,而函数奇偶性是一种特殊的对称,从数和形的直观感受出发,研究自变量变化时对应函数值变化的代数特征,通过定量分析解释定性结果,可以进一步理解数形结合思想。此外,在函数概念学习后,自然需要研究性质,这是概念学习的一般模式,也是对概念理解的深化。

(三) 知识的内在结构

"函数 $y = f(x)(x \in D)$ 的图像关于 y 轴对称"与"任取 $x \in D$,都有 $-x \in D$,并且 $f(-x) = f(x)$"是函数的同一特性的两种不同的表述方式。同样地,"函数 $y = f(x)(x \in D)$ 的图像是关于原点中心对称的"与"任取 $x \in D$,都有 $-x \in D$,并且 $f(-x) = -f(x)$"也是函数的同一特性的两种不同的表述方式。这两组表述中,前者是一种图像的直观描述,而后者是用符号语言对同一特性的代数描述。由于符号语言的描述更容易用数学方法验证,体现了其抽象性、概括性和准确性等,从而用符号语言来给出奇函数和偶函数的定义。同时,由奇函数和偶函数的定义所蕴含的充要条件,可以进一步获得不是奇函数和不是偶函数的概念,进而从函数的奇偶性的角度,形成函数的一种分类。函数的奇偶性的学习是在学生对具体幂函数研究基础上的深化,通过图像特征与代数刻画之间的等价转化,并将幂函数研究中得到的方法迁移到抽象函数中,形成有关函数奇偶性的概念,进而一般地研究函数图像的对称性,并用这一性质研究更多的具体函数(见图1)。事实上,对于"曲线的对称性"的研究,一般先由"曲线的定义"建立"曲线的方程",再由其方程的特征研究曲线的对称性,这一研究过程同样体现了"数形结合"的基本思想,反映了代数方法研究几何关系的普适性。

图 1　函数的奇偶性的内在结构

（四）思想方法

本节课在数学抽象过程中要体现观察与试验、抽象与概括、分类讨论、比较、类比、归纳、一般化、特殊化、数形结合等数学思想与方法。通过设置问题情境让学生观察、归纳、类比，积累思维活动经验，培养数学抽象思维能力。此外，函数奇偶性的教学还要求学生参与这一概念的形成过程，明确如何研究这样的性质，领悟在数学抽象过程中形成的数学方法与思想，从而学会研究性质的一般方法，类比到其他性质的学习中。为此，函数奇偶性的教学要立足于培养学生数学抽象的思维能力，渗透相应的数学思想与方法，促进学生深度学习。

（五）知识的学科价值

函数奇偶性的概念可以通过函数的图形语言、自然语言、符号语言逐步抽象得到，图像特征和符号语言两者之间等价关系的探究需要形与数的转化和符号语言的推理表达，是逻辑推理能力与理性精神的体现。此外，函数的奇偶性的教学承载着数学抽象、直观想象和逻辑推理等核心素养的培育。从审美角度来看，对称性体现了美学价值，对于函数奇偶性的研究也有助于培养学生的审美意识。

二、认知方式

（一）认知阶段

函数的奇偶性直观反映的是函数图像的对称性。学生对对称的学习包括三个阶段。第一个阶段是几何直观阶段，学生能借助实验几何获得"轴对称图形、中心对称图形"和"两个图形成轴对称或中心对称"的概念。第二个阶段是抽象思维阶段，学生能通过对图像或图像间具有对称性的一个或两个函数所具有的数量关系的研究，获得"奇函数、偶函数"的概念和"两个函数图像相互对称"的概念。第三个阶段是综合思维阶段，学生能从数和形的角度，开展"方程曲线的对称和方程曲线间的相互对称"的研究，充分体现几何直观与代数运算之间的融合。

（二）认知起点

从学生的基础看，在知识层面，学生已储备了大量具体函数性质研究的实例,在活动层面,学生已经历了"$y=x^3$ 的图像关于原点对称"和"$y=x^{-\frac{2}{3}}$ 的图像关于 y 轴对称"的代数论证,还经历了从具体函数抽象出函数概念的过程,已经积累了部分研究函数性质的方法。高中一年级的学生处于形式运算的认知阶段,具有一定的抽象与推演能力,但仍处于初步阶段,还需要进一步提升能力。

(三) 认知障碍

高中一年级的学生思维水平还不成熟,数学抽象能力较弱,缺乏从具体图像进行代数表达的抽象能力。首先,学生对于"函数的奇偶性"概念中的"任意"和"都有"的理解有障碍。"任意"是将特殊化的问题抽象为一般化问题的积淀,这种积淀的过程也是学生数学抽象素养的发展过程。其次,学生对于"判断一个函数的奇偶性"的表达有障碍。学生的错误表现基本上有以下几种情况:(1)不关注定义域;(2)在判断函数是奇(偶)函数时,只取定义域中的特殊值,说明自变量为相反数时,其对应的函数值为相反数(相等)关系;(3)在判断函数不是奇(偶)函数时,只是在形式上做了 $f(-x)\neq -f(x)/f(-x)\neq f(x)$ 的判断。究其原因,是学生对"函数的奇偶性"概念的本质理解不够深刻,导致表达的逻辑混乱。为此,教学中需要结合函数奇偶性的判断加以具体步骤的提炼,帮助学生进一步深化理解函数奇偶性概念的内涵。最后,学生对于数与形关系的处理有障碍。函数奇偶性的图像特征非常明显,但函数的奇偶性是函数的性质,需要在数量关系上体现。为此,教师在教学中要突出"如何正确表述和理清数量关系"这一函数的奇偶性学习的关键点,让学生真正体会"数缺形时少直观,形缺数时难入微",并体会用数量关系刻画图像特点的精准性。

(四) 思维方式

"幂函数、指数函数和对数函数"的图像与性质的学习,都采取从特殊到一般、从具体到抽象的方法,先描点粗略作出几个具体函数的图像,再概括和抽象其图像特征并完成性质论证。对于幂函数 $y=x^3$、$y=x^{-\frac{2}{3}}$ 图像的对称性,指数函数 $y=2^x$ 和 $y=\left(\dfrac{1}{2}\right)^x$ 的图像之间的相互对称性,互为反函数的 $y=a^x(a>0,$ $a\neq 1)$ 和 $y=\log_a x(a>0,a\neq 1)$ 的图像之间的相互对称性,教材都给予了严格证明。由此可见,对于"运用图像与代数运算"是研究函数性质的这一基本方法,学生已经有了一定的经验。因此,在建构的思维方式上,对于函数的奇偶性应保持函数单元前后的一致性,以与学生思维发展水平相适应的方式,构建"前后一致、逻辑连贯的学习过程",促使学生在认知观念和知识体系上具有逻辑一致性。通过从特殊到一般、从具体到抽象,引导学生体会用数量关系来刻画图像特征的基本思路,帮助学生领悟数学思考方法的真谛。此外,奇函数的学习可类比偶函数的研究过程,对于具有相近性质的对象,类比学习是常用方法。

三、实践创新

(一)跨学科角度

关于对称,可能会想到数学上的中心对称、轴对称或旋转对称等。其实对称远远没有这么简单。科学家们试图在数学和物理领域上,去追寻一种完美的"对称性美学"。很多学者相信:我们的宇宙呈现美丽的对称性,而我们用来描述宇宙的方程必须揭示这种对称之美。只有这样,我们才能接近真理。通过"对称美"的观察和发现,可以更好地用数学的眼光认识世界。

(二)现实意义

通过函数奇偶性的学习,学生能体会研究函数性质的基本方法,更能体会数学源于生活又服务于生活的理念。函数奇偶性的学习让学生体会到具体与抽象、特殊与一般的辩证关系是认识事物的一般方法,促使学生掌握认识世界的方法论。借助函数奇偶性的学习,可以培养学生用局部研究整体的能力。

(三)德育价值

关于奇函数和偶函数名称的由来,1727年,瑞士数学家欧拉在一篇论文中命名了"奇函数"和"偶函数",其依据是幂函数指数的奇偶性,尽管欧拉后来有所扩充,但奇函数和偶函数的概念仍未涉及三角函数等。事实上,奇函数和偶函数的名称与内涵已经发生了分离。所以,在概念理解阶段,可以适当介绍奇函数和偶函数名称的由来,让学生了解其初期研究范围的局限性,感受科学进步具有循序渐进的特点。

【课时大概念层级金字塔】

　　通过上述单元统整教学的内容分析,提炼出本节课的课时基础概念:轴对称图形、中心对称图形、平面直角坐标系中关于 y 轴对称和原点对称的点之间的坐标关系、幂函数、函数的定义域和对应关系。根据基础概念之间的关联,确定本节课的课时关键概念:奇函数、偶函数、类比、分类讨论、数形结合、具体与抽象、特殊与一般。从关键概念看,本节课的教学目标在于引导学生用代数语言刻画函数图像对称的几何特征,形成偶函数与奇函数的概念,为以后用函数模型解决实际问题做铺垫。为此,提炼出本节课的课时大概念:函数的奇偶性是函数图像对称性的代数刻画。于是,得到本节课的课时大概念层级金字塔(见图 2)。

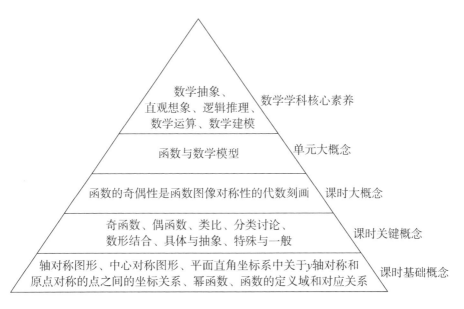

图 2　函数的奇偶性的课时大概念层级金字塔

【教学目标】

　　1.掌握偶函数与奇函数的概念与图像特征,能借助概念解决简单问题。

　　2.经历观察、分析、归纳、类比、概括等思维活动,了解概念形成的思维线索,领悟从具体到抽象、从特殊到一般、数形结合、先猜后证等思想方法,发展数学抽象、直观想象和逻辑推理的素养。

3. 通过用代数语言表达函数图像对称的几何特征,感悟数学对象的不同表征及其转换是数学整体性把握的关键,体会数学对称美并认识数学的应用价值和文化价值。

【教学重难点】

教学重点:函数奇偶性概念的形成与理解、奇函数与偶函数的图像特征、函数奇偶性的判断和证明。

教学难点:函数奇偶性概念的抽象表达与理解,函数奇偶性的图像特征与代数表达的等价证明。

【教学过程】

一、创设情境,引入新知

师:同学们,初中时,大家学过"轴对称图形"和"中心对称图形"的概念。

问题1:请观察下面四张图片,看它们具有什么特点?

  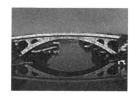

图3 蝴蝶　　　图4 太极图　　　图5 剪纸　　　图6 拱桥

生1:都是对称图形,其中图3蝴蝶和图6拱桥可以视为轴对称图形,图4太极图和图5剪纸可以视为中心对称图形。

师:生活中,我们经常遇到对称的图形。观察图6,如果将拱桥侧面的桥拱抽象成一条曲线,以曲线的最高点为原点,过原点作一水平直线为 x 轴(水平向右为正方向),再过原点作一竖直直线为 y 轴(竖直向上为正方向),那么这条由拱桥桥拱抽象出的曲线就成为一个函数的图像,并且该图像是关于 y 轴对称的,见图 7。

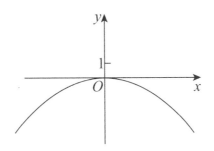

图 7　拱桥桥拱抽象出的函数图像

师:事实上,这种"对称美"在函数的图像中有着大量的体现,函数图像的对称性也是我们研究函数的一个重要基本性质。

问题 2:画出下列函数的草图,并观察这些函数的图像,根据它们的特点,请给它们分类:①$y=x$;　②$y=x^0$;　③$y=x^{-1}$;　④$y=x^2$;　⑤$y=x^3$;　⑥$y=x^{-\frac{2}{3}}$。

生 2:(老师投影生 2 画的图像)分为两类:①③⑤的图像都是关于原点中心对称的,②④⑥的图像都是关于 y 轴对称的。

师:对于这些幂函数的图像,同学们掌握得很不错啊。那么,你们是否发现这两类图像的对称性和幂函数的指数有关系?

生 3:图像关于原点中心对称的幂函数的指数都是奇数;图像关于 y 轴对称的幂函数②④的指数都是偶数,⑥的图像关于 y 轴对称,但其指数是有理数,并且分子是偶数,分母是奇数。

师:1727 年,瑞士数学家欧拉在一篇论文中命名了"奇函数"和"偶函数",其依据就是幂函数指数的奇偶性,显然这个命名有其局限性,比如⑥。当然,欧拉后来对此有所扩充,但奇函数与偶函数的名称与内涵实际上已经发生了分离。今天,我们仍然将图像关于原点中心对称的这类函数统称为"奇函数",将图像关于 y 轴对称的这类函数统称为"偶函数"。如果一个函数是"奇函数"或"偶函数",我们称这个函数具有奇偶性(板书课题名称)。

设计意图:问题 1 的设计是从生活中的"对称美"出发,让学生获得对图像对称性的感性认识,体会如何从现实空间图形抽象出平面图形,进而抽象出函数图像,增强用数学的眼光看问题的意识。问题 2 的设计是为了实现数学抽象过程中的"辨别"和"分化"的步骤。从学生认识的六个具体幂函数图像的辨别入手,依据多个函数图像的特征,学生能较为容易地分化出两类特性。借助这些特殊幂函数的指数特征,直接给出奇函数和偶函数的名称,虽然不严格,但符合学生认识事物的规律。介绍"奇函数"或"偶函数"名称的由来,能让学生感受到科学的进步是循序渐进的。

二、生成概念,理解辨析

师:函数奇偶性的图像特征非常明显,但函数的奇偶性是函数的性质,需要用代数语言表达。

问题 3:在幂函数的学习过程中,我们曾对"函数 $y=x^{-\frac{2}{3}}$ 的图像(见图 8)关于 y 轴对称"进行过证明。下面请大家从函数的两要素,即定义域和对应关系的角度来表达"函数 $y=x^{-\frac{2}{3}}$ 的图像关于 y 轴对称"这一几何特征?

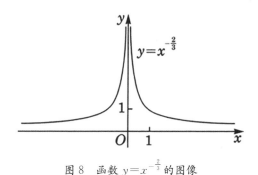

图 8　函数 $y=x^{-\frac{2}{3}}$ 的图像

生 4:"$y=x^{-\frac{2}{3}}$ 的图像关于 y 轴对称",也就是说"$y=x^{-\frac{2}{3}}$ 的图像上任意一点 $P(x_0,y_0)$ 关于 y 轴对称的点 $Q(-x_0,y_0)$ 也在 $y=x^{-\frac{2}{3}}$ 的图像上"。那么,首先要指出函数 $y=x^{-\frac{2}{3}}$ 的定义域 D 满足任取 $x_0\in D$,都有 $-x_0\in D$。因为 $D=(-\infty,0)\bigcup(0,+\infty)$,所以这一点显然成立。其次要表达图像上任意横坐标互为相反数的点的纵坐标都相等,也就是定义域 D 中的自变量 x_0 与 $-x_0$ 对

应的函数值都相等。因为 $(-x_0)^{-\frac{2}{3}} = \dfrac{1}{\sqrt[3]{(-x_0)^2}} = \dfrac{1}{\sqrt[3]{x_0^2}} = x_0^{-\frac{2}{3}}$，所以这一点也

成立。综合这两个方面可得，对于任意给定的实数 $x \in (-\infty, 0) \bigcup (0, +\infty)$，都

有 $-x \in (-\infty, 0) \bigcup (0, +\infty)$，并且 $(-x)^{-\frac{2}{3}} = x^{-\frac{2}{3}}$。

师：总结一下生 4 的表述，"函数图像关于 y 轴对称"这一几何特征反映在函

数本身的两要素应具有如下特点：(1)定义域 D 满足任取 $x \in D$，都有 $-x \in D$；

(2)自变量 x 与 $-x$ 对应的函数值都相等。

设计意图：问题 3 的设计是为了实现数学抽象过程中的"类化"和"抽象"的

步骤。通过代数运算论证，揭示这个具体函数蕴含的定义域特征和数量关系式，

从而抽象出这个具体函数的代数特征和图像对称性的关系，深化学生对具体函

数的图像特征与其代数特征相统一的认识。

问题 4：探究"函数 $y = f(x)$，$x \in D$ 的图像关于 y 轴对称"的等价表达

形式。

生 5：我觉得"函数 $y = f(x)(x \in D)$ 的图像关于 y 轴对称"的等价表达形式

是"任意给定的实数 $x \in D$，都有 $-x \in D$，并且 $f(-x) = f(x)$"。不过，这是我

的猜想。

师：大家同意吗？请说一说理由。

生 6：我觉得生 5 的猜想是正确的。图像关于 y 轴对称的函数 $y = f(x)$ 的

定义域 D 必须满足"任意给定的实数 $x \in D$，都有 $-x \in D$"。在此前提下，"函数

$y = f(x)(x \in D)$ 的图像关于 y 轴对称"就等价转化为"函数 $y = f(x)(x \in D)$ 的图像上横坐标互为相反数的点其对应的纵坐标都相等"，于是等价转化为

"定义域 D 中互为相反数的自变量所对应的函数值都相等"，进而等价转化为

"任取 $x \in D$，都有 $-x \in D$ 且 $f(-x) = f(x)$"。由等价的传递性得"函数

$y = f(x)$，$x \in D$ 的图像关于 y 轴对称"与"任意给定的实数 $x \in D$，都有

$-x \in D$，并且 $f(-x) = f(x)$"等价。

师：生 6 先强调图像关于 y 轴对称的函数的定义域特征，这个大前提尤其重

要。然后，从"图像关于 y 轴对称的特征"过渡到"图像上横坐标互为相反数的

点其对应的纵坐标都相等",再转化为"互为相反数的自变量所对应的函数值都相等",最后过渡到符号语言的表达。生 6 能充分借助多种数学语言的转化,让我们比较容易地理解"函数 $y=f(x),x\in D$ 的图像关于 y 轴对称"与"任意给定的实数 $x\in D$,都有$-x\in D$,并且 $f(-x)=f(x)$"等价。关于这两者等价关系的证明,让我们一起阅读教材。

设计意图:问题 4 的设计是为了实现数学抽象过程中的"概括"和"形式"的步骤。将幂函数研究中得到的方法迁移到抽象函数中,猜想"函数图像关于 y 轴对称"的等价表达形式,通过论证其符号语言和图像特征之间的等价性,进而形成图像关于 y 轴对称的一般函数的代数符号表达。

问题 5:关于偶函数的定义,我们应从揭示函数图像关于 y 轴对称所满足的符号语言来描述,这样才更加简明、清晰、准确。请你给出偶函数的定义。

生 7:对于函数 $y=f(x)$,如果对于定义域 D 中任意给定的实数 $x\in D$,都有$-x\in D$ 且 $f(-x)=f(x)$,那么就称函数 $y=f(x)$ 为偶函数。

师:刚才我们用符号语言刻画了图像关于 y 轴对称的一类函数,形成了偶函数的定义。对于偶函数定义的理解注意两个方面:首先,定义域 D 满足任意给定的实数 $x\in D$,都有 $-x\in D$;其次,对于任意实数 $x\in D$ 等式 $f(-x)=f(x)$ 恒成立。

追问:除了 $y=x^0,y=x^2,y=x^{-\frac{2}{3}}$ 等幂函数是偶函数外,你们还能举出偶函数的例子吗?

生 8、9、10:$y=x^2+x^{-\frac{2}{3}}$,$y=x^4-x^2+3$,$y=\dfrac{1}{1+x^2}$等。

师:请大家判断以上三个函数是否为偶函数?

生 11:令 $f(x)=x^2+x^{-\frac{2}{3}}$,则 $y=f(x)$ 的定义域 $D=(-\infty,0)\bigcup(0,+\infty)$。任取 $x\in D$,都有$-x\in D$ 且 $f(-x)=(-x)^2+(-x)^{-\frac{2}{3}}=x^2+x^{-\frac{2}{3}}=f(x)$,所以 $y=x^2+x^{-\frac{2}{3}}$ 是偶函数。

生 12:函数 $y=x^4,y=x^2,y=3,y=1$ 显然都是定义域为 **R** 的偶函数,所以由这些函数运算形成的函数 $y=x^4-x^2+3$ 和 $y=\dfrac{1}{1+x^2}$ 也是偶函数。

师：生 11 通过定义完成了一个函数是偶函数的证明，即要证明其符合定义的两个方面。生 12 揭示了构造偶函数的秘诀，但其证明还需要使用定义。

追问：能否列举不是偶函数的函数？

生 13：函数 $y=\lg x$ 和 $y=2^x$ 都不是偶函数。

师：你怎么想到的？

生 13：它们的图像都不关于 y 轴对称。

师：非常棒！偶函数的图像特征是关于 y 轴对称，这也是函数是偶函数的充要条件。所以图像不关于 y 轴对称的函数当然不是偶函数。但是，不是偶函数的证明还是要从数的角度表达，请大家说明理由。

生 14：函数 $y=\lg x$ 的定义域 $D=(0,+\infty)$，因为 $1\in D$，但 $-1\notin D$，所以 $y=\lg x$ 不是偶函数。

生 15：$y=2^x$ 的定义域为 **R**，但 $2^{-1}\neq 2^1$，所以 $y=2^x$ 不是偶函数。

师：因为判断一个函数是偶函数的充要条件就是指同时满足定义的两个方面，所以，判断一个函数不是偶函数就是指这两个方面中至少有一方面不成立，即如果函数定义域 D 中存在 $a\in D$，但 $-a\notin D$，那么此函数不是偶函数；如果定义域 D 满足：任取 $x\in D$，都有 $-x\in D$，但存在 $a\in D$，使得 $f(-a)\neq f(a)$，那么此函数不是偶函数。

设计意图：偶函数的定义形成及一系列的追问是为了实现数学抽象过程中的"系统"的步骤，形成理论。通过以上简约阶段、符号阶段的逐级抽象，最终得到偶函数的一般定义。通过举例，层层辨析，帮助学生认识偶函数的内涵和外延，深化对偶函数概念的理解，形成较完整的系统，进而由几何直观阶段过渡到抽象思维阶段。

三、类比迁移，自主探究

师：前面说过，$y=x$，$y=x^{-1}$ 和 $y=x^3$ 的图像都是关于原点中心对称的，我们统称它们是奇函数。

问题 8：类似于偶函数的研究，你们会提出怎样的问题？

生 16:探究"函数 $y=f(x),x\in D$ 的图像关于原点中心对称"的充要条件。

生 17:如何用数学符号语言定义奇函数?

师:类比学习是数学发现和数学学习的一个重要途径,下面一起来回答生 16 和生 17 的问题。

生 18:"函数 $y=f(x),x\in D$ 的图像关于原点中心对称"的充要条件是"对于定义域 D 中任意给定的实数 $x\in D$,都有$-x\in D$ 且 $f(-x)=-f(x)$"。

追问:会证明吗?

生 19:必要性证明如下:在函数 $y=f(x),x\in D$ 的图像上任取一点 $P(x,y)$,就有 $x\in D$,并且 $y=f(x)$。点 $P(x,y)$ 关于原点对称的点 $P'(-x,-y)$ 也在 $y=f(x),x\in D$ 的图像上,即成立$-x\in D$,并且 $-y=f(-x)$。所以,对于定义域 D 中任意给定的实数 $x\in D$,都有$-x\in D$,并且 $f(-x)=-f(x)$。

生 20:充分性证明如下:如果对于定义域 D 中任意给定的实数 $x\in D$,都有$-x\in D$,并且 $f(-x)=-f(x)$。那么,在函数 $y=f(x),x\in D$ 的图像上任取一点 $Q(x_0,y_0)$,这里 $x_0\in D$,它关于原点对称的点 $Q'(-x_0,-y_0)$,由于满足$-x_0\in D$,且 $f(-x_0)=-f(x_0)$,又 $y_0=f(x_0)$,故 $f(-x_0)=-y_0$,即点 $Q'(-x_0,-y_0)$ 也必在此函数图像上,所以函数 $y=f(x),x\in D$ 的图像关于原点中心对称。

师:生 19 和生 20 两位同学合力证明了生 18 的结论。那么,下面谁来给奇函数下一个定义呢?

生 21:对于函数 $y=f(x)$,如果对于定义域 D 中任意给定的实数 $x\in D$,都有$-x\in D$ 且 $f(-x)=-f(x)$,就称函数 $y=f(x)$ 为奇函数。

师:类似地,对于奇函数定义的理解也是两个方面:其中定义域 D 还是满足任意给定的实数 $x\in D$,都有$-x\in D$;不同的是:成立恒等式 $f(-x)=-f(x)$。

设计意图:根据偶函数和奇函数之间的相似性,结合偶函数定义的形成过程,引导学生提出问题,给出合理猜想,自主完成证明过程,并类似地定义奇函数。这是数学发现和数学学习的一个重要方法,在探索过程中不断把学生的思维引向远方。

四、例题讲解,巩固新知

例 1　判断下列函数的奇偶性:(1) $y = x^3 - \dfrac{1}{x}$; (2) $y = (x-1)^2$。

生 22:令 $f(x) = x^3 - \dfrac{1}{x}$,则 $y = f(x)$ 的定义域为 $D = (-\infty, 0) \bigcup (0, +\infty)$,任取 $x \in D$,都有 $-x \in D$,且 $f(-x) = (-x)^3 - \dfrac{1}{-x} = -x^3 + \dfrac{1}{x} = -(x^3 - \dfrac{1}{x}) = -f(x)$,即 $f(-x) = -f(x)$,所以 $y = x^3 - \dfrac{1}{x}$ 是奇函数。

生 23:$y = (x-1)^2$ 的定义域是 $\mathbf{R}$,但其图像既不关于 y 轴对称又不关于原点中心对称,所以 $y = (x-1)^2$ 既非奇函数又非偶函数。

师:生 22 和生 23 都判断正确。一般情况下,遇到熟悉的函数表达式,我们可以从图像的角度进行判断,但还需要借助定义说明理由。请生 23 继续补充理由。

生 23:令 $f(x) = (x-1)^2$,因为 $f(-1) = 4$,$f(1) = 0$,所以 $f(-1) \neq f(1)$,$f(-1) \neq -f(1)$,所以 $y = (x-1)^2$ 既非奇函数又非偶函数。

师:好啊,所举反例一箭双雕呢!

例 2　是否存在定义在 $\mathbf{R}$ 上且既是奇函数又是偶函数的函数? 若存在,求出所有满足此条件的函数;若不存在,说明理由。

生 24:没有。假如存在满足条件的函数,则其图像上的点 $P(x_0, y_0)$ 分别关于 y 轴对称和原点中心对称的点 $P_1(-x_0, y_0)$ 和 $P_2(-x_0, -y_0)$ 都在其图像上,这与函数的定义发生矛盾,所以不存在。

生 25:有啊,就是 $f(x) = 0$,$x \in \mathbf{R}$,其图像既关于 y 轴对称也关于原点中心对称。

生 24:噢,对呀,$P_1(-x_0, y_0)$ 和 $P_2(-x_0, -y_0)$ 可以是同一个点,那么 $y_0 = 0$。

师:同学们的直观想象能力很强! 现在请用定义表述。

生 26：假设存在函数 $y=f(x)$，$x\in\mathbf{R}$ 既是奇函数又是偶函数。那么，对任意给定的 $x\in\mathbf{R}$，都有 $-x\in\mathbf{R}$，并且 $f(-x)=f(x)$，$f(-x)=-f(x)$，于是有 $f(x)=-f(x)$，所以 $f(x)=0$，$x\in\mathbf{R}$。

师：生 24 和生 25 从图像的角度进行了判断，但其理由的表达还需要转化为代数论证，即从定义入手，如生 26 的回答。

追问：刚才我们研究了定义在 $\mathbf{R}$ 上的既是奇函数又是偶函数的函数只有一个，那么既是奇函数又是偶函数的函数有多少呢？

生 27：有无数个。$y=0$，$x\in D$，其中定义域 D 满足任意给定的 $x\in D$，都有 $-x\in D$ 即可。例如，定义域可以是 $(-a,a)$，$[-a,a]$，$(-\infty,-a)\cup(a,+\infty)$ 等，其中 a 为正数。

师：同学们能紧扣函数的两要素，注意到定义域的可变性，这点非常棒！

追问：那么，是否存在定义域只有一个元素的既是奇函数又是偶函数的函数？

生 28：存在函数 $y=0$，$x\in\{0\}$。因为定义域 D 只有一个元素，而且任意给定的 $x\in D$，都有 $-x\in D$，所以 $-x=x$，即 $x=0$。

师：生 28 能抓住定义进行推理，值得大家学习。这种特殊情况往往是同学们在概念学习中容易疏忽的细节。

设计意图：例题的设计是为达到数学抽象过程中的"运用"这个步骤而编排的，两个例题都取自于教材。例 1 讲解注重过程书写的规范性和条理性，便于进一步归纳函数奇偶性判断的一般步骤。特别是例 1(1) 在不便于作出其函数图像的情况下，让学生体验定义学习的必要性。两个例题引发学生思考，从函数的奇偶性的角度，习得函数的一种分类。例 2 的追问进一步深化函数奇偶性概念的理解。

五、课堂小结，凝练升华

师：本节课围绕"为什么研究函数的奇偶性""什么是函数的奇偶性""如何研究图像的对称性而形成函数奇偶性的概念""函数的奇偶性有怎样的作用和价值"四个方面展开，下面我们进行总结。

生 29:有关函数奇偶性的概念和图像特征如下。(师生一起完成表 1)

表 1　函数奇偶性的概念和图像特征

$y=f(x)(x\in D)$	偶函数	奇函数
定义域	任意给定的实数 $x\in D$，都有 $-x\in D$	
数量关系式	$f(-x)=f(x)$	$f(-x)=-f(x)$
图像特征	关于 y 轴对称	关于原点中心对称

师:生 29 总结了"函数的奇偶性"概念,并对奇函数和偶函数作了进一步的比较。

生 30:借助函数奇偶性的概念,会判断函数的奇偶性(学生边说教师边用幻灯片展示)。

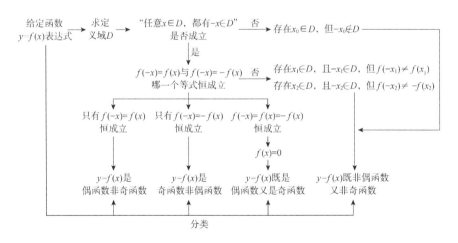

图 9　函数的奇偶性的判断方法

师:生 30 总结了函数的奇偶性的作用,即利用定义判断函数的奇偶性,进而获得了函数的一种分类(见图 9)。

生 31:本节课的学习,大概经历如下的过程:先从"幂函数图像的对称性"中,由形转数,得到具体函数图像对称性的符号语言表示;在此基础上,提出一般函数图像对称性的等价形式的猜想,通过充要条件关系的论证,形成函数奇偶性的概念。

师:生 31 总结了"如何研究图像的对称性从而形成函数奇偶性的概念"的过程,其中运用了"从具体到抽象、从特殊到一般、数形结合、先猜后证"等重要的思想方法。通过用代数语言刻画函数图像的几何特征,体现了同一数学对象的不同表征,感悟了数学的整体性。这一研究方法对后面类似的基本性质学习有借鉴作用。

生 32:函数的奇偶性的图像特征是对称,利用对称我们可以将函数的整体转化为局部研究。

师:生 32 从更高层面上总结函数的奇偶性的作用和价值,利用对称性可以帮助我们通过事物的局部来认识整体,真可谓事半功倍。关于对称的认知,我们已从实验几何的几何直观阶段,通过"图像具有对称性的函数所具有的数量关系"的研究开启了抽象思维阶段的学习,以后我们还将在"几何与代数"主线学习中开展综合思维阶段的学习。对称的应用非常广泛,比如科学家们试图在数学和物理领域上,去追寻一种完美的"对称性美学"。

设计意图:围绕"函数的奇偶性"概念进行回顾与总结,从数学联系和整体结构的角度进行理解,促进学生形成单元统整的认知结构。

六、课后作业,拓展探究

必做题:教材第 135 至 136 页习题 5.2A 组 1、2、3、4。

选做题:(1) 请用数量关系描述函数 $y=f(x)(x\in D)$ 的图像关于直线 $x=a$ 成轴对称或关于点 (m,n) 成中心对称的特性;(2) 举例说明对称性在数学及其他学科上的应用。

设计意图:尊重学生差异,促进知识迁移,感悟类比思想,提高综合能力,给学生创设进一步的探究空间。

【自我评述】

本节课是关于函数的奇偶性的一节概念课,在体现概念课教学的一般过程中，重点突出在数学结构与体系中形成和理解函数的奇偶性的概念，开展单元统整教学的实践。

一是构建数学抽象的"来龙"与"去脉"。重点领会教材中知识的前后关系及整体结构、数学知识的背景、内涵、应用及拓展，从而对教材体系有一个更深刻的把握。为了改变学生对数学抽象枯燥乏味的刻板印象，本课时教学从数学抽象的结构体系入手。通过创设问题情境，让学生发现图像的对称性的判断还是源于函数本身蕴含的自变量和其对应函数值的数量关系，特别是遇到难以画出图像的函数时，就更需要新的代数方法对其对称性作出判断，这就是从初中几何直观认识到高中代数论证这一数学抽象的"来龙"；在学习系统的概念以后，学生借助概念可以解决相关几何图形的对称问题，会用抽象的概念描述生活中的一些现象，这就是数学抽象的"去脉"。

二是发挥代数特征的媒介作用。代数特征是理解图像特征与符号语言相互转化的媒介，它们的逻辑结构说明：没有代数特征的数学符号语言是冰冷的；同样，没有代数特征的图像特征也是没有生命力的。例如，函数 $y=f(x)$ $(x\in D)$ 的图像关于 y 轴对称 $\Leftrightarrow y=f(x)(x\in D)$ 的图像上任意一点 (x_0, y_0) 关于 y 轴对称的点 $(-x_0, y_0)$ 也在 $y=f(x)$ 的图像上 $\Leftrightarrow$ 函数 $y=f(x)$ 定义域 D 上的任意自变量 x 的相反数 $-x\in D$，并且它们所对应的函数值都相等 $\Leftrightarrow$ 任取 $x\in D$，都有 $-x\in D$ 且 $f(-x)=f(x)$。进而建立了"函数 $y=f(x)(x\in D)$ 的图像关于 y 轴对称"与"任取 $x\in D$，都有 $-x\in D$，并且 $f(-x)=f(x)$"的等价关系。在这个图像特征与符号语言的联系中，就需要代数特征"互为相反数的自变量对应的函数值都相等"作为媒介过渡而获得理解。

函数的奇偶性是函数的四个基本性质（奇偶性、单调性、最值、周期性）学习中的第一个性质，对学生研究函数的其他基本性质具有很好的借鉴作用，也是学生今后研究各种基本初等函数的基础。函数的奇偶性的研究蕴含"几何与代数"主题的一般思路，能够体现不同主线之间的横向联系。代数特征是理解图像特征与符号语言的重要媒介，教师要不断渗透、不断完善，帮助学生理解通过数学抽象所获得的知识，让学生整体把握数学学习的结构，以达到单元内统整、单元间统整的教学目标。

【参考文献】

黄继红."单元统整"背景下"函数的奇偶性"教学设计的思考与实践[J].数学教学,2022(11):20-24.

（案例提供者:上海市松江二中　黄继红老师）

案例 6　函数的单调性

【教学对象】

本节课的教学对象是上海市实验性示范性高中一年级创新实验班的学生。

【单元统整教学的内容分析】

函数的单调性是上海教育出版社出版的《普通高中教科书　数学》必修课程第 5 章第 2 节的内容，隶属于函数主题。函数是描述事物变化规律的一种重要数学模型，函数的单调性是函数的基本性质之一，该内容的学习可以让学生进一步明确函数性质的研究内容及思路，体会研究过程中蕴含的思想方法，进一步提升数学抽象、逻辑推理等核心素养。另外，该内容也是今后研究具体函数单调性的理论基础。

一、知识建构

（一）知识学习的先决条件

生活中存在各种各样的上升或下降的单调现象，对于单调现象，学生已经有了一定的生活经验。在初中，结合图像，学生对正比例函数、反比例函数、一次函数和二次函数的单调性已经有了充分的直观感性认识，知道"y 随 x 的增大而增大（减小）"可以描述函数图像的上升（下降）趋势。在第 4 章"幂函数、指数函数与对数函数"的学习中，学生对于严格增函数、严格减函数、单调性等概念及其证明过程又经历了多次认识的过程，多数学生具备了利用符号语言刻画函数单调性的能力。进一步,在对函数奇偶性的研究过程中,学生完整经历了从图像直观到自然语言描述、再到符号表征的定义形成过程,并学习了如何利用抽象的符号语言判断函数的奇偶性,其中积累的经验完全可以类比迁移到本节内容的学习和研究之中。

（二）知识的发生背景

函数的性质紧紧围绕自变量取值变化时函数值的变化规律展开,"函数的单调性"即研究函数值随自变量取值变化时增大或减小的规律。在本节内容之前,教材先从静态的过程研究了幂、指数与对数的运算,然后从动态的过程研究了幂函数、指数函数和对数函数的图像与性质,接下来又抽象出了一般函数的概念,从一般函数的角度研究了函数的奇偶性。本课时即在前面学习的基础上,从直观到抽象,从特殊到一般,类比函数奇偶性的研究,抽象概括出函数单调性的一般理论。

（三）知识的内在结构

从单元间视角看,函数的单调性和不等式相互交融,利用不等式研究函数单调性是基础,利用函数单调性研究不等式更便利。"$\dfrac{f(x_1)-f(x_2)}{x_1-x_2}$"这一结构还有着明确的几何意义和物理意义,为引出导数概念并利用导数研究函数单调性打下了基础。从单元内视角看,单调性是函数的基本性质之一,与函数的奇偶性、最值、周期性等是并列关系,又与这些性质有着密切的联系。与"函数的奇偶性"类似,单调性概念的形成过程体现了从直观到抽象的过程,其研究内容包括定义、判断方法、应用,研究思路遵循从直观到抽象、从特殊到一般的过程,单调性同样是后续研究具体函数的理论基础。特别地,函数的单调性与函数的最值（极值）密不可分,用函数单调性研究最值（极值）是函数应用中最有效、最严谨的方法。从微观视角看,单调性不仅从形的角度直观地反映了函数图像在某个给定区间上升（下降）的规律,还从数的角度精确刻画了在给定区间上当 $x_1 < x_2$ 时,$f(x_1)$ 与 $f(x_2)$ 的大小关系。

（四）思想方法

单调性概念的形成和应用过程中蕴含着丰富的思想方法,呈现出思想方法应用的较为完整的链条,如直观—抽象—直观、特殊——一般—特殊、形—数—形、整体—局部—整体、有限—无限—有限等,整节内容还蕴含了分类讨论、归纳与演绎、类比等思想方法,研究过程再次体现了函数性质研究的内容和思路(情境—定义—判断—应用),这些都对提升学生的数学抽象、逻辑推理、直观想象、数学运算等核心素养和结构化思维的水平有着重要意义。

（五）知识的学科价值

函数的单调性不但是研究具体函数的工具,而且在不等式、数列以及其他知识的综合应用中发挥着重要作用,在高中数学中具有承上启下的重要作用。函数单调性的研究过程不仅有助于提升学生的核心素养,而且有助于引导学生养成善于观察、主动归纳、抽象概括、严谨论证的思维习惯,有利于进一步培养学生的理性思维和科学精神。

二、认知方式

（一）认知阶段

学生对函数单调性的学习包括四个阶段。第一个阶段是经验感知阶段,学生能结合生活经验,知道一个量随另一个量的变化而变化。第二个阶段是形象描述阶段,学生能利用"y 随 x 的增大而增大(减小)"描述一次函数、二次函数和反比例函数图像的上升(下降)趋势。第三个阶段是抽象概括阶段,学生能在幂函数、指数函数、对数函数单调性认知的基础上形成对函数单调性的抽象认识,形成对函数单调性的形式化定义。第四个阶段是综合应用阶段,学生能利用单调性解决与之相关的不同单元的问题并以导数为工具对复杂函数的单调性进行综合研究。从认知逻辑看,本节内容是对第一个阶段和第二个阶段内容的深化,是对第三个阶段内容的完善,是学习第四个阶段内容的基础,具有承上启下的作用。

（二）认知起点

学生在初中已经积累了从图像上认识正比例函数、反比例函数、一次函数、二次函数单调性的经验,又在研究第 4 章"幂函数、指数函数与对数函数"的过程中多次使用符号语言表达了单调性,学生对单调性这一函数的基本性质有了从直观到抽象、从感性到理性的认识;通过对"函数奇偶性"的学习,学生对于研究函数性质的一般过程较为熟悉,对于从图形语言到自然语言再到符号语言的概念形成过程有了较为深刻的理解。

(三) 认知障碍

学生仍处于逻辑思维阶段,他们对于"任意""存在"等数学语言的精确理解还有一定困难。多数学生还延续着初中的数学学习习惯和学习方法,学习主动性不够,缺乏举一反三的能力,对数学思想方法的理解与迁移能力还比较薄弱。这些都给由形到数,形成单调性的精确化形式定义带来困难,需要教师因势利导,帮助学生在不断抽象的过程中真正形成函数单调性的概念。

(四) 思维方式

从单元内部看,本节内容安排在函数奇偶性之后,其研究的内容及思路与上一节基本一致,即结合现实情境与数学情境,不断抽象形成概念,从多角度对概念进行辨析、深化理解,利用概念解决简单的问题,因此,类比迁移是学习本节内容的一种重要方式。另外,在概念形成与辨析过程中,学生还需要反复经历归纳与演绎、特殊与一般、数与形、证明与证伪、正向与逆向等思维方式的转化。

三、实践创新

(一) 跨学科角度

作为描述客观世界中变量关系和规律的最为基本的数学语言和工具,函数在各个学科都有着广泛的应用,而描述事物随时间、温度、速度等变量的变化而呈现的上升或下降趋势更是许多自然学科或社会学科非常关注的内容。在社会生活的各个方面,函数单调性的相关知识同样有着普遍的应用。

(二) 现实意义

通过学习函数的单调性,学生进一步经历从具体到抽象、从图形语言到自然语言再到符号语言的过程,体会研究函数性质的一般思路与方法,体会其中蕴含的思想方法。本节课的内容对于丰富学生的思维方式,培养学生的理性思维和科学精神,引导学生更好地用数学的眼光观察世界、用数学的思维思考世界、用数学的语言表达世界,提升学生的核心素养有着重要的意义。

（三）德育价值

在函数单调性概念的形成过程中,学生经历从抽象的具体化到抽象的定性化,再到抽象的定量化,进一步到抽象的符号化的过程,感悟定性与定量、直观与抽象、特殊与一般、量变与质变等辩证思想。本节课内容有助于学生更加有序、理性地认识现实世界中事物发展变化的规律,能够提升学生的理性思维,发展学生辩证统一的哲学观念,引导学生更好地形成科学的世界观,更加自觉地用科学的方法论指导学习和生活。

【课时大概念层级金字塔】

通过上述单元统整教学的内容分析,提炼出本节课的课时基础概念:不等关系、函数的概念(如定义域、值域、对应关系、图像等)以及一些基本初等函数(如正比例函数、反比例函数、二次函数、幂函数、指数函数、对数函数)、函数的奇偶性。根据基础概念之间的关联,确定本节课的关键概念:(严格)增函数、(严格)减函数、单调函数、单调区间、类比、分类讨论、数形结合、具体与抽象、特殊与一般、证明与证伪。函数单调性是函数的一个基本性质,它是对自变量取值增大时函数值变化趋势的代数刻画,这是本节课的课时大概念。于是,得到本节课的课时大概念层级金字塔(见图1)。

图 1 函数的单调性的课时大概念层级金字塔

【教学目标】

1. 经历从生活情境和数学情境中发现问题、提出问题的过程,体会利用表达式研究函数单调性的必要性。

2. 结合已有经验,在精确描述 $y = x^2$ 单调性的过程中,形成(严格)增函数、(严格)减函数等概念,体会数形结合、从特殊到一般、化无限为有限等思想,提升数学抽象和逻辑推理等核心素养。

3. 理解单调函数、单调区间等概念,能根据函数的图像指出单调性、写出单调区间,能初步运用函数单调性的定义证明简单函数的单调性。

【教学重难点】

教学重点:函数单调性的概念及其形成过程。

教学难点:函数单调性概念的表述和理解。

【教学过程】

一、创设情境,提出问题

问题1:(1)图2表示的是某地某天24小时温度变化的情况。你能说说该地这一天温度变化的特点吗?

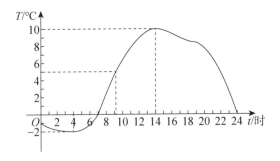

图2 某地某天24小时温度变化的情况

生1:随着时间的变化,从0时到4时,温度逐渐降低;从4时到14时,温度逐渐升高;从 14 时到 24 时,温度逐渐降低。这一天的最低温度为零下 2℃,最高温度为10℃。

（2）观察函数 $y=x$, $y=x^2$, $y=\dfrac{1}{x}$ 的大致图像,这几个函数图像的变化趋势是什么呢?

生 2: $y=x$ 的图像(从左向右)是上升的;

$y=x^2$ 图像在 y 轴左侧(从左向右)下降,在 y 轴右侧(从左向右)上升;

$y=\dfrac{1}{x}$ 在第一象限(从左向右)下降,在第三象限(从左向右)下降。

师:函数图像在某一区间上保持"上升"或"下降"的这种趋势不变的特征,反映了函数的又一个基本性质——单调性。

问题 2:在前面的学习中,我们已经研究了哪些函数? 请你说说这些函数在给定区间上的单调性。

生 3:幂函数 $y=x^a$ $(a>0)$ 在区间 $(0,+\infty)$ 上是严格增函数, $y=x^a$ $(a<0)$ 在区间 $(0,+\infty)$ 上是严格减函数;

指数函数 $y=a^x$ $(a>1)$ 在 **R** 上是严格增函数, $y=a^x$ $(0<a<1)$ 在 **R** 上是严格减函数;

对数函数 $y=\log_a x$ $(a>1)$ 在区间 $(0,+\infty)$ 上是严格增函数, $y=\log_a x$ $(0<a<1)$ 在区间 $(0,+\infty)$ 上是严格减函数。

追问 1:你认为函数 $y=f(x)$ 在给定区间 I 上满足怎样的条件就是严格增函数? 严格减函数呢?

生 4:从"形"的特征看,在给定区间 I 上,图像从左向右是上升的;

从"数"的特征看,在给定区间 I 上,函数值 y 随 x 的增大而增大。

师:严格减函数也有类似的结论。

追问 2:函数 $y=x^2$ 的单调性是怎样的?

生 5: $y=x^2$ 的定义域为 **R**,在 $(-\infty,0]$ 上随着 x 的增大, y 逐渐减小,故函数 $y=x^2$ 在区间 $(-\infty,0]$ 上是严格减函数;在 $[0,+\infty)$ 上随着 x 的增大, y 逐

渐增大,故函数 $y=x^2$ 在区间 $[0,+\infty)$ 上是严格增函数。

追问 3:图 3 是某函数 $y=f(x)$ 在 **R** 上的图像,观察图像,你认为它在 **R** 上是严格增函数吗?

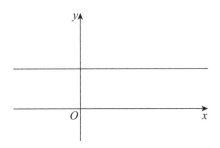

图 3　某函数 $y=f(x)$ 在 **R** 上的图像

(学生的答案不唯一,有的认为函数值保持不变,也有的认为看不出来。)

师:实际上,上述函数的表达式为 $y=0.001x+1$,由上述过程,你有什么体会?

生 6:仅从"形"的角度,通过图像观察不一定得到准确结论,因此需要从数的角度,借助表达式进一步分析。

追问 4:图 4 是函数 $y=x+\dfrac{2}{x}$,$x\in(0,+\infty)$ 的图像,你能说说它在哪个区间上是增函数,哪个区间上是减函数吗?

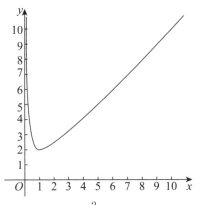

图 4　函数 $y=x+\dfrac{2}{x}$,$x\in(0,+\infty)$ 的图像

师:许多函数从数的角度借助表达式简单分析也不够,往往需要进一步精确刻画。那么,以 $y=x^2$ 为例,如何借助表达式进一步精确刻画"在给定区间 $[0,+\infty)$ 上,y 随 x 的增大而增大"呢?

设计意图:结合现实情境和数学情境设计问题 1 和问题 2,让学生体会问题从何而来;结合追问,引发认知冲突,让学生发现进一步精确刻画单调性的必要性。

二、由形到数,形成概念

问题 3:在前面的学习中,我们是如何证明幂函数、指数函数、对数函数在给定区间上的单调性的? 以指数函数为例说明。(学生阅读教材)

指数函数 $y=a^x$,当 $a>1$ 时,若 $x_2>x_1$,则 $x_2-x_1>0$,由幂的基本不等式,有 $a^{x_2-x_1}>1$,即 $a^{x_2}>a^{x_1}$,所以 y 随着 x 的(严格)增大而(严格)增大,故指数函数 $y=a^x(a>1)$ 在 **R** 上是严格增函数。

追问 1:如何刻画"函数 $y=x^2$ 在 $[0,+\infty)$ 上是严格增函数"?

生 7:若 $x_1,x_2\in[0,+\infty)$,且 $x_1<x_2$,则由不等式的性质,有 $x_1^2<x_2^2$,即在区间 $[0,+\infty)$ 上,y 随着 x 的(严格)增大而(严格)增大,故函数 $y=x^2$ 在区间 $[0,+\infty)$ 上是严格增函数。

(注:若学生参照指数函数的证明过程,给出以上证明,则教师进行以下追问,否则,结合学生的课堂反应及追问中的相关问题开展教学,以便学生初步理解"任意"的重要性,体会化无限为有限的过程。)

师:如何理解"对于函数 $y=f(x)$,若 x_1、$x_2\in[0,+\infty)$,且 $x_1<x_2$,则 $f(x_1)<f(x_2)$"?

追问 2:能否通过以下理由刻画函数 $y=f(x)$,其中 $f(x)=x^2$,在 $[0,+\infty)$ 上,y 随 x 的增大而增大? 为什么?

(1) 因为 $f(0)<f(1)$,所以在 $[0,+\infty)$ 上,y 随 x 的增大而增大;

(2) 因为任取 $a\in(0,+\infty)$,都有 $f(0)<f(a)$,所以在 $[0,+\infty)$ 上,y 随 x 的增大而增大;

(3) 因为在 $[0,+\infty)$ 上,存在无数个自变量的值 x_1、x_2、x_3、…,当 $x_1<x_2<x_3<\cdots$ 时,对应的函数值都有 $y_1<y_2<y_3<\cdots$,所以在 $[0,+\infty)$ 上,y 随 x 的增大而增大。

生 8:(1)不行,仅凭两个特殊值不能刻画,举反例或画图说明(略)。

生 9:(2)不行,(2)中只能说明在 $[0,+\infty)$ 上,$f(0)$ 是所有函数值中最小的,举反例或画图说明(略)。

生 10:(3)不行,无数个成立,不代表任意都成立,举反例或画图说明(略)。

师:那么 $f(x)=x^2$ 在 $[0,+\infty)$ 上是严格增函数的准确含义是什么?

生 11:对"任意 $x_1<x_2$,都有 $f(x_1)<f(x_2)$",即:

对于区间 $[0,+\infty)$ 上的任意给定的两个自变量的值 x_1、x_2,当 $x_1<x_2$ 时,如果总有 $f(x_1)<f(x_2)$,那么就称函数 $y=f(x)$ 在区间 $[0,+\infty)$ 上是严格增函数。

问题 4:对于函数 $y=f(x)$,其在区间 I 上是严格增函数应该如何定义呢?严格减函数呢?(见图 5)

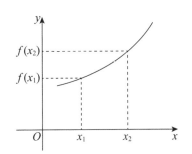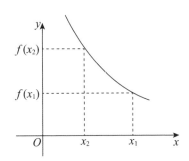

图 5 严格增函数与严格减函数的图像特征

从特殊到一般,得出(严格)增函数、(严格)减函数的定义:

一般地,对于定义在 D 上的函数 $y=f(x)$,设区间 $I\subseteq D$:

对于这个区间 I 上的任意给定的两个自变量的值 x_1、x_2,当 $x_1<x_2$ 时,如果总有 $f(x_1)<f(x_2)$,那么就称函数 $y=f(x)$ 在区间 I 上是严格增函数;如果总有 $f(x_1)>f(x_2)$,那么就称函数 $y=f(x)$ 在区间 I 上是严格减函数。

教师介绍增函数、减函数的定义：

一般地，对于定义在 D 上的函数 $y=f(x)$，设区间 $I\subseteq D$：

对于这个区间 I 上的任意给定的两个自变量的值 x_1、x_2，当 $x_1<x_2$ 时，如果总有 $f(x_1)\leqslant f(x_2)$，那么就称函数 $y=f(x)$ 在区间 I 上是增函数；如果总有 $f(x_1)\geqslant f(x_2)$，那么就称函数 $y=f(x)$ 在区间 I 上是减函数。

"严格增""严格减""增"及"减"统称为函数的单调性。

追问：你能举例说明 $y=f(x)$ 在区间 I 上是增函数和严格增函数的关系吗？

学生结合例子辨析概念（略）。

设计意图：结合学生对具体函数单调性研究的已有经验，以及对于函数奇偶性的研究过程，引导学生从直观到抽象，从特殊到一般，经历由感性具体到理性具体，再到理性一般的过程，形成定义。

三、正反辨析，理解概念

师：下面我们以"严格增函数"为例，再来理解函数单调性的概念。我们知道：

$y=f(x)$ 在区间 I 上是严格增函数 $\Leftrightarrow y=f(x)$ 在区间 I 上的图像从左到右逐渐上升 $\Leftrightarrow y=f(x)$ 在区间 I 上的函数值 y 随 x 的增大而增大 $\Leftrightarrow y=f(x)$ 满足对任意 x_1、$x_2\in I$，当 $x_1<x_2$ 时，都有 $f(x_1)<f(x_2)$。

对于定义中的符号语言表述，能否换一种方式表达呢？请看问题 5。

问题 5：对于函数 $y=f(x)$，$I\subseteq D$，若任取 $x\in I$，都有 $f(x)<f(x+1)$，能得到 $y=f(x)$ 在 I 上严格增吗？

不能得到，学生思考后讨论，最后构造函数，结合图像说明（略）。

师：若改为 $f(x)<f(x+k)$（k 为任意大于零的实数）呢？

生 12：可以，这种表达中的 $x+k$ 就相当于 x_2。

师：于是，我们就发现了区间 I 上严格增函数，即对于任意 x_1、$x_2\in I$，当 $x_1<x_2$ 时，都有 $f(x_1)<f(x_2)$ 的另一种等价形式。你还有其他等价形式吗？

生 13:可以改变 x_1、x_2 的大小关系,即:任意 x_1、$x_2 \in I$,当 $x_1 > x_2$ 时,都有 $f(x_1) > f(x_2)$。

师:很好! 这是符号语言,你能用描述性语言解释一下吗?

生 14:随着自变量的减小,函数值逐渐减小,即 y 随 x 的增大而增大;在区间 I 上从右向左看,$y = f(x)$ 的图像逐渐下降。

追问:设函数 $y = f(x)$ 是区间 I 上的严格增函数,对任意 x_1、$x_2 \in I$,$x_1 \neq x_2$,你能否用一个只包含 x_1、x_2、$f(x_1)$、$f(x_2)$ 的不等式表示它们之间的关系?

生 15:函数 $y = f(x)$ 是区间 I 上的严格增函数 $\Leftrightarrow (x_1 - x_2)[f(x_1) - f(x_2)] > 0 \Leftrightarrow \dfrac{f(x_1) - f(x_2)}{x_1 - x_2} > 0$。

师:请同学们课后从其他角度进一步思考上述式子的含义。

追问:结合定义,你还有哪些思考呢?

问题 6:设函数 $y = f(x)$ 是区间 I 上的严格增函数,对任意 x_1、$x_2 \in I$,若 $x_1 < x_2$,都有 $f(x_1) < f(x_2)$;反之呢?

生 16:若 $f(x_1) < f(x_2)$,则 $x_1 < x_2$。

师:也就是说,设函数 $y = f(x)$ 是区间 I 上的严格增函数,则 $x_1 < x_2 \Leftrightarrow f(x_1) < f(x_2)$。

问题 7:对于定义在 D 上的函数 $y = f(x)$,设区间 $I \subseteq D$,若存在 x_1、$x_2 \in I$,使得 $x_1 < x_2$,且 $f(x_1) < f(x_2)$,能否说明函数 $y = f(x)$ 是区间 I 上的严格增函数?

生 17:不能。

师:那么能够得到什么结论呢?

生 18:说明函数 $y = f(x)$ 在区间 I 上不是减函数。

追问:如何说明函数 $y = f(x)$ 在区间 I 上不是严格增函数?

生 19:举反例,即存在 x_1、$x_2 \in I$,使得 $x_1 < x_2$,且 $f(x_1) \geqslant f(x_2)$。

问题 8:与函数的奇偶性定义比较,你发现函数的单调性和函数的奇偶性的最大区别是什么?

生 20:单调性是在定义域的子集即给定区间上讨论的,是函数局部的性质,而奇偶性是在整个定义域上讨论的,是函数的整体性质。

单调区间:如果函数 $y=f(x)$ 在某个区间 I 上是增(减)函数,那么就称函数 $y=f(x)$ 在区间 I 上是单调函数,这一区间 I 称为 $y=f(x)$ 的一个单调区间。(单调增区间、单调减区间、严格增区间、严格减区间)

设计意图:关于如何认识,按照什么是、什么也是、什么不是,让学生用文字、图形、符号三种语言进行表述,然后从两个式子到一个式子,从变量形式的变化寻找符号语言的等价形式,实现动态化理解;接着,改变条件和结论,让学生进行逆向思考。另外,让学生在与奇偶性的比较中加深理解。总之,遵循从正向到逆向、从静态到动态、从内部到外部的顺序,让学生在不断的互动中加深理解,促进学生学习共同体的形成。

四、例题巩固,应用概念

例 1　根据函数 $y=f(x)$ 的图像(见图 6)指出该函数的单调增区间和单调减区间。

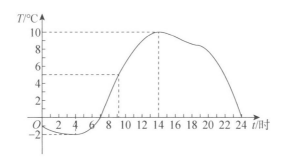

图 6　函数 $y=f(x)$ 的图像

解:该函数的单调增区间为 $[4,14]$,单调减区间为 $[0,4]$ 和 $[14,24]$。

(注:在考虑单调区间时,端点有定义时,包括不包括端点都可以,端点无有定义时,不能包括端点。)

变式:函数 $y=\dfrac{1}{x}$ 的单调区间是什么? 如何证明?

生 21：从图像上看，函数 $y=\dfrac{1}{x}$ 的单调减区间为 $(-\infty,0)$ 和 $(0,+\infty)$。

师：如何证明？

例 2   求证：函数 $y=\dfrac{1}{x}$ 在区间 $(0,+\infty)$ 上为严格减函数。

证明：记 $f(x)=\dfrac{1}{x}$，对于区间 $(0,+\infty)$ 上的任意两个实数 x_1，x_2，且 $x_1 < x_2$，则

$$f(x_1)-f(x_2)=\dfrac{1}{x_1}-\dfrac{1}{x_2}=\dfrac{x_2-x_1}{x_1 x_2}。$$

因为 $0 < x_1 < x_2$，所以 $x_2-x_1 > 0$，$x_1 x_2 > 0$，所以 $f(x_1)-f(x_2) > 0$，即 $f(x_1) > f(x_2)$。

所以，函数 $y=\dfrac{1}{x}$ 在区间 $(0,+\infty)$ 上为严格减函数。

问题 9：你能概括利用定义证明函数在区间 I 上具有单调性的步骤吗？

结合对于例 2 的分析与证明，得出：

用定义证明函数 $y=f(x)$ 在区间 I 上具有单调性的步骤如下：任取、作差、变形、判号、结论。

追问 1：函数 $y=\dfrac{1}{x}$ 在 $(-\infty,0)\bigcup(0,+\infty)$ 上是减函数吗？（对任意的理解，举反例说明）

生 22：不是。记 $f(x)=\dfrac{1}{x}$，如取 $x_1=-1$，$x_2=2$，则 $x_1 < x_2$，但 $f(x_1) < f(x_2)$。

师：注意"任意性"，单调区间不能轻易合并，两个单调区间通常用"，""和"连接，不能用"或"。

追问 2：你能再举出一个类似于 $y=\dfrac{1}{x}$ 的例子吗？（分段函数）

如：$y=\begin{cases} x, & x\leqslant 0, \\ x-1, & x>0。 \end{cases}$

变式：若 $y=\begin{cases} x, & x\leqslant 0, \\ x-a, & x>0 \end{cases}$ 在 $\mathbf{R}$ 上严格增，求实数 a 的取值范围。

思考(课后)：判断函数 $y = x + \dfrac{2}{x}$，$x \in (0, +\infty)$ 的单调性，并求它的单调区间。

设计意图：关于如何判断，除了形成具体的判断步骤外，还要引导学生举一反三，从基本函数出发进行运算、分段表示、从形到数、从静态到动态、从简单到复杂、从正向到逆向等多个角度进行思考，将学生的思维引向深入，促使学生养成有依据、有条理、有层次、有方法、会反思的思维习惯。

五、形成结构，升华概念

问题 10：本节课我们研究了什么内容？我们是怎样展开研究的？结构图见图 7。

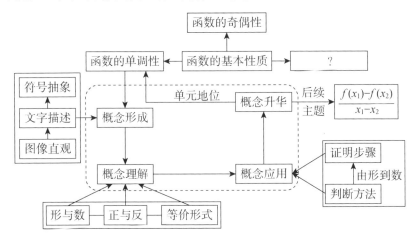

图 7　结构图

本节课研究了函数的单调性。我们先从生活情境和数学情境出发，从图像特征入手，直观感受了函数的单调性，然后将图像特征翻译为文字表述，将幂函数、指数函数、对数函数在给定区间单调性的证明一般化，结合二次函数的单调性，形成了增函数、减函数、严格增函数、严格减函数的概念；接下来，我们从数与形、正向与逆向、正面与反面、等价形式等多个角度对"任意"等关键词进行了深入理解，进一步理解了函数单调性的本质；最后，我们介绍了单调区间的概念，梳理了单调性的判断方法，给出了简单函数单调性的证明步骤。

追问：关于本节课的学习，你还有其他疑问吗？通过本节课的学习，你还能提出哪些新的问题呢？

我们知道,函数 $y=f(x)$ 是区间 I 上的严格增函数 $\Leftrightarrow \dfrac{f(x_1)-f(x_2)}{x_1-x_2}>0$,关于这个等价形式你还能想到什么呢?(斜率、平均变化率等)

与奇偶性一样,函数的单调性也是函数的一个基本性质,对比两者的研究思路,你有没有发现相似之处呢?另外,你认为函数还有哪些性质需要研究呢?

设计意图:通过课堂小结,引导学生提炼研究的思路,形成认知的结构,发现新的研究问题,学会提问。如可以思考单调性定义中式子的结构,也可以提出还需要研究函数的哪些性质等。

【自我评述】

"随自变量取值的变化,研究函数值的变化规律"是函数性质研究的核心思想,在中学阶段"函数的单调性"这一主题的展开主线是:直观感知—抽象论证—导数工具.本节课之前,学生已经学习了"函数的奇偶性"这一基本性质,其研究的思路与单调性基本一致。另外,通过一次函数、二次函数、反比例函数的图像,学生对"函数的单调性"进行了直观的感知,在幂函数、指数函数、对数函数的学习中,在直观感知的基础上,进行了三次较为严谨的抽象论证,这些都是学生已有的活动经验,也是学生学习的逻辑起点。

教学设计始终围绕函数单元的核心思想展开,在函数单元大视域下,结合主题内容展开主线,遵循学生的认知规律,将课时设计置于单元乃至主题的大背景之下,整体设计学习主线。

本节课按照"概念形成—概念理解—概念应用—概念升华"这一主线进行设计,引导学生经历"概念的引入—概念属性的概括—概念的明确与表示—概念的辨析—概念的巩固应用—纳入概念系统"这一概念学习的一般过程。这样的学习路径与"函数的奇偶性"的学习路径相似,也是概念学习的一般路径,具有普适性。对于每个环节都结合知识生成顺序和认知发展顺序,引导学生进行一般化的思考,形成思考问题的一般方式,如概念形成环节,由旧引新,由浅入深,遵循"图形语言—文字语言—符号语言"这一螺旋上升的过程,按照从具体到抽象再到具体的顺序进行刻画;概念理解环节,正反结合,对比分析,提出了"先形后数、先正向后逆向、先肯定后否定、寻找等价变形"等理解的角度;概念应用环节,由形到数,从判断到证明,先定性再定量,进一步加深了学生对概念的理解;概念升华环节,归纳总结,引申探究,从小单元的"知识块"到大单元的"知识树",从内部到外部,引导学生在关注知识结构的同时,体会方法结构和研究思路,形成结构化的思维。在内容学习的过程中,注意引导学生体会其中蕴含的从特殊到一般、数形结合、化无限为有限、类比等思想。这样设计,一方面是为了让学生有一个整体性的把握,另一方面也是为了让学生更加清晰地建立知识之间的联系。

本节课注重问题引领下的交流互动,努力促进学生学习方式的转变和高阶思维的培育。教学自始至终围绕"如何刻画、理解 y 随 x 的增大而增大"这两个核心问题展开,同时结合学生实际,以一系列子问题作为辅助,通过追问、反问和鼓励学生提问等促进学生从多角度对同一对象进行图形、文字、符号等多元表征,并在课堂小结部分引导学生对所学知识进行反思回顾,在形成认知结构的同时,提出值得进一步研究的并开放性问题,从而兼顾"整体设计的开放性"与"细节处理的精致化",关注学生发现问题、提出问题的能力,引导学生敢问、爱问、善问,将思考由知识、技能层面深入到思想方法、思维过程及方法层面。教学过程中,有意识地给学生提供与教材对话、与教师对话、与伙伴对话等多样的思考、倾听、整理、表达的机会,注重让学生在独立思考、认真倾听的基础上,整理并发表自己的看法,包括对某一问题的独特认识、相关经验与教训的分享、对某位同学观点的评价、提出新问题等,致力于实现交流的单向到多向,带动更多学生投入交流,将交流的内容从知识的记忆、理解导向知识的运用、分析、评价甚至创造,打造"思维的课堂、安静的课堂、合作的课堂、开放的课堂",促进"学习共同体"的不断形成,培养学生有依据、有条理、有层次、会反思的深度思考习惯,帮助学生学会学习。

【参考文献】

郑毓信."数学深度教学"的理论与实践 [J].数学教育学报,2019(5):24－32.

（案例提供者：上海市松江二中　白军鹏老师）

案例 7　函数的最值

【教学对象】

本节课的教学对象是上海市松江区实验性示范性高中一年级的学生。

【单元统整教学的内容分析】

函数的最值是上海教育出版社出版的《普通高中教科书　数学》必修课程第 5 章第 2 节的内容,隶属于函数主题。函数的最值是高中学习的第三个函数的基本性质,是今后研究各种基本初等函数的基础。

一、知识建构

（一）知识学习的先决条件

学生在初中已经学习过二次函数在实数范围内的最大值和最小值问题,在第 2 章等式与不等式中已经利用不等式的性质和基本不等式求解了一些代数式的最值,如 $x + \dfrac{1}{x}$, $x^2 - 2x$,学生已经有了对最值的初步认知。在函数奇偶性和单调性的研究过程中,学生已经完整经历了从图像直观到自然语言描述,再到符号表征的定义形成过程,这些已有的经验完全可以迁移到本节内容的学习和研究之中。

（二）知识的发生背景

现实生活中经常会遇到一些最优化问题,如用料最省、利润最大、生产成本最低等问题,以及可以从第 2 章中的求代数式的最值问题中抽象出函数关系,进而求函数的最值。

（三）知识的内在结构

从单元视角看，函数的最值是函数的基本性质之一，与函数的奇偶性、单调性、周期性等是并列关系。本节内容不仅与前面"函数的奇偶性"以及"函数的单调性"的研究过程基本一致，也与后续函数的其他性质的研究如出一辙，是后续研究具体函数最值的理论基础。特别地，函数的最值与函数的对称性和单调性密不可分，用函数的对称性和单调性研究最值是函数应用中最有效、最严谨的方法。从"形"的角度，如果函数有最大（小）值，那么函数图像中一定最高（低）点，函数最大（小）值为函数图像最高（低）点的纵坐标。从"数"的角度，在直观感知的基础上，用符号语言抽象概括出函数最值概念："函数 $y=f(x)$，$x\in D$，函数 $y=f(x)$ 在 x_0（其中 $x_0\in D$）处的函数值为 $f(x_0)$，若对任意的 $x\in D$，都有 $f(x)\geqslant f(x_0)(f(x)\leqslant f(x_0))$，则称 $f(x_0)$ 为 $y=f(x)$，$x\in D$ 的最小（大）值"，即为函数值中的最小（大）值。函数最值概念的形成过程体现了从直观到抽象的过程，其研究的内容包括概念形成、概念辨析、应用，研究思路遵循从直观到抽象、从特殊到一般的原则，内在结构见图1。

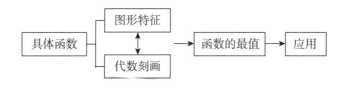

图1　函数的最值的内在结构

（四）思想方法

"函数的最值"的教学要立足于培养学生的抽象概括能力，渗透相应的数学思想和方法，如观察与实验、抽象与概括、特殊与一般、类比、数形结合等，通过设置问题情境让学生观察、归纳、类比，积累活动经验，从而培养数学抽象素养。在前面的函数的奇偶性和单调性研究过程中已经形成如何研究函数性质的一般方法，在这里进一步深化和渗透相应的思想方法，促进学生深度学习。

（五）知识的学科价值

函数的最值的概念可以通过函数的图形语言到自然语言，再到符号语言逐步抽象得到,图像特征和符号语言两者之间的等价关系的探究需要形与数的转化和符号语言的推理表达,是逻辑推理和理性精神的体现。此外,函数的最值的教学也承载着数学抽象、直观想象、逻辑推理等核心素养的培育任务。

二、认知方式

(一) 认知阶段

学生对函数的最值的学习包括三个阶段。第一个阶段是直观感知阶段,学生学习二次函数的最大值和最小值以及代数式的最值后,对最值的定义会有初步的理解。第二个阶段是抽象思维阶段,学生在函数的性质研究中用代数刻画函数的最值。第三个阶段是综合思维阶段,学生以导数为工具进一步研究函数的最值。从认知逻辑看,本节内容是第一个阶段内容的深化,也是第三个阶段研究的基础,具有承上启下的作用。

(二) 认知起点

学生在初中已经学习过二次函数的最大值和最小值,在高中已经学习过第2章中代数式的最值,也经历了从具体函数抽象出函数概念的过程,积累了部分研究函数的性质的方法,储备了大量的研究函数性质的实例。在函数的最值学习中,学生将会遇到用符号语言表示函数的最值图像特征经验不丰富、抽象概括能力较弱等挑战。从学生需求看,在知识层面,学生需要用符号语言规范表达函数的最值。在活动层面,学生需要积累研究函数性质的思想方法。缺乏相关能力,可能会影响学生建构函数的最值。

(三) 认知障碍

一是对"函数的最值"概念中的"任意"和"都成立"的理解。二是"如果$f(x) \leqslant f(x_0)$都成立"的前提条件是"$x \in D$ 在 x_0 处的函数值为 $f(x_0)$",也即$f(x_0)$一定属于函数的值域。为此,在教学中需要举反例进行概念的辨析,才能使学生真正理解概念。三是求带参数函数的最值,需要讨论参数,运用数形结合思想,结合图形特征,并用代数运算来求最值。

(四) 思维方式

前面研究函数的性质:函数的奇偶性和函数的单调性都是运用从特殊到一

般的方法,先观察图像特征,然后进行刻画,抽象概括出性质。因此,"运用图像与代数运算"是我们研究函数性质的基本方法。函数的最值在概念建构方式上,应保持函数单元的前后一致性,即类比迁移是学习本节内容的一种重要方式。另外,本节课的概念形成与辨析过程还需要多次经历归纳与演绎、特殊与一般、数与形、正向与逆向等思维方式的转化。

三、实践创新

(一) 跨学科角度

"最值问题"不仅存在于数学领域,也存在于物理、化学、体育、音乐等领域,如用料最省、速度最快、经济效益最大、最佳射门位置等最优化问题。由此可见,函数的最值具有广泛的应用。

(二) 现实意义

通过学习,学生不仅能学会研究函数性质的基本方法,也能体会数学来源于生活又服务于生活。函数的最值的学习让学生体会到具体与抽象、特殊与一般的辩证关系,这也是认识事物的一般方法。

(三) 德育价值

引导学生经历从具体问题抽象概括出"函数的最值"概念的过程,结合图像引领学生捕捉、提取信息。鼓励学生在获得知识的过程中,敢于质疑,合作交流。培养学生的理性精神和创新精神。

【课时大概念层级金字塔】

通过上述单元统整教学的内容分析,提炼出本节课的课时基础概念:二次函数在实数范围内的最值、不等式的性质、基本不等式、代数式的最值、函数的单调性、函数的定义域与对应关系、函数值。根据基础概念之间的关系,确定本节课的课时关键概念:函数的最大值与最小值、数形结合、特殊与一般、具体与抽象、类比。从关键概念看,本节课的教学目标在于引导学生用代数语言刻画函数图像上最(高)低点的纵坐标,掌握函数最值的概念,进一步深化对函数概念的理解,为以后用函数模型解决问题做铺垫。为此,提炼出本节课的课时大概念:函数的最值是函数图像上最高点和最低点的纵坐标的代数刻画。于是,得到本节课的课时大概念层级金字塔(见图 2)。

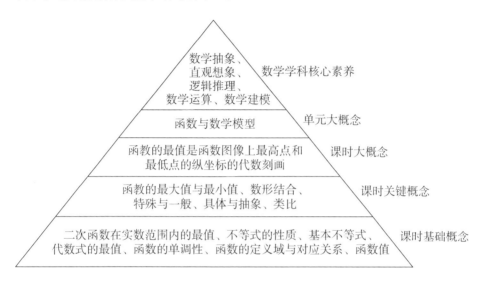

图 2   函数的最值的课时大概念层级金字塔

【教学目标】

1. 理解函数最值的概念,提炼函数有最值的充要条件,会在简单情形下运用函数的图像、单调性和对称性求解函数的最值。

2. 经历从具体的一次函数、二次函数图像最高点、最低点的纵坐标到一般函数最值的代数刻画的抽象概括过程,体会从特殊到一般、从具体到抽象的思想方法,发展直观想象、数学抽象、逻辑推理等核心素养。

3. 通过课堂学习活动,培养合作精神,提高合作意识。通过对定义的思辨,联系之前的函数学习,体会定义的合理性,感悟概念形成的思维线索,并在相互交流的过程中学会使用符号语言简洁、准确地进行数学交流和表达,进而获得成功的体验。

【教学重难点】

教学重点:函数的最大值、最小值的概念以及求简单函数的最值。

教学难点:函数的最大值或最小值概念的理解,尤其是定义中对"任意""都有"等涉及无限取值的语言的理解和使用。

【教学过程】

一、复习引入,温故求新

请作出下列函数的大致图像,判断函数的单调性,并指出函数图像的最高点和最低点。

(1) $y = 2x + 1, x \in [1, 2]$;　(2)$y = x^2 - 2x, x \in (-2, 2]$。

生 1:作出函数 $y = 2x + 1$ 在区间 $[1, 2]$ 的大致图像,由于该函数在区间 $[1, 2]$ 上是严格增函数,因此该函数图像的最高点是 $(2, 5)$,最低点是 $(1, 3)$。

生 2:作出函数 $y = x^2 - 2x$ 在区间 $(-2, 2]$ 的大致图像,函数在区间 $(-2, 1]$ 是严格减函数,在区间 $(1, 2]$ 上是严格增函数,该函数图像无最高点,最低点是 $(1, -1)$。

师:从函数的定义域和值域的角度看,函数图像上点的横坐标对应函数的什么? 点的纵坐标对应函数的什么?

生 3:函数图像上点的横坐标对应函数定义域中的元素,函数图像上点的纵坐标对应函数值域中的元素。

师:那么函数图像最高点、最低点的纵坐标分别对应函数的什么呢?

生 4:函数图像最高点的纵坐标对应函数值域中的最大元素,函数图像最低点的纵坐标对应函数值域中的最小元素。

师:以函数 $y = 2x + 1, x \in [1, 2]$ 为例,你能否从"数"的角度表述"函数图像最低点的纵坐标是函数值域中的最小元素"?

生 5:记 $f(x) = 2x + 1$。对任意的 $x \in [1, 2]$,都有 $f(x) \geqslant f(1)$。

师:若对任意的 $x \in [1, 2]$,都有 $f(x) \geqslant f(1)$,则称 $f(1)$ 为函数$y = 2x + 1$,$x \in [1, 2]$ 的最小值。

设计意图:通过具体的函数图像,理解函数图像点的纵坐标、横坐标与函数定义域、值域元素的对应关系,进一步理解函数最低点的纵坐标对应函数值域中元素的最小值,即函数的最小值;函数最高点的纵坐标对应函数值域中元素的最大值,即函数的最大值。

二、形成概念,理解辨析

函数的最值

问题1:根据引例,你能否抽象概括出一般函数 $y=f(x),x\in D$ 最小值的定义?

生6:函数 $y=f(x),x\in D$ 在 x_0(其中 $x_0\in D$)处的函数值为 $f(x_0)$,若对任意的 $x\in D$,都有 $f(x)\geqslant f(x_0)$,则称 $f(x_0)$ 为 $y=f(x),x\in D$ 的最小值。

追问:"任意"改成"存在"可以吗?

生7:不可以。如引例中函数 $y=2x+1,x\in[1,2]$。仍记 $f(x)=2x+1$。对于 $\frac{3}{2}\in[1,2]$,存在 $f(2)>f\left(\frac{3}{2}\right)$,但 $f\left(\frac{3}{2}\right)$ 不是最小值,因为 $f\left(\frac{3}{2}\right)>f(1)$。

问题2:函数一定有最小值吗?

生8:不一定,例如 $y=2x+1,x\in(1,2]$ 无最小值,因为 $x=1$ 不是该函数的定义域,即 $f(1)=3$ 不是该函数值域中的元素。

师:函数有最小值的条件是什么?

生9:假设 M 是函数的最小值,则 M 需要满足两个条件。条件1:M 是值域中的元素,即存在 $x_0\in D$,使 $f(x_0)=M$;条件2:M 是值域中的最小元素,即对任意的 $x\in D$,有 $f(x)\geqslant M$。

问题3:类比函数最小值的定义,函数最大值该如何定义?

生10:函数 $y=f(x),x\in D$ 在 x_0(其中 $x_0\in D$)处的函数值为 $f(x_0)$,若对任意的 $x\in D$,都有 $f(x)\leqslant f(x_0)$,则称 $f(x_0)$ 为 $y=f(x),x\in D$ 的最大值。

师:函数是否都有最大值?

生11:不是,例如函数 $y=x^2-2x,x\in(-2,2]$,这个函数没有最大值,因为若记 $g(x)=x^2-2x,g(-2)$ 不是该函数值域中的元素。

师:函数 $y=x^2,x\in[-1,1]$ 的最大值是多少?在何处取到最大值?

生 12:最大值是 1,在 $x=1$ 和 $x=-1$ 处取到。

师:由此你发现了什么?

生 13:函数的最值不一定存在,但若函数的最值存在,必定唯一。但是使得函数取到最值的自变量不唯一。

师:非常棒! 函数的最大值和最小值所对应的图像上的点称为最大值点和最小值点。根据同学们的发现,我们可以知道,函数若有最值,则最值唯一。但是函数的最大值点和最小值点不唯一。

设计意图:通过三个问题,让学生经历从特殊到一般、从具体到抽象的函数最值定义的抽象概括过程,发展数学抽象素养。

活动:判断下列说法是否正确,请说明理由。

(1) 定义在 **R** 上的函数 $y=f(x)$,恒有 $f(x) \leqslant 2$,则此函数的最大值是 2。

生 14:这个说法是正确的。

生 15:我不同意生 14 的看法,我认为这个说法是错误的。因为 2 不一定是函数值域中的元素。例如函数 $y=f(x)$,其中 $f(x)=1$,恒有 $f(x) \leqslant 2$,根据函数有最大值的条件,2 显然不是函数 $y=f(x)$ 的最大值。

师:生 14,你认可生 15 的回答吗?

生 15:老师,我明白了。若函数有最大值,则这个值必须是值域中的元素,即要取到,且是最大的那个。

(2) 函数 $y=f(x)$ 的值域是 $\{-1\} \cup [2, +\infty)$,则此函数的最小值是 -1。

生 16:这个说法是正确的,-1 是值域中的元素,且是最小的,所以此函数的最小值是 -1。

(3) 设函数 $y=f(x)$ 的定义域是 D,若存在 $x_0 \in D$,使得任意 $x \in D$,且 $x \neq x_0$,有 $f(x) < f(x_0)$,则 $f(x_0)$ 是函数 $y=f(x)$ 的最大值。

生 17:这个说法是正确的,由题意可知,x_0 是定义域中的元素,则 $f(x_0)$ 是值域中的元素;其次,由任意 $x(x \neq x_0) \in D$,$f(x) < f(x_0)$,可知 $f(x_0)$ 是值域中最大的元素。所以 $f(x_0)$ 是函数 $y=f(x)$ 的最大值。

设计意图:通过生生互评、师生互动的辨析活动,让学生理解函数最值的概念,进一步体会函数有最值的条件:(1)函数的最值是函数值域中的元素;(2)函数的最值是函数值域中元素最小(大)的。

三、例题讲解,巩固新知

例 1　求函数 $y=x^2-2x,x\in(-2,2]$ 的最大值与最小值。

解:函数 $y=x^2-2x$ 在区间 $(-2,1]$ 上是严格减函数,在区间 $[1,2]$ 是严格增函数,所以该函数在 $x=1$ 处取到最小值,为 -1,且由函数有最大值的条件,-8 不是函数值域的元素,所以该函数无最大值。

设计意图:在理解了函数的最值概念后,教师示范如何求解引例中第 2 个函数的最值过程,旨在引导学生养成有理有据,规范书写的解题习惯,发展逻辑推理的核心素养。

例 2　求下列函数的最大值与最小值。(黑板练习)

(1) 函数 $y=-x^2+1,x\in[-1,2]$;　(2) 函数 $y=\dfrac{2}{x},x\in[1,2]$。

生 18:函数 $y=-x^2+1$ 在区间 $[-1,0]$ 上是严格增函数,在 $[0,2]$ 是严格减函数,所以该函数在 $x=0$ 处取到最大值,为 1;在 $x=2$ 处取到最小值,为 -3。

生 19:由于函数 $y=\dfrac{2}{x}$ 在区间 $[1,2]$ 上是严格减函数,所以函数在 $x=1$ 处取到最大值,为 2;在 $x=2$ 处取到最小值,为 1。

小结:函数 $y=f(x)$,它的最大值和最小值即为函数图像最高点和最低点的纵坐标。

变式 1　求分别满足下列条件的函数 $y=f(x),x\in[a,b]$ 的最小值与最大值。

(1) 函数 $y=f(x)$ 在区间 $[a,b]$ 上是增函数。

生 20:因为函数 $y=f(x)$ 在区间 $[a,b]$ 上是增函数,所以函数 $y=f(x)$ 在 $x=a$ 处取到最小值,为 $f(a)$;在 $x=b$ 处取到最大值,为 $f(b)$。

(2) 函数 $y=f(x)$ 在区间 $[a,b]$ 上是减函数。

生 21:因为函数 $y=f(x)$ 在区间 $[a,b]$ 上是减函数,所以函数在 $x=a$ 处取到最大值,为 $f(a)$;在 $x=b$ 处取到最小值,为 $f(b)$。

小结:闭区间 $[a,b]$ 上的单调函数 $y=f(x)$,它的最大值和最小值一定在区间端点 a 和端点 b 处取到。因此,对于具有单调性的函数,可以借助其单调性求得其最值。

设计意图:通过例 2 让学生理解最值求法由函数单调性、对称性决定,并且单调函数在闭区间的最值在区间端点处取到。

例 3 已知 $a<2$,求函数 $y=|x-1|$,$x\in[a,2]$ 的最大值。

师:带参数的函数最值问题是最值的重要组成部分,对于含参数的函数最值问题,要依据所给区间与函数的单调区间的位置关系进行讨论。随着参数取值的不同,函数的图像会随着变化,导致最值的变化,所以对参数的讨论是解决问题的关键。

生 22:对于函数 $y=|x-1|$,当 $x\geqslant1$ 时,$y=x-1$;而当 $x\leqslant1$ 时,$y=-x+1$。因此函数 $y=|x-1|$ 在区间 $[1,+\infty)$ 上是严格增函数,在区间 $(-\infty,1]$ 上是严格减函数。

(1) 当 $1\leqslant a<2$ 时,$y=|x-1|$ 在区间 $[a,2]$ 上是严格增函数,此时,函数的最大值为 1。

(2) 当 $a<1$ 时,$y=|x-1|$ 在区间 $[a,1]$ 上是严格减函数,而在区间 $[1,2]$ 上是严格增函数,此时,函数的最大值为 $|2-1|$ 与 $|a-1|$ 中的较大者。因此,当 $a<0$ 时,该函数的最大值为 $|a-1|=1-a$;而当 $0\leqslant a<1$ 时,该函数的最大值为 1。

综上所述,当 $a<0$ 时,该函数的最大值为 $1-a$;当 $0\leqslant a<2$ 时,该函数的最大值为 1。

变式:已知 $a<2$,写出函数 $y=|x-1|$,$x\in[a,2]$ 的最小值。

生 23:(1)当 $1\leqslant a<2$ 时,$y=|x-1|$ 在区间 $[a,2]$ 上是严格增函数,此时函数的最小值为 $a-1$;(2)当 $a<1$ 时,$y=|x-1|$ 在区间 $[a,1]$ 上是严格减函数,而在区间 $[1,2]$ 上是严格增函数,此时函数的最小值为 0。综上所述,当 $1\leqslant a<2$ 时,该函数的最小值为 $a-1$;当 $a<1$ 时,该函数的最小值为 0。

设计意图:例 3 是求函数在含有参数的闭区间上的最值,需要对参数进行讨论;解答过程中,学生需要整合函数的图像、单调性等知识,从而进一步深化对函数最值定义的理解。

四、课堂小结,凝练升华

师:回顾本节课,我们今天学习到了什么?

生24:函数最大(小)值的定义,以及求函数最值的方法:借助函数的单调性、对称性、图像观察等去求解。

师:我们已经学习了函数的奇偶性、单调性和函数的最值,大家归纳一下这几个性质的异同点?

生25:函数的奇偶性和最值是函数的整体性质,函数的单调性是函数的局部性质。通过研究函数的单调性和对称性,容易得到函数的最值。如果一个函数具有奇偶性,只需要研究这个函数在 $x>0$ 的部分就足够了,这样就可以简化研究函数以及函数性质的过程,达到事半功倍的效果。

师:与函数奇偶性和单调性一样,函数的最值也是函数的一个基本性质,对比三者的研究思路,你有没有发现相似之处呢?(师生共同归纳出如图3所示的概念图)

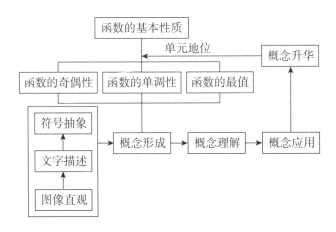

图3　函数的性质结构图

设计意图:围绕"函数的最值"的概念以及最值的求解进行总结,然后,从数学联系与整体结构的角度对函数的几个性质进行对比,促使学生形成单元认知结构。

【自我评述】

一、高观点整合设计,在单元统整中实施有关联的学习

将同一单元中相互关联的知识和方法整合,并在不断类比辨析中将联系和区别梳理清楚,帮助学生建立牢固的认知结构。教学设计始终围绕函数单元的核心思想展开,结合主题内容展开研究,遵循学生的认知规律,在函数单元背景下,单元整体设计学习过程。

本节课是在学习了"函数的奇偶性以及单调性"这两个函数性质基础上进一步研究函数的性质,故沿用之前奇偶性和单调性的研究思路,即"概念形成—概念理解—概念应用—概念升华"这一主线,体现了函数单元研究方法的一致连贯性,同时这也是概念学习的一般路径。

"随自变量的变化,研究函数值的变化规律"是函数大单元的核心思想,在中学阶段"函数的最值"这一主题开展的研究主线是"直观感知—抽象论证—导数工具"。本节课之前学生已经学习了二次函数的最值和代数式的最值,直观感知了"函数的最值";另外已学习了"函数的奇偶性"和"函数的单调性"这两个基本性质,积累了在直观感知基础上抽象概括出概念的基本活动经验,这是学生学习的逻辑起点。引导学生归纳,把函数的性质统整关联起来,形成清晰的知识结构网络图,同时发展了元认知,提升了数学核心素养。

二、遵循认知结构,搭建有梯度的学习支架

教师要提供问题支架,探究任务推进方式。教师不能只设计任务本身,还要设计发散性问题和渐进性问题,帮助学生打开思路,引导学生逐步分析,最终顺利获取新知识。如文中设计的问题链就是层层递进的。学生对函数的最大(小)值的学习还不够深入,因此,教师在教学时要注意以下几点:一是从具体实例中抽象出函数最大值和最小值的概念,即借助直观和新旧知识的矛盾冲突激发学生的探究热情;二是充分利用学生已有的知识经验和生活经验,进一步遵循学生的认知规律,让学生经历从直观到抽象的思维过程,再通过对概念的思辨,

经历从感性到理性的认知过程;三是在概念升华过程中进行知识方法总结,形成单元知识概念图,引导学生在建构知识的同时体会研究方法和思路,将新学习的内容内化到自己的认知结构中,从而扩大认知结构,形成数学知识和思想方法的整体结构,形成结构化的思维,丰富元认知。同时,教师要注意打通中学阶段学习该主题的三个环节,让学生对该主题有整体的把握,从而更清晰地建立知识之间的联系。

三、建构归纳通道,完善认知结构

函数的最值以及函数的奇偶性、单调性是后续学习其他性质和其他方程曲线等问题的基础,要在函数性质研究层面上逐步形成知识和方法系统。

组织学生对相同本质的问题进行对比分析,寻找异同点。例如,函数的性质都是随自变量的变化,研究函数值的变化规律;研究方法都是先从几何直观(观察图像)入手,然后运用自然语言描述函数的图像特征,最后用符号语言刻画相应的数量特征。要帮助学生建立通畅的认知通道,促进学生对知识的顺应和同化,实现从理解到迁移再到多元表征的转变。为了能实现代数语言、图形语言、符号语言的相互表征和识别,在后续学习中,要不断渗透、不断完善,从而使知识方法和思维逻辑螺旋式上升,进而对数学学习的整体结构有更深的把握,达到单元内统整、单元间统整的教学目的,最终指向核心素养的提升。

【参考文献】

[1] 中华人民共和国教育部.普通高中数学课程标准(2017 年版 2020 年修订)[S].北京:人民教育出版社,2020:4-8.

[2] 徐亮."函数的最大值与最小值"(第一课时)教学设计[J].上海中学数学,2015(A1):38-40.

(案例提供者:华东师范大学松江实验高级中学　徐素琳老师、

上海市松江二中　肖光华老师)

案例8　用函数观点求解方程与不等式(第二课时)

【教学对象】

本节课的教学对象是上海市实验性示范性高中一年级创新实验班的学生。

【单元统整教学的内容分析】

用函数观点求解方程与不等式(第二课时)是上海教育出版社出版的《普通高中教科书　数学》必修课程第5章第3节的内容,隶属于函数主题。函数、方程、不等式是初等数学代数中非常重要的内容,在学习了函数概念与性质后,从函数视角来解决方程、不等式问题,一方面体现了三者之间的密切联系,凸显了数学知识的整体性与联系性,另一方面提供了一种研究问题的视角,即用函数观点研究问题,对后续用函数观点研究数列等内容具有借鉴作用。

一、知识建构

(一) 知识学习的先决条件

学生在初中和高中学习过函数、方程与不等式相关内容,已经掌握了求解一些常见方程(组)与不等式(组)的方法。此外,学生也学习过幂函数、指数函数、对数函数,并由此抽象出了一般函数的概念和性质,进而研究了一些基本初等函数以及由基本初等函数运算、复合而成的新函数。在函数零点的学习中,学生也已经知道函数的零点即函数图像与 x 轴交点的横坐标,也可以看作对应方程的根,初步建立了函数与方程之间的联系。

（二）知识的发生背景

学习用函数观点求解方程与不等式,主要源自知识学习的内部需求,学生虽然已经掌握了一些方程(组)与不等式(组)的求解方法,但是难以求解一些超越方程、超越不等式,如"$2^x+\log_2 x=2$"时,尽管有时能凑出解,但难以说明解的个数、解的唯一性等问题。此外,在利用函数模型解决生产、投资等现实问题时,时常会遇到无法直接求解的方程或不等式问题。利用函数观点来求解方程与不等式,既提供了一种解题策略,也提供了一种思想方法。进一步,利用函数观点可以解决方程有解、方程解的个数、不等式恒成立等多种类型问题。

（三）知识的内在结构

函数、方程、不等式是中学代数中非常重要的三项内容,之前学生对它们的认识是孤立的,没有体会过三者的关联。事实上,函数主要是研究两个变量之间的关系,当其中一个变量确定时,求解另一个变量便成了方程问题;当一个变量在某个区间变化时,求解另一变量的范围便成了不等式问题。通过学生熟悉的一元二次函数、一元二次方程、一元二次不等式入手,体会三者之间存在的密切联系(见图 1),在第二课时通过由幂函数、指数函数、对数函数等基本初等函数运算、复合而成的新函数进一步认识一般函数与方程、不等式之间的关联,并研究方程有解、方程解的个数、不等式恒成立等问题,实现知识结构的完善与认知的提升。

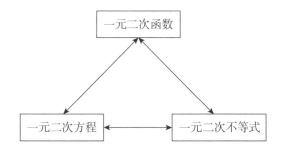

图 1　一元二次函数、一元二次方程、一元二次不等式的联系

（四）思想方法

本节的学习,不仅是让学生学会用函数观点解决方程与不等式,而且要

将函数视为一种观点,明确如何用函数这一观点看待其他知识,体会知识间的联系,为后续用函数观点看待数列等其他知识内容提供方法指导。本节教学中,通过初中一元一次函数与对应方程、不等式的联系类比到"三个二次"的联系。此外,从"三个一次"到"三个二次"再到一般函数与对应方程、不等式的联系,经历了从特殊到一般的研究过程,升华了认知。在解决具体问题中,体现数形结合、转化与化归、函数与方程、分类讨论等思想方法,积累相关活动经验。

（五）知识的学科价值

用函数观点求解方程与不等式,一般需要对式子进行变形,转化为研究函数的性质或研究两个函数图像的交点、位置关系等,不同的变形转化会得到不同的函数,呈现出不同的繁易程度,体现了问题解决的多元性。利用函数的观点关联其他知识内容,不仅体现了数学知识的整体性,还体现了联系的哲学观念。此外,本节课承载着直观想象、逻辑推理、数学运算等核心素养的培育任务。

二、认知方式

（一）认知阶段

学生对函数、方程与不等式的认知,经历了从孤立到整合的过程。第 2 章中,学生通过学习相等关系与不等关系两种基本的数量关系,对方程与不等式有了较深入的认识,但此时的认知是孤立的,还无法将两者联系起来。在第 4、5 章的学习后,学生初步掌握了幂函数、指数函数、对数函数的图像与性质,并抽象出函数的概念,归纳了函数的性质,学会了研究函数的一般方法。此时,学生以联系的观点来看待函数与方程、不等式的关系,便能将三者整合起来,体会内在的密切关联,实现认知的提升。

（二）认知起点

学生在第 2 章学习了方程与不等式的相关内容,这是研究函数与方程、不等式关联的基础。第 4、5 章从图像与性质角度研究了幂函数、指数函数、对数函数,并抽象出一般函数的概念和性质,学生能够初步借助图像研究函数性质,这为研究一般函数与对应方程、不等式之间的关系提供了能力基础。函数的零点揭示了方程的根与函数图像和 x 轴交点横坐标之间的联系,为三者的关联提供了认知基础。此外,学生目前处于经验性的逻辑思维,很大程度上仍需依赖具体形象的内容来理解抽象复杂的问题。

(三) 认知障碍

首先,学生在处理方程、不等式问题时会先入为主地选择先前的代数解法,对于用函数观点看待方程、不等式的意识较弱;其次,在解决较复杂的含参方程、含参不等式问题中,学生不知如何对式子进行恰当的转化。究其原因,一方面,学生对函数的学习和认识还不深入,只是将其视作一个独立知识点,而没有将其视作一种观点、一种观察的视角,无法将其与其他知识有机融合;另一方面,学生不会分析复杂函数的结构,缺乏对复杂函数研究的经验。教学中,需要强化函数与方程、不等式的联系,强调用函数的观点看待其他知识内容;对于复杂函数,需要引导学生学会剖析其结构,化归为基本初等函数的运算、复合。此外,学生处理抽象复杂问题的能力还较弱,因此,在教学时需要充分利用直观来帮助学生理解所学内容,即利用好函数图像来研究函数性质,进而解决方程、不等式等问题。

(四) 思维方式

用函数观点求解方程与不等式,函数是核心。函数的研究主要是对图像与性质的研究,因此在求解方程与不等式的思维方式上,遵循了函数的研究方式,通过函数图像来研究性质,进一步来求解方程与不等式,对于无法画出图像的情形,则可以直接分析其性质。函数图像与性质的研究涉及数与形的转化。事实上,求解方程与不等式问题的关键便是数与形的选择,选择数则可以按照纯粹的代数解法,或者转化为对应函数,分析函数性质;选择形,方程的解则可以看作两个函数图像交点的横坐标,不等式可以看作两个函数图像的相对位置关系;有时甚至需要数与形齐头并进,使学生体会"数缺形时少直观,形少数时难入微"的含义。

三、实践创新

（一）现实意义

相等关系和不等关系是最基本的两类数量关系，方程与不等式是表示相等关系和不等关系的基本工具。现实生活中，存在着大量相等关系和不等关系，通过数学建模的方式，可以用数学的方法解决现实问题，但是现实问题中的方程与不等式往往较复杂，传统的代数解法往往不适用，因此借助函数观点求解并利用信息技术辅助是解决这类现实问题的常用策略。

（二）德育价值

利用函数观点求解方程与不等式，体现的是一种联系的观点。通过本节学习，将先前所学内容有机统一起来，让学生体会数学知识的整体性与联系性，用普遍联系的方法去学习数学。本节内容的学习实际上为学生提供了一种世界观与方法论，学生用联系的观点看待事物，才能更好地体会辩证唯物主义思想。

【课时大概念层级金字塔】

通过上述单元统整教学的内容分析，提炼出本节课的课时基础概念：方程（组）与不等式（组）的解法、幂的概念及运算性质、指数的概念及运算性质、对数的概念及运算性质、幂函数的图像与性质、指数函数的图像与性质、对数函数的图像与性质、函数的概念与性质、函数的零点。根据基础概念之间的关联，确定本节课的课时关键概念：用函数观点求解方程与不等式、函数与方程、数形结合、转化与化归、分类讨论。从关键概念看，本节课的教学目标在于引导学生基于函数观点处理方程、不等式问题，体会函数与方程、不等式之间的联系，进而感悟数学知识的联系性与整体性。为此，提炼出本节课的课时大概念：函数是联系方程与不等式的纽带。于是，得到本节课的课时大概念层级金字塔（见图 2）。

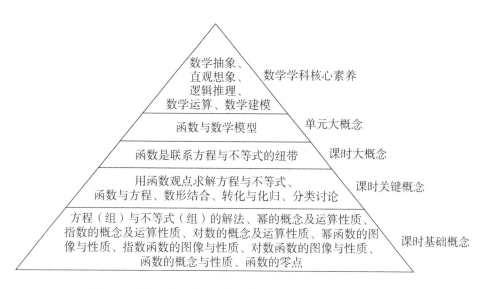

图 2　用函数观点求解方程与不等式的课时大概念层级金字塔

【教学目标】

1. 让学生学会用函数观点求解方程与不等式,体会三者之间的密切联系。

2. 让学生经历用函数观点求解方程与不等式的过程,感受数形结合、转化与化归、分类讨论等思想方法。

3. 让学生体会数学知识之间的联系和函数知识的广泛应用,逐步养成从不同角度看问题的习惯。

【教学重难点】

教学重点:用函数观点求解方程与不等式。

教学难点:会用函数观点处理方程与不等式问题。

【教学过程】

一、复习回顾

师:同学们,我们之前学习了函数的零点,谁能说说函数的零点是什么?

生 1:函数 $y=f(x),x\in D$ 的零点就是方程 $f(x)=0$ 在集合 D 中的解,也是该函数图像与 x 轴交点的横坐标。

师:很好!这位同学从代数和几何两个角度解释了函数的零点。这就将方程与函数联系了起来,上节课我们利用函数的观点解决了三次方程的整数解问题。除此之外,上节课我们还学习了什么?

生 2:我们从函数的观点重新看一元二次不等式,比如把求解不等式 $ax^2+bx+c>0(a>0)$ 转化为求函数 $y=ax^2+bx+c(a>0)$ 的图像上位于 x 轴上方的所有点的横坐标 x,再通过函数的单调性和零点,直观地求解。

师:是的,在学习了函数的概念和性质后,重新回头审视先前的方程与不等式,我们发现了别样的风景。函数与方程、不等式都有着密切的联系,函数的观点为我们解决方程和不等式问题提供了一种新思路。今天,我们进一步来感受用函数观点在求解方程与不等式问题中的别样风采!

设计意图:通过复习回顾,引导学生认识函数的零点揭示了函数与方程的联系,借助函数的观点,可以处理一些先前不易解决的方程问题;同样,在函数观点下,可以通过二次函数图像更直观地求解二次不等式。由此初步感受函数与方程、不等式之间的紧密关联,为进一步利用函数观点解决更多方程和不等式问题做认知铺垫。

二、用函数观点求解不等式

例 1　解不等式:$1+\log_2 x>2$。

生 3:直接移项化为 $\log_2 x>1$,再化为 $\log_2 x>\log_2 2$,因为对数函数 $y=\log_2 x$ 在 $(0,+\infty)$ 上是严格增函数,因此原不等式的解集为 $(2,+\infty)$。

师:不错,这位同学借助对数函数的单调性,从代数角度求解了这个不等式。

问题 1:能从其他角度求解这个不等式吗?

生 4:不等式 $\log_2 x>1$ 的解可以看作函数 $y=\log_2 x$ 的图像上位于函数 $y=1$ 图像上方的所有点的横坐标 x 的取值范围(见图 3)。函数 $y=\log_2 x$ 与 $y=1$ 的交点是 $(2,1)$,通过图像,易知原不等式的解集为 $(2,+\infty)$。

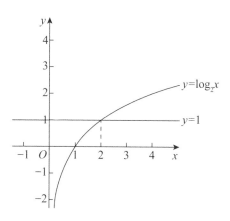

图 3　函数 $y=\log_2 x$ 与函数 $y=1$ 的图像

师:很棒!这位同学从几何角度,将不等式看作两个函数的相对位置关系,通过图像,直观地完成了求解。

变式:解不等式:$2^x+\log_2 x>2$。

师:能从代数角度求解吗?

生 5:好像不行,不等号左边的形式太复杂了。

问题 2:能否利用函数观点求解这个不等式?

(给学生一些时间思考,教师巡视,之后学生回答。)

生 6:我把原不等式变形为 $\log_2 x>2-2^x$,画出函数 $y=\log_2 x$ 与函数 $y=2-2^x$ 的图像(见图 4),函数 $y=\log_2 x$ 在 $(0,+\infty)$ 上是严格增函数,函数 $y=2-2^x$ 在 **R** 上是严格减函数,两者的图像仅有一个交点 $(1,0)$。而不等式 $\log_2 x>2-2^x$ 的解可以看作函数 $y=\log_2 x$ 的图像上位于函数 $y=2-2^x$ 图像上方的所有点的横坐标 x 的取值范围,因此,原不等式的解集为 $(1,+\infty)$。

师:非常好!面对复杂的式子结构,生 6 通过移项变形,将复杂的式子转化为两个熟悉的函数,进而借助它们的图像位置关系,求得了原不等式的解集。这种将陌生情境转化到熟悉情境,化繁为简的转化思想非常实用!

生 7:还可以把原不等式变形为 $2^x>2-\log_2 x$。

师:你说得很好!事实上,变形的方式有很多种,但是本质并没有变化,目的都是化归到熟悉的函数。

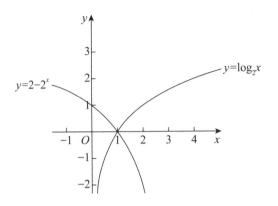

图 4   函数 $y=\log_2 x$ 与函数 $y=2-2^x$ 的图像

追问:能从代数角度求解这一不等式吗?

生 8:如果把不等式 $2^x+\log_2 x>2$ 看作方程 $2^x+\log_2 x=2$,那 $x=1$ 就是方程的一个解,不等式的解集就是 $(1,+\infty)$ 了。

生 9:为什么解集一定是 $(1,+\infty)$,不能是 $(-\infty,1)$ 呢?

师:生 9 的质疑切中要害。除了 $x=1$,方程 $2^x+\log_2 x=2$ 是否还有其他解呢?

生 8:我知道了!把不等式左边看作函数 $y=2^x+\log_2 x$,记 $f(x)=2^x+\log_2 x$,因为这个函数是由两个严格增函数"相加"得到的,所以它也是严格增函数,而 $f(1)=1$,所以原不等式变成了 $f(x)>f(1)$,根据函数的单调性,它的解集一定为 $(1,+\infty)$。

师:非常好,生 8 的解法与例 1 的代数解法类似,只不过这里的函数形式更复杂,刚才有同学觉得太过复杂而放弃了研究,但仔细观察其结构可以发现,此处的函数是由两个熟悉的函数运算得到的,可以说是"熟悉的陌生人"。我们可以利用函数性质这一工具来分析一般的函数,因此大家不必惧怕形式复杂的函数!不过刚才生 8 直接得到函数 $y=2^x+\log_2 x$ 是严格增函数,缺乏一些严谨性,还需要代数论证。谁能来补充一下?

生 10:任取 x_1、$x_2 \in (0,+\infty)$ 且 $x_1<x_2$,因为 $y=2^x$ 与 $y=\log_2 x$ 在 $(0,+\infty)$ 上是严格增函数,所以 $2^{x_1}<2^{x_2}$,$\log_2 x_1<\log_2 x_2$,由不等式的性质得

$2^{x_1}+\log_2 x_1<2^{x_2}+\log_2 x_2$，即 $f(x_1)<f(x_2)$，所以函数 $y=2^x+\log_2 x$ 在 $(0,+\infty)$ 上是严格增函数。

师：在大家的共同努力下，我们顺利完成了变式的求解！谁能来小结一下如何用函数观点处理不等式问题？

生 11：用函数观点求解不等式，可以从代数和几何两个角度处理，代数角度一般是结合对应函数的单调性求解不等式，几何角度则是从两个函数的相对位置关系求解不等式。

师：你总结得很好，补充一点，对于形式较复杂的不等式，需要先对不等式进行变形转化，特别地，从几何角度求解时，转化的原则是将两边化归到熟悉的函数。

设计意图：例 1 旨在从简单问题入手，在用函数观点求解不等式时，让学生学会从代数和几何两个角度分析，初步感知用函数观点求解不等式的方法。例 1 的变式，不等式的形式更复杂，旨在引导学生透过复杂结构理解式子的本质，仍从代数与几何两个角度求解不等式，最终归纳总结用函数观点求解不等式的方法，进一步体会方法，完善认知结构。例 1 及变式的设计中，要求学生能够从数与形两个角度思考，体会数形结合思想，在变式的求解中，通过变形转化使得问题易于处理，体现了转化与化归的思想。整个设计能够提升学生直观想象、逻辑推理的能力。

课堂练习：若当 $x\in(1,2]$ 时，不等式 $x^2-2x\leqslant\log_a x-1$ 恒成立，则实数 a 的取值范围是_____。

(学生当堂练习，教师巡视指导，之后请学生上台讲解)

生 12：将问题转化为当 $x\in(1,2]$ 时，不等式 $(x-1)^2\leqslant\log_a x$ 恒成立，也就是当 $x\in(1,2]$ 时，函数 $y=(x-1)^2$ 的图像始终在函数 $y=\log_a x$ 图像的下方。如图 5，对 a 进行分类讨论，当 $0<a<1$ 时，由图像可知，原不等式不成立；当 $a>1$ 时，通过图像可知，要保证 $(2-1)^2\leqslant\log_a 2$，可得 $1<a\leqslant 2$。综上所述，实数 a 的取值范围是 $(1,2]$。

师：很好，这是一道含参的不等式恒成立问题，生 12 运用我们刚才总结的方法解答了这道题，可见用函数观点处理不等式问题，不仅能求解不等式，还能解决更多的问题。

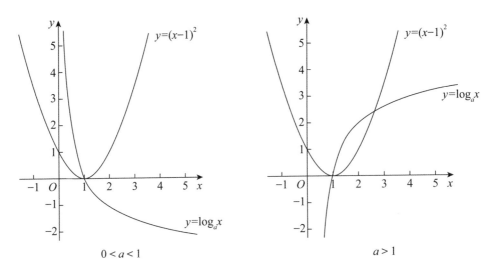

图 5　函数 $y=(x-1)^2$ 与函数 $y=\log_a x$ 的图像

设计意图:在小结后,通过课堂练习检验学生对知识的掌握程度,实时进行过程性评价。同时,让学生体会到用函数观点不仅能处理不等式求解问题,还能处理恒成立等含参问题,感受用函数观点处理问题的优势,将函数观点上升为一种数学思想。

三、用函数观点求解方程

师:大家已经能熟练运用函数观点求解不等式问题,接下来我们进一步来看如何用函数观点处理方程问题。

例 2　关于 x 的方程 $k\cdot 9^x - k\cdot 3^{x+1}+6(k-5)=0$ 在区间 $[0,2]$ 上有解,求 k 的取值范围。

生 13:先换元,令 $t=3^x$,原方程就化为 $kt^2-3kt+6(k-5)=0$,只要令 $\Delta\geqslant 0$ 就能算出 k 的取值范围。

生 14:不对,换元后 $t=3^x\in[1,9]$,因此是要求方程 $kt^2-3kt+6(k-5)=0$ 在 $t\in[1,9]$ 上有解,光有 $\Delta\geqslant 0$ 不够。

师:生 14 纠正了生 13 的错误,按照生 14 的思路,这是方程在某个区间上的有解问题,可以如何处理?

生 15:按照方程在 $t\in[1,9]$ 上有一解、两解进行分类讨论,但是方程在

$t\in[1,9]$上有一解时,又包括了 $\triangle=0$ 和 $\triangle>0$ 的情况,好麻烦。

师:生 15 给出了一个思路,这是我们之前处理方程的根落在某些区间时使用的策略,但是之前的问题,方程的根是在确定的区间内,现在只是要求有解,分类讨论当然可行,但似乎非常麻烦,那有没有其他方法呢?

(学生思考一会儿,互相讨论)

生 16:如果对换元后的方程进行变形,转化为 $k=\dfrac{30}{t^2-3t+6}$,那么 k 的取值范围

就是 $\dfrac{30}{t^2-3t+6}$ 的取值范围,只要求函数 $y=\dfrac{30}{t^2-3t+6}$,$t\in[1,9]$ 的值域就可以了。

师:非常棒! 生 16 将方程进行了变形,将要求的参数 k 置于等号一边,关于变量 t 的代数式置于等号另一边,这样原本的方程有解问题就转化成了什么问题?

多生回答:函数值域问题!

师:没错! 通过参变分离,我们将原本的方程有解问题转化成了求函数值域的问题,方程与函数之间可以进行互相转化。但是求解函数 $y=\dfrac{30}{t^2-3t+6}$,$t\in[1,9]$ 的值域似乎也比较麻烦,谁能优化一下?

生 17:将方程转化为 $\dfrac{30}{k}=t^2-3t+6$,这样右边就可以转化为熟悉的二次函数,求解值域很方便。

师:很好,通过恰当的变形,使得等号一边可以转化为熟悉的函数,这样更有利我们求解值域。请大家计算一下 k 的取值范围。

(给学生几分钟计算)

生 18:函数 $y=t^2-3t+6$,$t\in[1,9]$ 的值域为 $\left[\dfrac{15}{4},60\right]$,因此 $k\in\left[\dfrac{1}{2},8\right]$。

师:大家都做得很好! 接下来,我将例 2 的条件做一些更改,看看这个变式又该如何处理?

变式:关于 x 的方程 $k\cdot9^x-k\cdot3^{x+1}+6(k-5)=0$ 在区间 $[0,2]$ 上只有一解,求 k 的取值范围。

问题 3:变式与例 2 的区别是什么?

生 19:对方程的解的个数进行了限定,方程在区间 $[0,2]$ 上只有一解。

问题 4:能否按照例 2 的方法处理变式?

生 20:好像不行,对于方程 $\frac{30}{k}=t^2-3t+6$,求函数 $y=t^2-3t+6$ 的值域,不能保证该方程在 $t \in [1,9]$ 上只有一解。

师:那么什么时候不是一解呢?

生 20:比如 $\frac{30}{k}=4$ 时,这时函数 $y=t^2-3t+6$ 在 $t \in [1,9]$ 上就有两解 $t_1=1, t_2=2$。

师:如何理解这个两解? 很多同学似乎没有听明白。

生 20:可以把方程 $\frac{30}{k}=t^2-3t+6$ 左右两边转化为两个函数 $y=\frac{30}{k}$ 和 $y=t^2-3t+6, t \in [1,9]$,函数 $y=\frac{30}{k}$ 的图像是一条垂直于 y 轴的直线,函数 $y=t^2-3t+6, t \in [1,9]$ 的图像是开口向上的抛物线的一部分,它们有几个交点就表示原方程有几个解,当 $y=4$ 时,函数 $y=4$ 和函数 $y=t^2-3t+6, t \in [1,9]$ 的图像就有两个交点,说明原方程有两解(见图 6)。

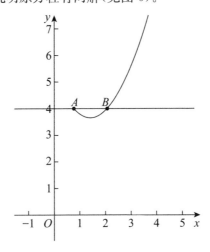

图 6 函数 $y=t^2-3t+6, t \in [1,9]$ 的图像

师:生 20 的想法很不错,他将方程等号两边转化为两个函数,将方程的解与什么等价起来了。

生 21:方程的解就是两个函数图像交点的横坐标。

师:那么方程有几个解就可以看什么?

生齐答:函数图像交点的个数!

师:很好! 从几何角度来看,方程的解等价于两个对应函数图像交点的横坐标,那么解的个数问题就转化为函数图像交点问题,现在这道变式能解决了吗?

生 22:从图像看,$\frac{30}{k}\in(4,60]$ 时,原方程都只有一解,所以 $k\in\left[\frac{1}{2},\frac{15}{2}\right)$。

生 23:还有一种情况也是一解,当直线 $y=\frac{30}{k}$ 与抛物线 $y=t^2-3t+6$,$t\in[1,9]$ 切于抛物线最低点时,两个图像只有一个交点,方程只有一解。因此 $k\in\left[\frac{1}{2},\frac{15}{2}\right)\cup\{8\}$。

师:很好! 大家在处理问题时要细致,不要漏解。例 2 的方程有解问题,我们能按照这个几何角度来求解吗?

生 24:也可以,方程有解就是两个函数图像有交点,不用管有几个交点,因此 $\frac{30}{k}\in\left[\frac{15}{4},60\right]$,即 $k\in\left[\frac{1}{2},8\right]$。

师:不错,从几何角度看,方程的解与函数图像交点的横坐标等价,这不仅可以解决方程有解问题,还可以进一步处理解的个数问题。

生 25:用之前的根的分布也能处理这道变式。原问题转化为方程 $kt^2-3kt+6(k-5)=0$ 在 $t\in[1,9]$ 上只有一解。当 $\Delta=0$ 时,解得 $k=0$(舍去)或 $k=8$,此时 $t=\frac{3}{2}\in[1,9]$,符合要求;当 $\Delta>0$ 时,考虑到二次函数 $f(t)=kt^2-3kt+6(k-5)$ 的对称轴为 $t=\frac{3}{2}\in[1,9]$ 且 $\left|\frac{3}{2}-1\right|<\left|\frac{3}{2}-9\right|$,故有两种情况 $\begin{cases}k>0\\k-3k+6k-30<0\\81k-27k+6k-30\geqslant0\end{cases}$ 或 $\begin{cases}k<0\\k-3k+6k-30>0\\81k-27k+6k-30\leqslant0\end{cases}$,解得 $k\in\left[\frac{1}{2},\frac{15}{2}\right)$。综

上所述,$k\in\left[\dfrac{1}{2},\dfrac{15}{2}\right)\cup\{8\}$。

师:很好,当限定解的个数后,之前根的分布的做法同样能处理。问题解决的方法有很多,选择何种策略大家可以自行判断选择。

师:我们今天重点研究了含参方程的有解问题,谁能来小结一下如何用函数观点处理这类问题?

生26:可以从代数与几何两个角度来思考。从代数角度看,可以通过参变分离将方程有解问题转化为函数值域问题,对于二次函数也可以用先前根的分布处理;从几何角度看,将方程的解与等号两边对应函数图像交点的横坐标等价,从而可以处理方程有解以及具体有几解的问题。

(学生边说教师边用课件展示图7)

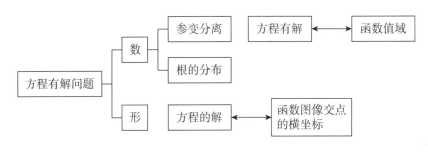

图 7 方程有解问题的常用策略

设计意图:上节课中,学生已经初步会用函数观点处理简单的方程求解问题,本节课在此基础上设计了例2及其变式,研究含参方程的有解问题,进一步体会用函数观点处理方程问题的重要意义,引导学生从数与形两个角度分析问题,体会数形结合思想。变式的设计是进一步研究解的个数问题,让学生自主体会数与形在解决不同类型的方程问题中有各自的优劣,加深对函数与方程思想的感悟。通过例2及变式的思考与求解,帮助学生构建方程有解问题的常用求解策略,形成知识技能结构,积累起这类问题的求解经验。

四、课堂小结

师:本节课大家一起体会了如何用函数观点求解不等式、处理含参的不等式恒成立、方程有解等问题,我们来总结一下。

生 27:利用函数观点处理不等式与方程问题时,可以从数与形两个角度分析。从代数角度看,对于不等式问题,可以利用函数的性质,如单调性,处理一些复杂形式的不等式求解;对于方程问题,可以通过函数性质的分析求解方程,也可以通过参变分离等方式将其转化为求函数值域的问题。

生 28:从几何角度看,不等式可以看作两个函数的相对位置关系,方程的解可以看作两个函数图像交点的横坐标,借助图像可以直观处理不等式的解、方程有解以及解的个数等问题。

师:很好,两位同学将今天我们所学的内容做了梳理整合,函数可以作为一种观点来帮助我们解题,这种思想在今后还会继续使用。通过这两节课的学习,我们可以感受到函数与方程、不等式之间有紧密的联系,数学知识具有整体性和联系性,我们也要学会用联系的眼光来看待数学知识,看待我们所处的世界。

设计意图:师生共同小结所学内容,将知识整合,形成用函数观点求解方程与不等式的方法体系,完善认知结构,引导学生认识到数学知识的联系性与整体性,渗透普遍联系的辩证唯物主义观点,形成"单元统整"的认知结构。

五、作业布置

1. 完成下列三道题(给出详细过程,鼓励一题多解)。

(1) 已知函数 $y=f(x)$,其中 $f(x)=1-\dfrac{2}{2^x+a}$(a 是常数)。

① 若 $y=f(x)$ 为奇函数,求实数 a。

② 证明:$y=f(x)$ 的图像始终在 $y=2^{x+1}-1$ 的图像的下方。

(2) 关于 x 的方程 $ax^2-(a-1)x+4=0$ 在区间 $[1,3]$ 内恰有一解,则实数 a 的取值范围是_____。

(3) 若关于 x 的方程 $\dfrac{|x|}{x-4}=kx^2$ 有四个不同的实数解,则实数 k 的取值范围为_____。

2. 结合所学,分别编制一道用函数观点求解方程、不等式的问题,提供详细解答。

设计意图:"双减"背景下,作业设计在精不在多。第 1 题中三个问题的设置具有一定梯度,要求学生基于课堂所学,进行技能迁移。题目的思维要求逐步提升,有助于提高学生分析问题、解决问题的能力。编制问题,既能考查学生对知识的掌握程度,又能激发学生的创新思维。

【自我评述】

本节课是"用函数观点求解方程与不等式"的第二课时,旨在让学生在求解方程与不等式问题的过程中进一步体会用函数观点解决问题的思想,学会用联系的眼光看待数学知识。

一、体会函数观点的统一性

函数是高中数学的一条重要主线,也是连接初等数学与高等数学的桥梁,在数学学习中具有重要作用。函数不仅是一类知识内容,更是一种思想方法。本节课前,学生分别学习了方程、不等式与函数,但对于三者的认知是孤立的。在本节知识的学习中,通过两课时的设计,循序渐进地引导学生学会用函数观点求解方程与不等式,形成函数观,让学生认识到函数与方程、不等式有着密切的联系。这是数学知识联系性与整体性的体现。此外,这对之后利用函数观点研究数列、曲线与方程等也具有借鉴作用。

二、利用函数观点研究问题的一般性

在利用函数观点求解方程与不等式相关问题时,尤其是解决含参方程的有解、含参不等式恒成立等问题时,通常可以从代数和几何两个角度处理问题。一是从代数角度,利用代数方法求解方程与不等式,或者利用函数性质处理相关问题。二是从几何角度,将方程与不等式转化为对应的一个或两个函数,借助图像的直观性处理相关问题。总的来说,函数是核心,图像是载体,转化是关键。借助图像的直观性与代数推理,将数与形相互结合,两者相互印证,让学生自主构建起知识的内在结构与关联,这样的方法在研究与函数相关的其他问题中也有一般意义,体现了单元统整的理念。

【参考文献】

［1］钟志华,刘鸿坤.基于联系观点的数学教学设计——以"方程的根与函数的零点"为例[J].数学教学,2020(2):21-25.

［2］周远方,裴光亚,殷希群,等."衔接价值"是衔接课教学设计的灵魂——"一元二次函数、方程和不等式"衔接课的课例赏析[J].中学数学教学参考,2017(10):16-19.

（案例提供者:上海市松江二中　蒋铖昊老师）

案例 9　余弦函数的图像与性质

【教学对象】

本节课的教学对象是上海市一般高中一年级的学生。

【单元统整教学的内容分析】

余弦函数的图像与性质是上海教育出版社出版的《普通高中教科书　数学》必修课程第 7 章第 2 节的内容,隶属于函数大单元中的三角函数主题。余弦函数的图像与性质是三角函数中与正弦函数、正切函数的图像与性质并列的三大内容之一,对研究其他函数的图像与性质起到基础作用,也为解决现实生活中的相关问题提供了重要的思想方法与理论指导。

一、知识建构

(一) 知识学习的先决条件

学生已经经历了用图像和代数运算研究幂函数、指数函数、对数函数的图像与性质,在这些基本初等函数的基础上学习了一般函数的概念、性质及应用。学生已经积累了研究特殊函数的活动经验,也了解了研究函数的一般思路。在学习本节内容前,学生学习了第 6 章三角,其中诱导公式对余弦函数的学习有着至关重要的作用。学生还学习了正弦函数的图像与性质,正弦函数与余弦函数有着十分紧密的联系,二者无论在图像特征还是研究方法上都有极为相似之处,这也为本节课的开展提供了丰富的方法指导。

（二）知识的发生背景

余弦函数是三角函数章节中的一个内容节点，与正弦函数、正切函数等一同构筑了丰富的三角函数世界。一方面，余弦函数的学习丰富了三角函数；另一方面，三角函数在刻画周期性现象中具有基础性作用，并且大多数的周期性现象都可以用正、余弦函数构成的无穷级数予以表征（傅里叶级数）。因此，余弦函数的学习为我们刻画生活中的周期现象提供了重要的数学工具。

（三）知识的内在结构

余弦函数隶属于三角函数主题单元，三角函数是描述周期现象的重要数学模型，也是基本初等函数之一，在数学和其他领域中有着重要作用。比如，三角函数在向量、复数等领域发挥着重要作用。

前面已经学习了函数的基本概念，研究了幂函数、指数函数、对数函数、正弦函数，学生已经了解了函数的研究内容、过程与方法，以及如何利用某类函数刻画具体问题的变化规律。事实上，这些都在告诉我们本章的统一学习路径，即"概念—运算—图像与性质—应用"。在余弦函数的研究中，体现的是研究一类函数的基本路径，即抽象出这类函数的概念，从函数定义出发研究函数的图像与性质。本节课通过类比正弦函数，给出余弦函数的定义，进而利用"列表—描点—连线"作出函数图像，再结合图像，用代数语言深度刻画函数的图形特征，总结出余弦函数的相关性质。

（四）思想方法

本节课的教学是在余弦函数图像与性质的研究中体现类比、转化与化归、数形结合、特殊与一般等数学思想与方法。通过数学活动的开展，让学生类比、观察、猜想、论证，积累数学活动经验，培养逻辑推理能力。在余弦函数图像与性质的教学中，要求学生开展类比学习，按照"定义—图像—性质"这一顺序研究余弦函数，将未知函数转化为已知函数进行研究，明确如何研究具体函数，在研究过程中，挖掘出研究一类函数的数学方法与思想。

（五）知识的学科价值

数学来源于生活，又服务于生活。余弦函数图像与性质的研究，在于培养学生发现并提出问题、分析问题和解决问题的能力,指导学生学会从生活实际问题中抽象出数学问题(函数问题),并通过函数研究的一般方法解决相应问题。本节课中所体现的从特殊到一般等思想方法指导着学生科学地解决生活中的实际问题,从而更好地服务于社会生活,感受数学知识的实用价值,激发学生探索欲。同时,也为培养学生数学抽象、几何直观等数学核心素养创造了条件。

二、认知方式

(一) 认知阶段

学生对函数的学习包括三个阶段。第一个阶段是经验感知阶段,学生能对所学知识有一个基本的认识,如了解余弦函数的定义等。第二个阶段是具体操作阶段,在掌握了定义之后,学生需要作出函数图像,进一步研究函数的性质,如通过"列表—描点—连线"感受函数图像的形成过程,并通过代数语言对余弦函数的图形特征进行精准刻画。第三个阶段是总结反思阶段,学生能反思探究过程,提炼探究方法,感受函数研究的一般规律。

(二) 认知起点

从学生的基础看,在知识层面,学生已经理解了幂函数、指数函数、对数函数等初等函数的图像与性质,体会了研究基本初等函数图像与性质的基本方法。在活动层面,学生已经历了从图像与性质的角度研究正弦函数,明确了研究一类函数的结构、内容、过程与方法。比如,通过正弦函数的研究,学生清晰地认识到周期性对三角函数的其他性质有着重要影响,这为余弦函数周期性的研究提供了认知基础;另外,诱导公式 $\sin\left(x+\dfrac{\pi}{2}\right)=\cos x$ 也让学生认识到正弦函数与余弦函数图像的关系。

(三) 认知障碍

一方面,对于余弦函数的定义认识不够深刻。比如,在初中阶段,形如 $y=ax^2+bx+c(a\neq0)$ 的函数称为二次函数,学生容易错误地理解为形如 $y=A\cos(\omega x+\varphi)$ 的函数都是余弦函数。另一方面,在通过余弦函数 $y=\cos x$,$x\in\mathbf{R}$ 的性质研究函数 $y=A\cos(\omega x+\varphi)(A>0,\omega>0)$ 时,学生的整体意识不强,存在理解障碍,等价转化思想的运用不够熟练,比如求函数 $y=\cos(\omega x+\varphi)(A>0,\omega>0)$ 的单调增区间时,将 $\omega x+\varphi$ 作为整体"嵌套"在余弦函数 $y=\cos x,x\in\mathbf{R}$ 的单调增区间 $[-\pi+2k\pi,2k\pi](k\in\mathbf{Z})$ 中,学生对于反解 x 的取值范围便可得到相应的单调增区间存在疑惑。所以,学生对余弦函数性质的理解更多地体现在几何直观上(图像),对于使用代数语言刻画图像表征,存在认知偏差。

（四）思维方式

教学中通过引出余弦函数的定义,作出图像,全程类比正弦函数,在探究余弦函数的具体性质中,将图像表征转换成代数刻画。因此,本节内容的学习仍然保持与前一节以及整个单元间的连贯性,通过类比、转化与化归等思想,从特殊到一般,将"数与形"结合,培养学生用代数语言表达图像表征的能力。

三、实践创新

（一）跨学科角度

余弦函数不仅在数学学科中占有重要地位,在其他学科以及现实生活中也展现着它的独特魅力。物理学中的简谐振动原理与三角函数有着异曲同工之妙。除此之外,在计算机科学中信号波的处理、地理学科中潮水的涨落等应用中,三角函数也是基础。

（二）现实意义

余弦函数图像与性质的学习,使得学生能够体会到从一般到特殊的思想方法,掌握函数研究的基本思想,也能让学生感受到数学源于生活。比如,三角函数是刻画生活中潮汐现象的一种有力的数学模型。要让学生体会三角函数特有的魅力,认识到知识的重要价值在于能够解决生活中的问题。同时,现实生活中仍有诸多问题等待着学生去解决,教师要激发学生研究数学的热情,引导学生树立正确的世界观、人生观与价值观。

（三）德育价值

三角学的英文名称为 Trigonometry,源于希腊文"三角"和"测量",其原意为三角形测量(解三角形),是以研究平面三角形、球面三角形等的边和角的关系为基础,以达到测量上的应用为目的的一门学科。早期的三角学是天文学的一部分,后来研究范围逐渐扩大,变成以三角函数为主要对象的学科。

三角学的诞生有助于改变人类生活,推动社会的发展。三角学在整个数学体系中发挥着至关重要的作用。通过本节课的学习,让学生感受数学知识与人类社会伟大变革之间的紧密联系,体会数学与生活息息相关。

【课时大概念层级金字塔】

根据上述单元统整教学的内容分析,提炼出本节课的课时基础概念:函数、正弦函数、余弦函数、单调性、奇偶性、最值、周期性、对称性、诱导公式、平移变换。根据基础概念之间的关联,确定本节课的课时关键概念:余弦函数的定义、图像与性质,类比,转化与化归,数形结合,特殊与一般。从关键概念看,本节课的教学目标在于引导学生通过描绘余弦函数的图像,用代数语言对余弦函数的性质进行严谨描述,感悟从数学直观到数学抽象的过程,进而体会余弦函数的变化规律。为此,提炼出本节课的课时大概念:余弦函数是刻画余弦变化规律的数学模型。由此,得到本节课的课时大概念层级金字塔(见图1)。

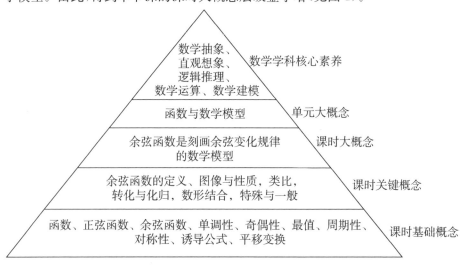

图1   余弦函数的图像与性质的课时大概念层级金字塔

【教学目标】

1. 类比正弦函数,建立余弦函数的定义,借助函数 $y = \sin\left(x + \dfrac{\pi}{2}\right)$ 的图像与性质得到余弦函数的图像与性质。

2. 掌握余弦函数的奇偶性、周期性、单调性、值域与最值等性质及其图像特征,会解决相关问题。

3. 经历余弦函数的图像与性质的探究,体会类比、转化与化归、数形结合以及图像变换思想的应用,深入理解余函弦数和正弦函数的关系,提升直观想象、逻辑推理素养。

【教学重难点】

教学重点:余弦函数的图像与性质及其应用。

教学难点:余函弦数和正弦函数的关系。

【教学过程】

一、复习回顾,引出新知

师:前面我们学习了正弦函数的图像与性质。

问题 1:回顾正弦函数的图像与性质,我们经历了怎样的学习过程?

生 1:先给出正弦函数的定义,然后作出图像,最后结合图像探究其性质。

师:是的,事实上,不仅是正弦函数,我们曾经学习的其他类型的函数都是采用这种方式进行探究的,这也是研究函数图像与性质的一般方法。

追问:我们怎样作出正弦函数的大致图像?

生 2:五点作图法。先作出正弦函数 $y = \sin x$ 在 $[0, 2\pi]$ 上的五个关键点:$(0,0)$、$\left(\dfrac{\pi}{2}, 1\right)$、$(\pi, 0)$、$\left(\dfrac{3\pi}{2}, -1\right)$、$(2\pi, 0)$,并用光滑曲线将它们连接起来,得到 $y = \sin x$ 在 $[0, 2\pi]$ 上的图像,然后利用其周期性得到定义域 **R** 上的图像。

追问:对于正弦函数,我们研究了哪些性质?分别是什么?(在学生回答的过程中,展示表1)

生3:定义域、值域与最值、周期性、奇偶性、单调性等。

表1 正弦函数的性质

	正弦函数 $y=\sin x$
定义	对于任意一个给定的实数 x,都有唯一确定的正弦值 $\sin x$ 与之对应,按照这个对应关系所建立的函数叫作正弦函数,记作 $y=\sin x$
图像	
定义域	**R**
值域	$[-1,1]$
最值	当 $x=\dfrac{\pi}{2}+2k\pi,k\in\mathbf{Z},y_{\max}=1$ 当 $x=\dfrac{3\pi}{2}+2k\pi,k\in\mathbf{Z},y_{\min}=-1$
最小正周期	$T=2\pi$
奇偶性	奇函数
单调性	增区间 $\left[2k\pi-\dfrac{\pi}{2},2k\pi+\dfrac{\pi}{2}\right],k\in\mathbf{Z}$ 减区间 $\left[2k\pi+\dfrac{\pi}{2},2k\pi+\dfrac{3\pi}{2}\right],k\in\mathbf{Z}$

师:非常好!今天我们学习余弦函数的图像与性质,也将按照以上的方式研究其定义、图像与性质及其应用。(教师板书本节课的课题名称)

设计意图:问题1及其追问的设计,旨在巩固前面所学的内容,为接下来的新课做铺垫,让学生感悟不同函数研究方法的统一性。

二、生成概念,作出图像

问题 2:类比正弦函数,如何给出余弦函数的定义?

生 4:对于任意一个给定的实数 x,都有唯一确定的余弦值 $\cos x$ 与之对应,按照这个对应关系所建立的函数叫作余弦函数,记作 $y=\cos x$。

师:很好! 这就是我们本节课要学习的余弦函数。对于任意一个给定的实数 x,都有唯一确定的余弦值 $\cos x$ 与之对应,按照这个对应关系所建立的函数叫作余弦函数,记为 $y=\cos x$,显然,其定义域为实数集 **R**。

师:在给出余弦函数的定义之后,我们开始探究余弦函数的图像与性质。

问题 3:类比正弦函数图像的作法,如何画出余弦函数的图像? 请大家分组讨论。

生 5:我们小组利用"列表—描点—连线"。先画出 $y=\cos x$ 在 $[0,2\pi]$ 上的 9 个点,即 $(0,1)$、$\left(\dfrac{\pi}{6},\dfrac{\sqrt{3}}{2}\right)$、$\left(\dfrac{\pi}{3},\dfrac{1}{2}\right)$、$\left(\dfrac{\pi}{2},0\right)$、$\left(\dfrac{2\pi}{3},-\dfrac{1}{2}\right)$、$\left(\dfrac{5\pi}{6},-\dfrac{\sqrt{3}}{2}\right)$、$(\pi,-1)$、$\left(\dfrac{3\pi}{2},0\right)$、$(2\pi,1)$,并用光滑曲线将它们连接起来,得到 $y=\cos x$ 在 $[0,2\pi]$ 上的图像,然后利用诱导公式 $\cos(x+2\pi)=\cos x$,将其图像左右平移 2π 的正整数倍,就得到定义域上的图像。

生 6:我们小组类比正弦函数图像的"五点作图法"。先画出 $y=\cos x$ 在 $[0,2\pi]$ 上的五个点,即 $(0,1)$、$\left(\dfrac{\pi}{2},0\right)$、$(\pi,-1)$、$\left(\dfrac{3\pi}{2},0\right)$、$(2\pi,1)$,并用光滑曲线将它们连接起来,得到 $y=\cos x$ 在 $[0,2\pi]$ 上的图像,然后利用诱导公式 $\cos(x+2\pi)=\cos x$,将其图像左右平移 2π 的正整数倍,就得到定义域上的图像。

师:老师刚才也看了其他小组同学的研究情况,与上面两组的回答基本相同。也就是大家都能类比正弦函数,先作出一个最小正周期上的图像,然后由周期性获得定义域上的图像。由诱导公式 $\cos(x+2\pi)=\cos x$,同学大胆猜测余弦函数的最小正周期是 2π,而对于 $[0,2\pi]$ 上的图像的画法,大家都用了"列表—

描一连线"的图像基本作法。当然点取得越多图像相对越准确。

追问:请大家在同一平面直角坐标系中,再画一下正弦函数的图像,然后将余弦函数的图像与正弦函数的图像作比较,能发现什么吗?

生 7:我们小组发现,余弦函数图像与正弦函数图像几乎一模一样,只要将正弦函数图像向左平移 $\frac{\pi}{2}$ 个单位就是余弦函数的图像了。

师:真的是这样吗?

追问:请大家将观察到的两个图像间的几何关系尝试用代数运算加以解释,从而证明你们的猜想。

生 8:我们小组是这样分析的:因为 $y=\sin x$ 的图像向左平移 $\frac{\pi}{2}$ 个单位就是 $y=\sin\left(x+\frac{\pi}{2}\right)$ 的图像,所以要证明 $y=\sin x$ 图像向左平移 $\frac{\pi}{2}$ 个单位就是余弦函数的图像,只需要证明 $y=\sin\left(x+\frac{\pi}{2}\right)$ 与 $y=\cos x$ 是相同函数。又因为诱导公式 $\sin\left(x+\frac{\pi}{2}\right)=\cos x$ 是恒等式,所以余弦函数的图像就是把正弦函数的图像向左平移 $\frac{\pi}{2}$ 个单位。

师:非常好! 生 8 所在小组的交流展示,充分说明 $y=\sin x$ 与 $y=\cos x$ 这两个函数间的紧密联系,让我们进一步领会图像间的几何关系与其代数运算关系相统一的认识。

追问:如何使画出的余弦函数的图像更准确些?

学生齐声回答:把正弦函数的图像向左平移 $\frac{\pi}{2}$ 个单位得到余弦函数的图像。

师:非常好! 这种将未知转化为已知是数学研究的重要方法,也是获得数学整体认知的基本路径。类似地,余弦函数的图像也称为余弦曲线(教师展示动态平移过程,见图2)。

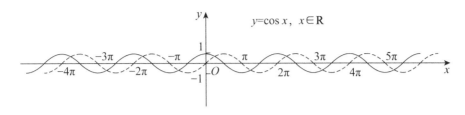

图 2　余弦曲线

问题 4：对比正弦函数，余弦曲线在区间 $[0,2\pi]$ 上五个关键点的坐标是什么？

生 6（抢着回答，全班大笑）：就是我们小组刚才回答的"五点"：$(0,1)$、$\left(\dfrac{\pi}{2},0\right)$、$(\pi,-1)$、$\left(\dfrac{3\pi}{2},0\right)$、$(2\pi,1)$，其中两个是最高点，一个是最低点，还有两个是图像与 x 轴的交点。

师：是的，我们以后可以通过"五点作图"，大致画出余弦函数在 $[0,2\pi]$ 上的图像（见图 3），再通过平移，可得到余弦函数在定义域上的图像（见图 4）。

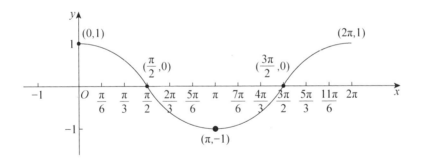

图 3　余弦函数在 $[0,2\pi]$ 上的图像

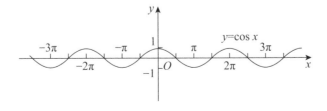

图 4　余弦函数的图像

设计意图:问题 2 及其追问的设计,有助于学生了解图像的不同画法,开阔思路;从特殊到一般,让学生猜想正弦函数和余弦函数图像的几何特征,揭示其蕴含的代数运算关系式,能够培育学生逻辑推理的核心素养;让学生学会类比和转化,提升知识和方法的迁移能力;让学生理解图像的左右平移,为后续研究三角函数图像的变换做铺垫。

三、性质探究,归纳提炼

问题 5:请你参考正弦函数的性质,写出余弦函数的性质,并说明理由。(余弦函数的性质见表 2)

表 2　余弦函数的性质

	正弦函数 $y=\sin x$	余弦函数 $y=\cos x$
定义	对于任意一个给定的实数 x,都有唯一确定的正弦值 $\sin x$ 与之对应,按照这个对应关系所建立的函数叫作正弦函数,记作 $y=\sin x$	
图像		
定义域	**R**	
值域	$[-1,1]$	
最值	当 $x=2k\pi+\dfrac{\pi}{2},k\in\mathbf{Z},y_{\max}=1$ 当 $x=2k\pi+\dfrac{3\pi}{2},k\in\mathbf{Z},y_{\min}=-1$	
最小正周期	$T=2\pi$	
奇偶性	奇函数	
单调性	增区间 $\left[2k\pi-\dfrac{\pi}{2},2k\pi+\dfrac{\pi}{2}\right],k\in\mathbf{Z}$ 减区间 $\left[2k\pi+\dfrac{\pi}{2},2k\pi+\dfrac{3\pi}{2}\right],k\in\mathbf{Z}$	

生 9：我们小组根据余弦函数的图像得到如下性质：首先，最小正周期 $T=2\pi$；其次，值域是 $[-1,1]$；当 x 的取值分别为 $x=2k\pi$，$k\in\mathbf{Z}$ 和 $x=\pi+2k\pi$，$k\in\mathbf{Z}$ 时，$y=\cos x$ 分别取最大值 1 和最小值 -1；$y=\cos x$ 是偶函数；$y=\cos x$ 的单调增区间为 $[2k\pi+\pi,2k\pi+2\pi]$，$k\in\mathbf{Z}$，单调减区间为 $[2k\pi,2k\pi+\pi]$，$k\in\mathbf{Z}$。

生 10：我们小组根据正弦函数的图像向左平移 $\dfrac{\pi}{2}$ 个单位得到余弦函数的图像这一关系，那么这两个函数的周期性和值域分别相同，其余性质只要将表 1 中的性质相应减去或向左平移 $\dfrac{\pi}{2}$ 单位后即可。我们小组获得的单调区间和同学 9 的有所不同，其他一样。我们小组获得的单调区间如下：$y=\cos x$ 的单调增区间为 $[2k\pi-\pi,2k\pi]$，$k\in\mathbf{Z}$，单调减区间为 $[2k\pi,2k\pi+\pi]$，$k\in\mathbf{Z}$。

追问：生 10 和生 9 所在的两个小组关于单调增区间的表述有所不同，其他同学有什么想法吗？

生 11：我觉得 $[2k\pi-\pi,2k\pi]$，$k\in\mathbf{Z}$ 和 $[2k\pi+\pi,2k\pi+2\pi]$，$k\in\mathbf{Z}$ 这两种表述的增区间其实是一样的。例如，$[2k\pi-\pi,2k\pi]$ 中的 $k=1$ 时的区间为 $[\pi,2\pi]$，就是 $[2k\pi+\pi,2k\pi+2\pi]$ 的 $k=0$ 时的区间。

生 12：我觉得 $y=\cos x$ 的单调增区间为 $[2k\pi-\pi,2k\pi]$，$k\in\mathbf{Z}$，单调减区间为 $[2k\pi,2k\pi+\pi]$，$k\in\mathbf{Z}$，这个结论更方便理解和记忆。因为 $y=\cos x$ 是偶函数，且 2π 为其最小正周期，所以选择在 $[-\pi,\pi]$ 区间上研究其单调性，显然 $[-\pi,0]$ 和 $[0,\pi]$ 分别是严格增区间和减区间，然后将区间的两个端点分别加 2π 的整数倍就得到所有的单调区间。

师：很好。生 11 从枚举的角度，说明单调区间的表达形式可以不同而其本质相同。生 12 抓住三角函数的周期性这把"钥匙"，将定义域上的性质研究转化为在区间长度为一个最小正周期的区间上研究，这种将无限转化为有限研究的思想方法值得借鉴。

问题 6：大家都是利用余弦函数图像或者正余弦函数图像的关系，写出了余弦函数的性质。但是，函数性质需要代数运算证明，而不是仅仅停留在图像的观察和猜想上。请尝试证明。

生13:正余弦函数图像关系的本质就是函数 $y=\sin\left(x+\dfrac{\pi}{2}\right)$ 与 $y=\cos x$ 是相同函数,所以直接研究 $y=\sin\left(x+\dfrac{\pi}{2}\right)$ 的相关性质即可。

追问:生13给大家建立了余弦函数性质的证明思路。由于时间关系,结合生12的想法,下面仅就周期性、奇偶性加以证明。

生14:因为函数 $y=A\sin(\omega x+\varphi)$ 的最小正周期为 $\dfrac{2\pi}{|\omega|}$,所以 $y=\sin\left(x+\dfrac{\pi}{2}\right)$ 的最小正周期为 2π。

追问:怎么证明 $y=\cos x$ 是偶函数呢?

生15:不要转化为利用 $y=\sin\left(x+\dfrac{\pi}{2}\right)$ 证明,可以直接由诱导公式 $\cos(-x)=\cos x$ 得到。

师:很好。我们需要根据证明目标灵活选择证明方法。请一起完成表3。

表3　余弦函数的图像与性质

	正弦函数 $y=\sin x$	余弦函数 $y=\cos x$
定义	对于任意一个给定的实数 x,都有唯一确定的正弦值 $\sin x$ 与之对应,按照这个对应关系所建立的函数叫作正弦函数,记作 $y=\sin x$	对于任意一个给定的实数 x,都有唯一确定的余弦值 $\cos x$ 与之对应,按照这个对应关系所建立的函数叫作余弦函数,记作 $y=\cos x$
图像		
定义域	**R**	**R**
值域	$[-1,1]$	$[-1,1]$
最值	当 $x=\dfrac{\pi}{2}+2k\pi,k\in\mathbf{Z}$ 时,$y_{\max}=1$ 当 $x=\dfrac{3\pi}{2}+2k\pi,k\in\mathbf{Z}$ 时,$y_{\min}=-1$	当 $x=2k\pi,k\in\mathbf{Z}$ 时,$y_{\max}=1$ 当 $x=2k\pi+\pi,k\in\mathbf{Z}$ 时,$y_{\min}=-1$

（续表）

	正弦函数 $y=\sin x$	余弦函数 $y=\cos x$
最小正周期	$T=2\pi$	$T=2\pi$
奇偶性	奇函数	偶函数
单调性	增区间 $\left[2k\pi-\dfrac{\pi}{2},2k\pi+\dfrac{\pi}{2}\right],k\in\mathbf{Z}$ 减区间 $\left[2k\pi+\dfrac{\pi}{2},2k\pi+\dfrac{3\pi}{2}\right],k\in\mathbf{Z}$	增区间 $[2k\pi-\pi,2k\pi],k\in\mathbf{Z}$ 减区间 $[2k\pi,2k\pi+\pi],k\in\mathbf{Z}$
关联	$\sin\left(x+\dfrac{\pi}{2}\right)=\cos x$	

设计意图：围绕余弦函数的性质探究，通过类比、转化与化归、猜想和论证，提高学生探究新知识的能力，引导学生进一步理解两种函数的区别及内在联系，提升学生直观想象、逻辑推理等核心素养。

四、典例剖析，巩固提升

例1　求下列函数的最大值与最小值，并求出取最大值和最小值时所有 x 的值：

（1）$y=\cos^2 x-4\cos x+1,x\in\mathbf{R}$；

（2）$y=\cos\dfrac{x}{2},x\in\left[-\dfrac{4\pi}{3},\dfrac{\pi}{2}\right]$。

问题7：请仔细观察（1）中函数表达式的结构，这与我们初中学习过的哪种函数似曾相识？能否通过类比我们学习过的正弦函数的相关题型解决上述问题？

生17：我注意到这个函数最高次是二次的，而且一共有三项，我感觉和初中学过的二次函数有点类似。

追问：很好！能够联想到二次函数，体现了类比的思想。那么具体该怎么解决呢？

生18：我觉得可以把 $\cos x$ 看成是一个整体，令 $t=\cos x$，这样原函数表达式就可以写成 $y=t^2-4t+1=(t-2)^2-3$。

师:非常好!这位同学告诉我们可以利用整体代换的思想将原函数等价转化为一个二次函数,进而求解。事实上,我们在学习正弦函数的时候就出现过类似的结构,对于形如 $y=a\sin^2 x+b\sin x+c$ 的函数,我们可以令 $t=\sin x$,将原函数等价转化为二次函数求解,这里对于形如 $y=a\cos^2 x+b\cos x+c$ 的函数,令 $t=\cos x$,同样可以转化为二次函数。

师:是不是只需要求出函数 $y=t^2-4t+1=(t-2)^2-3$ 在 $t\in\mathbf{R}$ 上的最值就可以了呢?(大部分学生回答"是",个别学生回答"不是"。)有需要补充的吗?

生19:由于余弦函数 $y=\cos x$,$x\in\mathbf{R}$ 的值域是 $[-1,1]$,因此,令 $t=\cos x$ 之后,t 的取值范围是 $[-1,1]$,这就相当于求二次函数 $y=t^2-4t+1=(t-2)^2-3$ 在区间 $[-1,1]$ 上的最值。

师:很好!这位同学指出了一个非常重要的细节,就是在换元之后要注意自变量 t 的取值范围。事实上,t 是二次函数的自变量,同时也是余弦函数的因变量,这里体现了等价转化的思想。

师:接下来请你继续完成该题最值的求解。

生19:当 $-1\leqslant t\leqslant 1$ 时,有 $-3\leqslant t-2\leqslant -1$,从而 $1\leqslant(t-2)^2\leqslant 9$。所以 $y=t^2-4t+1=(t-2)^2-3\in[-2,6]$。从而 $y_{\max}=6$,此时,$t-2=-3$,解得 $t=-1$,即 $\cos x=-1$,则 $x=2k\pi+\pi$,$k\in\mathbf{Z}$;$y_{\min}=-2$,此时,$t-2=-1$,解得 $t=1$,即 $\cos x=1$,则 $x=2k\pi$,$k\in\mathbf{Z}$。

问题8:对于(2)中函数 $y=\cos\dfrac{x}{2}$,$x\in\left[-\dfrac{4\pi}{3},\dfrac{\pi}{2}\right]$,从函数表达式的结构上看,这和我们学习的余弦函数 $y=\cos x$,$x\in\mathbf{R}$ 的表达式有什么区别与联系?

生20:从函数表达式的结构上看,二者结构相同,区别在于余弦函数的自变量是一个纯粹的 x,而不是 $\dfrac{x}{2}$,而且定义域不同。

追问:能否类比第(1)小问,利用等价转化的思想解决问题?

生21:我觉得可以将 $\dfrac{x}{2}$ 看成一个整体,$\dfrac{x}{2}$ 相当于余弦函数 $y=\cos x$,$x\in\mathbf{R}$

中的自变量 x，令 $t=\dfrac{x}{2}$，则 $y=\cos t$。因为 $x\in\left[-\dfrac{4\pi}{3},\dfrac{\pi}{2}\right]$，所以 $\dfrac{x}{2}\in\left[-\dfrac{2\pi}{3},\dfrac{\pi}{4}\right]$，即 $t\in\left[-\dfrac{2\pi}{3},\dfrac{\pi}{4}\right]$。

师：很好！所以函数 $y=\cos\dfrac{x}{2},x\in\left[-\dfrac{4\pi}{3},\dfrac{\pi}{2}\right]$ 的最值也就等价转换为函数 $y=\cos t,t\in\left[-\dfrac{2\pi}{3},\dfrac{\pi}{4}\right]$ 的最值。那接下来该如何利用我们刚刚学习过的余弦函数的知识求出最值呢？

生 22：我们只需要研究余弦函数 $y=\cos t$ 在 $\left[-\dfrac{2\pi}{3},\dfrac{\pi}{4}\right]$ 上的单调性，因为 $y=\cos t$ 在 $\left[-\dfrac{2\pi}{3},0\right]$ 上为严格增函数，在 $\left[0,\dfrac{\pi}{4}\right]$ 上为严格减函数，且 $\cos\left(-\dfrac{2\pi}{3}\right)=\cos\dfrac{2\pi}{3}=-\dfrac{1}{2},\cos 0=1,\cos\dfrac{\pi}{4}=\dfrac{\sqrt{2}}{2}$，所以 $y_{\max}=1$，此时，$t=0$，即 $\dfrac{x}{2}=0$，则 $x=0$；$y_{\min}=-\dfrac{1}{2}$，此时，$t=-\dfrac{2\pi}{3}$，即 $\dfrac{x}{2}=-\dfrac{2\pi}{3}$，则 $x=-\dfrac{4\pi}{3}$。

例 2　求函数 $y=2\cos\left(2x-\dfrac{\pi}{3}\right)$ 的最小正周期及单调增区间。

师：前面我们学习了函数 $y=A\sin(\omega x+\varphi)$ 的最小正周期为 $\dfrac{2\pi}{|\omega|}$，你能否通过类比转化的思想利用诱导公式求出函数 $y=2\cos\left(2x-\dfrac{\pi}{3}\right)$ 的最小正周期呢？

生 23：因为 $2\cos\left(2x-\dfrac{\pi}{3}\right)=2\sin\left[\dfrac{\pi}{2}+\left(2x-\dfrac{\pi}{3}\right)\right]=2\sin\left(2x+\dfrac{\pi}{6}\right)$，而 $y=2\sin\left(2x+\dfrac{\pi}{6}\right)$ 的最小正周期 $T=\dfrac{2\pi}{2}=\pi$，所以函数 $y=2\cos\left(2x-\dfrac{\pi}{3}\right)$ 的最小正周期为 π。

师：很好！根据这个结果，我们能类比 $y=A\sin(\omega x+\varphi)$，猜想函数 $y=A\sin(\omega x+\varphi)$ 的最小正周期也是 $\dfrac{2\pi}{|\omega|}$ 吗？由于时间关系，感兴趣的同学在课

后可做进一步研究。

师：能否通过类比例 1 中的方法，求出函数 $y = 2\cos\left(2x - \dfrac{\pi}{3}\right)$ 的单调增区间呢？如果可以，该令谁等于 t 呢？

生 24：余弦函数 $y = \cos t$ 的单调增区间为 $[2k\pi - \pi, 2k\pi], k \in \mathbf{Z}$。令 $2x - \dfrac{\pi}{3} = t$，我们只需要将所 $2x - \dfrac{\pi}{3}$ 看成一个整体，"嵌套"进余弦函数 $y = \cos t$ 的单调增区间 $[2k\pi - \pi, 2k\pi], k \in \mathbf{Z}$，然后反解出自变量 x 的取值范围即可，所以 $2k\pi - \pi \leqslant 2x - \dfrac{\pi}{3} \leqslant 2k\pi, k \in \mathbf{Z}$，解得 $k\pi - \dfrac{\pi}{3} \leqslant x \leqslant k\pi + \dfrac{\pi}{6}, k \in \mathbf{Z}$，所以函数 $y = 2\cos\left(2x - \dfrac{\pi}{3}\right)$ 的单调增区间是 $\left[k\pi - \dfrac{\pi}{3}, k\pi + \dfrac{\pi}{6}\right], k \in \mathbf{Z}$。

师：太棒了！通过这两个例题，我们体会到了类比以及等价转化的思想在解题过程当中是如何体现的；例 1 告诉我们，对于形如 $y = a\cos^2 x + b\cos x + c$ 的函数，可以利用等价转化的思想，将 $\cos x$ 看作整体 t，把未知类型的函数转化为我们熟悉的已知类型，进而求解。对于例 2，我们基于学习的形如 $y = A\sin(\omega x + \varphi)$ 的函数，将 $\omega x + \varphi$ 看作整体 t，结合余弦函数 $y = \cos x, x \in \mathbf{R}$ 的相关性质进行类比研究。

设计意图：问题 7 和问题 8 的设计旨在引导学生通过类比的思想，将未知问题等价转化为已知问题，体会类比和等价转化思想在解题中的具体应用；让学生意识到余弦函数相关问题与正弦函数相关问题有着高度的统一性，感悟函数研究的一般规律，从而深入理解单元统整思想。

师：请同学们完成下面两题。

巩固与提升：

1. 求函数 $y = \sin^2 x - 2\cos x - 2$ 的值域。

2. 求函数 $y = -\cos\left(2x - \dfrac{\pi}{6}\right)$ 的单调减区间。

师：通过例 1，我们学习了如何解决形如 $y = a\cos^2 x + b\cos x + c$ 的函数问题，而第 1 题中同时出现了 $\sin x$ 和 $\cos x$，该如何转化？

生 25:我认为可以把函数表达式化成只含有 $\sin x$ 或 $\cos x$ 的形式,再类比例 1 求解。

追问:很好! 那你觉得把表达式化成只有 $\sin x$ 还是只有 $\cos x$?

生 25:$\cos x$,因为表达式中 $\cos x$ 是一次的,$\sin x$ 是二次的,可以使用公式 $\sin^2 x + \cos^2 x = 1$,则 $\sin^2 x = 1 - \cos^2 x$,所以原表达式可变形为 $y = 1 - \cos^2 x - 2\cos x - 2 = -\cos^2 x - 2\cos x - 1$。令 $t = \cos x$,则 $y = -t^2 - 2t - 1 = -(t + 1)^2$,$t \in [-1, 1]$。所以当 $t = -1$ 时,y 的最大值为 0,所以当 $t = 1$ 时,y 的最小值为 -4,因此原函数的值域为 $[-4, 0]$。

师:非常好! 该题本质上也是考察我们使用类比的方式,将未知的函数等价转化为我们熟悉的函数类型,体现了转化与化归的思想。

师:第 2 题是求函数的单调减区间,我们可以模仿例 2 将 $2x - \dfrac{\pi}{6}$ 看作整体,代换到余弦函数 $y = \cos x$,$x \in \mathbf{R}$ 的单调减区间中吗? 为什么?

生 26:不可以,而是应该"嵌套"进余弦函数 $y = \cos x$,$x \in \mathbf{R}$ 的单调增区间中。这是因为函数表达式的前面有一个负号,使得原来的增区间变成了减区间,减区间变成了增区间。

师:很好,请你继续完成解答。

生 26:由余弦函数 $y = \cos x$ 的单调增区间为 $[2k\pi - \pi, 2k\pi]$,$k \in \mathbf{Z}$,可令 $2k\pi - \pi \leqslant 2x - \dfrac{\pi}{6} \leqslant 2k\pi$,$k \in \mathbf{Z}$,解得 $k\pi - \dfrac{5\pi}{12} \leqslant x \leqslant k\pi + \dfrac{\pi}{12}$,$k \in \mathbf{Z}$,因此函数 $y = -\cos\left(2x - \dfrac{\pi}{6}\right)$ 的单调减区间为 $\left[k\pi - \dfrac{5\pi}{12}, k\pi + \dfrac{\pi}{12}\right]$,$k \in \mathbf{Z}$。

设计意图:进一步巩固所学,加深对类比、等价转化思想的灵活运用。

五、总结升华,作业布置

师:本节课我们学习了余弦函数的图像与性质,我们经历了怎样的探究过程?

生 27:通过"列表—描点—连线",作出余弦函数的大致图像,结合图像类比正弦函数探究余弦函数的性质。

师:是的。事实上,在整个探究过程中,均类比正弦函数。从思想方法上我们也经历了类比转化与化归、猜想、论证等实践过程,最终得到了余弦函数的性质。生 27 概括了余弦函数图像与性质的研究方法,指出了函数研究的一般规律。不难发现,在研究不同单元间的不同函数的性质时,存在着一般方法。

师:余弦函数与正弦函数的关系是什么呢?

生 28:余弦函数的图像是由正弦函数的图像向左平移 $\frac{\pi}{2}$ 个单位得到的。

师:另外,针对教材中的例题,我们还学习了两种类型函数,分别是形如 $y = a\cos^2 x + b\cos x + c$ 和 $y = A\cos(\omega x + \varphi)$ 的函数,我们都可以通过类比,采用等价转化的思想并结合余弦函数的性质进行探究。

设计意图:围绕余弦函数的性质,类比正弦函数,一方面让学生理解知识结构间的内在联系,对单元间的总体知识框架有清晰的认知;另一方面,在探究方法上,让学生在不同知识内容间寻找相同之处,揭示数学学习的一般规律,提升核心素养。

课外拓展

师:余弦函数在人类生活中的应用十分广泛,如生活中的潮汐现象(见图 5),人们发现涨潮与落潮中时间与潮汐高度符合三角函数模型,我们将在今后的学习中进一步研究。

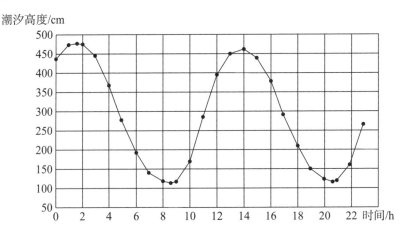

图 5　潮汐曲线

设计意图:丰富所学知识,感受数学知识来源于生活又服务于生活,提升数学学习热情,激发学生探索欲。

作业布置:

基础题:

1.已知函数 $y=\cos\left(\omega x+\dfrac{\pi}{5}\right)$(其中常数 $\omega>0$)的最小正周期为 4π,求 ω 的值。

2.判断下列函数的奇偶性,并说明理由。

(1) $y=x\cos x$;　　　　　(2) $y=\dfrac{\sin x}{1-\cos x}$;　　　　　(3) $y=\dfrac{\cos x}{1-\sin x}$。

3.求函数 $y=2\cos\left(\dfrac{x}{2}-\dfrac{\pi}{6}\right)$ 的最小正周期及单调区间。

选做题:

1.已知 $y=\sin x$ 和 $y=\cos x$ 的图像的连续三个交点为 A、B、C 构成 $\triangle ABC$,求 $\triangle ABC$ 的面积。

2.课外了解三角学起源与发展史,与大家一起分享。

设计意图:分层教学,分层训练,因材施教;巩固基础,提升能力;选做题中,让学生了解三角学发展史,能拓宽学生的知识视野。

【自我评述】

本节课是关于"余弦函数的图像与性质"的一节性质探究课,在围绕图像与性质的探究过程中,"邀请"正弦函数作为"常驻嘉宾",通过类比,重点突出由"形"到"数"的转化,进而体会函数研究的一般规律,开展"单元统整"背景下的教学实践。

首先,通过回顾前课所学的内容,指出函数研究的一般方法,初步渗透单元统整思想。类比正弦函数得到余弦函数的定义,并利用"五点作图"画出一个周期内的大致图像,发现其与正弦函数图像的相似性,引发探究兴趣,引导学生探究正弦函数与余弦函数的关系,体会类比思想。其次,类比正弦函数,逐一探究余弦函数的基本性质,重点引导学生利用代数语言刻画函数的图形特征,让学生历经猜想、归纳、论证的过程,体会数形结合、从特殊到一般等思想方法,为培养学生逻辑推理、直观想象、数学抽象等数学核心素养创造条件。最后,通过课堂总结,归纳提炼,结合相关例题分析及作业设计,让学生全方位感悟学习目标及思想方法(类比、转化与化归等),体会单元统整对学生数学学习的指引作用。

余弦函数作为三角函数中的第二个研究的函数,有着承上启下的重要作用。可视为对正弦函数的进一步延伸,同时也为后续反三角函数的学习奠定基础。余弦函数性质探究的一般方法,为后续研究其他已知或未知类型的函数提供了方法指导,使得学生对数学体系的整体认知有了更为深刻的理解,进而逐步实现"单元统整"的教学目标。

【参考文献】

[1] 马娜.基于"核心素养"的高中数学单元整体教学探索 ——以"三角函数"单元整体教学设计为例[J].中学数学(高中版),2021(11):2.

[2] 朱秀琼.基于核心素养下高中数学单元整体教学设计的探讨[J].教育科学,2021(1):3.

[3] 刘燕.面向高中数学核心素养的课堂实践——以《正弦函数、余弦函数的图象》为例[J].福建中学数学,2018(10):5.

[4] 王世朋,汪煦,许晓天.基于认知逻辑链的三角函数单元教学策略分析[J].中国数学教育(高中版),2021(22):25-28+54.

(案例提供者:上海市松江区立达中学　祝笑笑老师)

案例 10　函数 $y = A\sin(\omega x + \varphi)$ 的图像(第一课时)

【教学对象】

本节课的教学对象是上海市实验性示范性高中一年级平行班的学生。

【单元统整教学的内容分析】

函数 $y = A\sin(\omega x + \varphi)$ 的图像是上海教育出版社出版的《普通高中教科书　数学》必修课程第 7 章第 3 节的内容。三角函数是一种基本初等函数,也是描述周期现象的数学模型,在数学和其他领域中具有重要的作用。函数 $y = A\sin(\omega x + \varphi)$ 的图像是三角函数的一个重要内容,通过揭示参数 A、ω、φ 变化对函数 $y = A\sin(\omega x + \varphi)$ 图像的影响,有助于深化学生对函数图像变换的理解和认识,也有助于探讨多变量问题及研究函数的一般方法与手段。

一、知识建构

(一) 知识的学习条件

初中阶段,学生已经学习了二次函数等初等函数图像的平移变换,对于研究函数图像变换的一般策略已有初步的了解。高中阶段,学生又在三角函数的图像与性质中学习了用五点法作图和函数的周期性。这些都为本节课学习函数 $y = A\sin(\omega x + \varphi)$ 的图像提供了知识准备和研究思路。

(二) 知识的发生背景

函数 $y = A\sin(\omega x + \varphi)$ 具有丰富的现实背景,是描述现实生活中周期现象的一个重要数学模型,在解决实际问题中有着重要的作用。由于正弦函数可以看作刻画单位圆上的点 P 从点 $A(1,0)$ 开始按逆时针方向以单位速度作匀速圆周运动的数学模型,自然地,函数 $y = A\sin(\omega x + \varphi)$ 可以看作刻画一般匀速圆周运动的一个重要数学模型。决定圆周运动状态的主要因素是运动的半径 A、角速度 ω 和起始角 φ,核心是研究质点运动的时间 x 与质点到达的位置 P 之间的关系。

以时钟为背景引入函数 $y = A\sin(\omega x + \varphi)$ 具有现实意义,这是一个非常典型的函数建模过程。结合时钟的圆周运动研究函数 $y = A\sin(\omega x + \varphi)$,不仅能联系实际,突出参数 A、ω、φ 的物理意义,而且能联系函数表达式、函数的图像,充分揭示函数表达式的变化(参数的变化)与函数的图像变换之间的内在逻辑关系,为提升学生直观想象、数学抽象、逻辑推理等核心素养提供重要的平台。

(三) 知识的内在结构

从单元内统整视角看,函数 $y = \sin x$ 与函数 $y = A\sin(\omega x + \varphi)$ 都是匀速圆周运动的数学模型,具有特殊与一般的关系。在教学中,教师要引导学生从已知出发探求未知,从函数 $y = \sin x$ 的图像出发,依次研究各参数对函数图像的影响,遵循从简单到复杂、从特殊到一般的研究思路。从单元间统整视角看,在函数主题单元下,具体函数的研究都可以按照"概念—图像—性质—应用"的顺序来展开。函数 $y = A\sin(\omega x + \varphi)$ 图像的学习符合函数学习的一般顺序和规律。

(四) 知识的思想方法

在认识函数 $y = A\sin(\omega x + \varphi)$ 的图像与函数 $y = \sin x$ 的图像的关系时,参数 A、ω、φ 对函数图像都将产生影响,因此,在教学中要引导学生明确研究思路,即固定其中 2 个变量,只探讨 1 个变量的作用,让学生体会探讨多变量问题的一般方法。在研究参数 A、ω、φ 对函数图像的影响时,让学生经历从特殊到一般、从具体到抽象的探究过程,逐步概括图像变换的规律。通过由形导数到由数释形的深化过程,让学生形成研究函数图像变换的一般策略。探究深化的过程蕴含了归纳与演绎、数形结合、转化与化归、类比等重要思想方法。

（五）知识的学科价值

在单元统整的观点下,将对初等函数的图像与性质的研究思路和方法迁移到对函数 $y=A\sin(\omega x+\varphi)$ 的学习中,让学生获得函数 $y=A\sin(\omega x+\varphi)$ 的图像与性质,形成研究函数的一般方法与手段。这对于凸显数学的本质、体现数学知识的整体性、提升学生的核心素养有积极的促进作用。值得指出的是,在问题的引导下,鼓励学生自主探究,有利于发展学生的元认知。

二、认知方式

（一）认知阶段

学生对函数 $y=A\sin(\omega x+\varphi)$ 的图像的学习包括四个阶段。第一个阶段,研究任意匀速圆周运动,通过数学建模,引入函数 $y=A\sin(\omega x+\varphi)$。第二个阶段,从函数 $y=\sin x$ 的图像出发,依次研究参数 A、ω、φ 对函数 $y=A\sin(\omega x+\varphi)$ 图像的影响,从整体上把握通过正弦函数 $y=\sin x$ 的图像变换得到函数 $y=A\sin(\omega x+\varphi)$ 图像的过程。第三个阶段,用五点法作出具体的函数 $y=A\sin(\omega x+\varphi)$ 的大致图像,并能根据函数 $y=A\sin(\omega x+\varphi)$ 的图像确定参数 A、ω、φ 的值。第四个阶段,应用函数 $y=A\sin(\omega x+\varphi)$ 的图像解决实际问题。

（二）认知起点

从知识结构看,学生已经学习了二次函数等初等函数图像的平移变换,又在三角函数的图像与性质中对用五点法作图和周期性有所了解,这些都为本节课研究参数 A、ω、φ 对函数 $y=A\sin(\omega x+\varphi)$ 图像的影响以及用五点法作出具体的函数 $y=A\sin(\omega x+\varphi)$ 的大致图像奠定了基础。从研究方式看,学生在三角函数等具体初等函数的研究中,经历了按照"概念—图像—性质—应用"的顺序展开研究的过程,这也为函数 $y=A\sin(\omega x+\varphi)$ 图像的学习研究提供了方案和策略。

（三）认知障碍

在认识函数 $y=A\sin(\omega x+\varphi)$ 的图像与函数 $y=\sin x$ 的图像的关系时,因为参数 A、ω、φ 都将对函数图像产生影响,学生通常会感到抽象和难以理解。此外,由数释形的深化过程,即通过研究图像上每个点坐标的变化规律来研究函数图像的变换规律,形成研究函数图像变换的一般策略,对思维的严谨性、图像的分析、性质的归纳推理等能力有较高要求,对于学生而言,也将是不小的挑战。

(四) 思维方式

对于函数 $y = A\sin(\omega x + \varphi)$ 的图像的学习研究将仍然保持与正弦函数等具体基本初等函数相同的研究方式——类比迁移、从特殊到一般、从具体到抽象,进一步获得一般函数的图像与性质,形成研究函数的一般方法与手段,体现整个函数单元教学的整体性与连续性。

三、实践创新

(一) 跨学科角度

"应用数学工具处理物理问题的能力"是高中物理教学的重要内容。函数 $y = A\sin(\omega x + \varphi)$ 具有丰富的现实背景,是描述现实生活周期现象的重要数学模型,在解决实际问题中有着重要的作用。如:对单摆、声波、交流电、弹簧振动、潮汐现象等实际问题的研究,都离不开函数 $y = A\sin(\omega x + \varphi)$ 的图像与性质。

(二) 现实意义

以时钟为背景引入函数 $y = A\sin(\omega x + \varphi)$,这是一个非常典型的函数建模过程。在建模过程中,需要学生将生活现象数学化,自主探寻运动变化中的常量和变量,以便更好地理解每一个字母的实际意义,通过对它们之间几何关系或物理关系的分析,获得函数关系,体会三角函数与圆周运动之间的内在联系。

在针对函数 $y = A\sin(\omega x + \varphi)$ 进行研究的过程中,通过一连串的"思考"与"探究",引导学生观察、归纳、抽象、概括、综合、分析、联想、总结,在理解函数 $y = A\sin(\omega x + \varphi)$ 的实际意义的基础上,重点研究参数 A、ω、φ 对函数 $y = A\sin(\omega x + \varphi)$ 图像的影响,进一步把握此函数的图像与性质,并在此过程中体会研究函数的一般方法与手段。

研究参数 A、ω、φ 对函数 $y = A\sin(\omega x + \varphi)$ 图像的影响,给出参数的实际意义,侧重两个角度的观察与分析:一是从函数图像运动看图像的变化,二是从相应函数图像上点的坐标变化看图像的变换。从物理意义、几何关系、函数关系、点的坐标关系等多角度进行剖析，将结论一般化，体现了从具体到抽象的探究过程。

（三）德育价值

本节课中，引导学生自主探究，提升了学生直观想象、数学抽象、逻辑推理等数学核心素养和结构化思维的水平。引导学生用数学的眼光观察现实世界，用数学的思维思考现实世界，用数学的语言表达现实世界。引导学生感悟数学的科学价值、应用价值，凸显数学在形成个体的理性思维、科学精神和促进个体智力发展的过程中不可替代的作用。

【课时大概念层级金字塔】

通过上述单元统整教学的内容分析，提炼出本节课的课时基础概念：函数、正弦函数、余弦函数、函数的图像变换。根据基础概念之间的关联，确定本节课的关键概念：函数 $y=A\sin(\omega x+\varphi)$，参数 A、ω、φ 对函数 $y=A\sin(\omega x+\varphi)$ 图像的影响，类比，数形结合，具体与抽象，特殊与一般。为此，提炼出本节课的课时大概念：函数 $y=A\sin(\omega x+\varphi)$ 是描述周期现象的数学模型。于是，得到本节课的课时大概念层级金字塔（见图 1）。

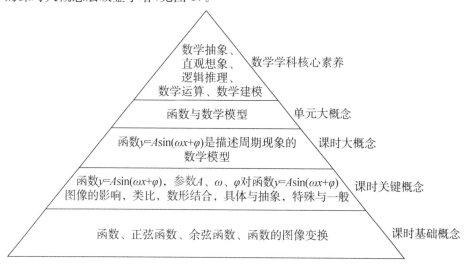

图 1　函数 $y=A\sin(\omega x+\varphi)$ 的图像（第一课时）的课时大概念层级金字塔

【教学目标】

1. 从具体实例中了解函数 $y = A\sin(\omega x + \varphi)$ 以及其表达式中参数 A、ω、φ 的实际意义。会用三角函数解决简单的实际问题,了解三角函数是描述周期现象的数学模型。

2. 在 $A > 0$,$\omega > 0$ 的情况下,从特殊到一般分别研究函数 $y = A\sin x$,$y = \sin \omega x$,$y = \sin(x + \varphi)$ 的图像与 $y = \sin x$ 的图像之间的关系,以及参数 A、ω、φ 对函数 $y = A\sin(\omega x + \varphi)$ 图像的影响。

3. 会用五点法作出具体的函数 $y = A\sin(\omega x + \varphi)$ 的大致图像,并能根据函数 $y = A\sin(\omega x + \varphi)$ 的图像确定参数 A、ω、φ 的值。

4. 感受发现问题、提出问题、解决问题的过程,体会从特殊到一般、从具体到抽象的研究方法,发展数学抽象、直观想象、逻辑推理等核心素养。

【教学重难点】

教学重点:(1)参数 A、ω、φ 对函数 $y = A\sin(\omega x + \varphi)$ 图像的影响;(2)用五点法作出具体的函数 $y = A\sin(\omega x + \varphi)$ 的大致图像。

教学难点:参数 A、ω、φ 对函数 $y = A\sin(\omega x + \varphi)$ 图像的影响的研究过程。

【教学过程】

一、复习旧知,温故求新

师:我们已经学习了函数的周期性。在现实生活中,我们知道钟表分针的转动具有周期现象,怎样用函数来描述这种周期现象呢?

二、创设情境,感受模型

[引例] 如图 2,假设分针的旋转中心到针尖末端的长度为 A,设 $t = 0$ 分时,分针针尖指向表示 2 点钟的点 P_0 处,随着 t 的增加,分针沿顺时针方向走动,设经过 t 分钟,针尖指向点 P 处。

问题 1:以分针的旋转中心为坐标原点,以经过表示 3 点钟和 9 点钟的两点的直线为 x 轴,建立如图 3 所示的平面直角坐标系。设点 P 的纵坐标为 y。如何将 y 表示为 t 的函数?

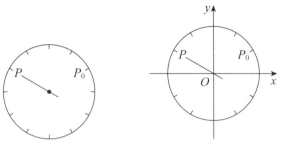

图 2 时钟 图 3 关于时钟的平面直角坐标系

生 1:设点 P 的纵坐标为 y,因为分针每分钟按顺时针方向旋转 $\dfrac{\pi}{30}$ 弧度,所以点 P 在角 $-\dfrac{\pi}{30}t + \dfrac{\pi}{6}$(弧度)的终边上,从而点 P 的纵坐标 y 随时间 t 变化的函数关系为 $y = A\sin\left(-\dfrac{\pi}{30}t + \dfrac{\pi}{6}\right)$,$t \in [0, +\infty)$。

师:通过时钟运动的研究,我们得到了形如 $y = A\sin(\omega x + \varphi)$(其中 $A > 0$,$\omega > 0$)的函数。该函数现在依然有研究的价值,在物理学和工程技术的许多问题中,经常会遇到形如 $y = A\sin(\omega x + \varphi)$ 的函数(其中 A、ω、φ 均是常数)。

设计意图:能在引例中用函数 $y = A\sin(\omega x + \varphi)$ 表示点 P 纵坐标运动的规律,了解函数 $y = A\sin(\omega x + \varphi)$ 及其表达式中参数 A、ω、φ 的实际意义,体会可利用三角函数构建并刻画周期变化事物的数学模型。让学生经历数学建模全过程,引导学生用数学的眼光观察现实世界,用数学的思维思考现实世界,用数学的语言表达现实世界。

三、探究图像,理解辨析

师:通过时钟运动的研究,我们得到了形如 $y = A\sin(\omega x + \varphi)$(其中 $A > 0$,$\omega > 0$)的函数,这个函数包含了参数 A、ω、φ,因此,了解这些参数的意义,知道它们的变化对函数图像的影响,有利于把握这个函数的性质。

问题 2:从表达式看,函数 $y=\sin x$ 就是函数 $y=A\sin(\omega x+\varphi)$ 在 $A=1$, $\omega=1,\varphi=0$ 时的特殊情形。能否借助我们熟悉的函数 $y=\sin x$ 的图像与性质研究参数 A、ω、φ 对函数 $y=A\sin(\omega x+\varphi)$ 图像的影响呢? 函数 $y=A\sin(\omega x+\varphi)$ 中含有三个不同的参数,你认为应该按怎样的思路进行研究?

生 2:对于三个不同的变量,固定其中两个变量,只探讨一个变量的作用;先分别探讨 A、ω、φ 对函数图像的影响,再综合分析。

设计意图:引导学生思考研究问题的一般思路和方法,有助于学生主动学习,学会学习。

师:我们来看一个具体的问题。

例 1   当函数 $y=A\sin(\omega x+\varphi)(A>0,\omega>0)$ 中的参数 A、ω、φ 分别取下列各组值时,用计算器(机)在同一平面直角坐标系中作出它们的图像:

(1) $A=2,\omega=1,\varphi=0$;

(2) $A=1,\omega=2,\varphi=0$;

(3) $A=1,\omega=1,\varphi=\dfrac{\pi}{2}$。

解:用计算器(机)可作出相应的图像(见图 4)。

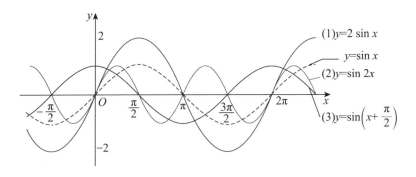

图 4   函数 $y=A\sin(\omega x+\varphi)(A>0,\omega>0)$ 的图像

问题 3:参数 A 的变化对函数 $y=A\sin x(A>0)$ 的图像有怎样的影响?

生 3:由例 1 可知,函数 $y=2\sin x$ 的图像是把函数 $y=\sin x$ 的图像上所有点的纵坐标伸长到原来的 2 倍（横坐标不变）得到的。

　　师追问：你能给出 $A(A>0)$ 的变化对函数 $y = A\sin(\omega x + \varphi)$ 图像影响的一般化结论吗？

　　生 4：一般地，函数 $y = A\sin x$ 的图像，可以看作把函数 $y = \sin x$ 的图像上所有点的纵坐标伸长（当 $A>1$ 时）或缩短（当 $0<A<1$ 时）为原来的 A 倍（横坐标不变）而得到。从而，函数 $y = A\sin(\omega x + \varphi)$ 的值域是 $[-A, A]$，最大值是 A，最小值是 $-A$。

　　追问：你能解释其中的数学原理吗？

　　师生分析：函数图像的变换，本质上是函数图像上点的坐标变化。设 $P(x_0, y_0)$ 是函数 $y = \sin x$ 图像上的一点，那么 $Q(x_0, Ay_0)$ 就是函数 $y = A\sin x$ 图像上的相应点。

　　板书：　　$y = \sin x \xrightarrow[\text{纵坐标变为原来的 } A \text{ 倍}]{\text{横坐标不变}} y = A\sin x (A>0)$

　　　　　　　点 $P(x_0, y_0) \longrightarrow$ 点 $Q(x_0, Ay_0)$

　　问题 4：参数 ω 的变化对函数 $y = \sin\omega x (\omega>0)$ 的图像有怎样的影响？

　　生 5：由例 1 可知，函数 $y = \sin 2x$ 的图像是把函数 $y = \sin x$ 的图像上所有点的横坐标缩短到原来的 $\dfrac{1}{2}$ 倍（纵坐标不变）得到的。

　　一般地，函数 $y = \sin\omega x$ 的图像，可以看作把 $y = \sin x$ 图像上所有点的横坐标缩短（当 $\omega>1$ 时）或伸长（当 $0<\omega<1$ 时）为原来的 $\dfrac{1}{\omega}$ 倍（纵坐标不变）而得到。

　　由前面的研究可知，函数图像的变换本质上是函数图像上点的坐标变化。设 $P(x_0, y_0)$ 是函数 $y = \sin x$ 图像上的一点，那么 $Q\left(\dfrac{x_0}{\omega}, y_0\right)$ 就是函数 $y = \sin\omega x$ 图像上的相应点。

　　板书：　　$y = \sin x \xrightarrow[\text{横坐标变为原来的 } \frac{1}{\omega} \text{ 倍}]{\text{纵坐标不变}} y = \sin\omega x (\omega>0)$

　　　　　　　点 $P(x_0, y_0) \longrightarrow$ 点 $Q\left(\dfrac{x_0}{\omega}, y_0\right)$

问题 5:参数 φ 的变化对函数 $y=\sin(x+\varphi)$ 的图像有怎样的影响?

生 6:由例 1 可知,函数 $y=\sin\left(x+\dfrac{\pi}{2}\right)$ 的图像是把函数 $y=\sin x$ 的图像上所有点向左平移 $\dfrac{\pi}{2}$ 个单位得到的。

一般地,函数 $y=\sin(x+\varphi)$ 的图像,可以看作把 $y=\sin x$ 图像上所有点向左(当 $\varphi>0$ 时)或向右(当 $\varphi<0$ 时)平移 $|\varphi|$ 个单位而得到。

由前面的研究可知,函数图像的变换本质上是函数图像上点的坐标变化。设 $P(x_0,y_0)$ 是函数 $y=\sin x$ 图像上的一点,那么 $Q(x_0-\varphi,y_0)$ 就是函数 $y=\sin(x+\varphi)$ 图像上的相应点。

板书:
$$y=\sin x \xrightarrow[\text{平移}|\varphi|\text{个单位}]{\text{向左}(\varphi>0)\text{或向右}(\varphi<0)} y=\sin(x+\varphi)$$

$$点\ P(x_0,y_0) \longrightarrow 点\ Q(x_0-\varphi,y_0)$$

设计意图:引导学生探究参数 A、ω、φ 的变化对函数 $y=A\sin(\omega x+\varphi)$ 图像的影响。借助信息技术直观地观察函数图像的变化,从形和数两方面解释参数对函数图像的影响,并用数学的语言进行描述。引导学生体会从特殊到一般、从具体到抽象的过程,提升学生直观想象、数学抽象、逻辑推理等数学核心素养。

师总结:对于函数 $y=A\sin(\omega x+\varphi)(A>0,\omega>0)$,$A$ 是物体振动时离开平衡位置的最大距离,称为该振动的振幅。A 越大,振动的幅度越大。

单摆或弹簧往复振动一次所需的时间 $T=\dfrac{2\pi}{\omega}$ 称为该振动的周期(即前面所说的最小正周期)。ω 越大,振动的周期越小。

在单位时间内振动的次数 $f=\dfrac{1}{T}=\dfrac{\omega}{2\pi}$ 称为该振动的频率,而 $\omega=2\pi f$ 相应地称为圆频率。ω 越大,振动的频率越大。

$\omega x+\varphi$ 称为该振动的相位。当 $x=0$ 时的相位 φ 称为初始相位。

通过上述研究,我们已经知道函数 $y=A\sin(\omega x+\varphi)(A>0,\omega>0)$ 的定义域为 $\mathbf{R}$,值域为 $[-A,A]$,最小正周期为 $T=\dfrac{2\pi}{\omega}$。

设计意图：介绍函数 $y = A\sin(\omega x + \varphi)$ 表达式中参数 A、ω、φ 的实际意义，提炼函数 $y = A\sin(\omega x + \varphi)$ 的基本性质，强调参数 A、ω、φ 对函数 $y = A\sin(\omega x + \varphi)$ 图像的影响。

问题 6：如何作出函数 $y = A\sin(\omega x + \varphi)(A > 0, \omega > 0)$ 的大致图像呢？

师生分析：我们可先用五点法作出函数 $y = A\sin(\omega x + \varphi)(A > 0, \omega > 0)$ 在长度为一个周期的区间上的大致图像，再向左、右不断平移，就可以得到函数 $y = A\sin(\omega x + \varphi)(A > 0, \omega > 0)$ 的大致图像。

四、例题讲解，巩固新知

例 2   作出函数 $y = 3\sin\left(2x + \dfrac{\pi}{4}\right)$ 的大致图像，并指出其振幅、频率和初始相位。

生 7：函数 $y = 3\sin\left(2x + \dfrac{\pi}{4}\right)$ 的最小正周期为 $T = \dfrac{2\pi}{2} = \pi$。

由 $0 \leqslant 2x + \dfrac{\pi}{4} \leqslant 2\pi$，可得 $-\dfrac{\pi}{8} \leqslant x \leqslant \dfrac{7\pi}{8}$。我们先用五点法作出此函数在区间 $\left[-\dfrac{\pi}{8}, \dfrac{7\pi}{8}\right]$ 上的大致图像。

令 $t = 2x + \dfrac{\pi}{4}$，将五个关键点列表（见表 1）。

表 1   关键点列表

x	$-\dfrac{\pi}{8}$	$\dfrac{\pi}{8}$	$\dfrac{3\pi}{8}$	$\dfrac{5\pi}{8}$	$\dfrac{7\pi}{8}$
$t = 2x + \dfrac{\pi}{4}$	0	$\dfrac{\pi}{2}$	π	$\dfrac{3\pi}{2}$	2π
$y = \sin t = \sin\left(2x + \dfrac{\pi}{4}\right)$	0	1	0	-1	0
$y = 3\sin\left(2x + \dfrac{\pi}{4}\right)$	0	3	0	-3	0

描点并用光滑曲线把它们连接起来。由于此函数的周期为 π，我们可以把此函数在 $\left[-\dfrac{\pi}{8}, \dfrac{7\pi}{8}\right]$ 上的大致图像向左、右不断地平移，就可以得到函数 $y = 3\sin\left(2x + \dfrac{\pi}{4}\right)$ 的大致图像（见图 5）。

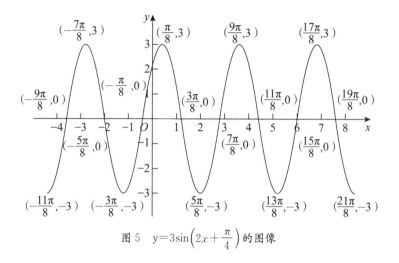

图 5　$y=3\sin\left(2x+\dfrac{\pi}{4}\right)$ 的图像

这个函数的振幅为 3,频率为 $f=\dfrac{\omega}{2\pi}=\dfrac{1}{\pi}$,初始相位为 $\dfrac{\pi}{4}$。

设计意图:考查用五点法作出函数 $y=A\sin(\omega x+\varphi)$ 的大致图像,加深学生对函数 $y=A\sin(\omega x+\varphi)$ 表达式中参数 A、ω、φ 的实际意义以及函数 $y=A\sin(\omega x+\varphi)$ 的基本性质的理解。

例 3　已知交流电的电流强度 I 关于时间 t 的函数为 $I=I_0\sin(\omega t+\varphi)$,其中 $I_0>0,\omega>0,0\leqslant\varphi\leqslant2\pi$。根据图像(见图 6)求出它的周期、频率和电流的最大值,并写出 I_0、ω 和 φ 的值。

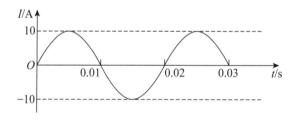

图 6　函数 $I=I_0\sin(\omega t+\varphi)$ 的图像

生 8:由图像可以看出,这个交流电的周期 $T=0.02$ s,频率 $f=\dfrac{1}{T}=\dfrac{1}{0.02}=50$ Hz,电流的最大值为 10 A。

在 $I = I_0\sin(\omega t + \varphi)$ 中,$I_0 = 10$,$\omega = \dfrac{2\pi}{T} = \dfrac{2\pi}{0.02} = 100\pi$。

再把点 $(0,0)$ 和 $\left(\dfrac{T}{4},10\right) = (0.005,10)$ 代入 $I = I_0\sin(\omega t + \varphi)$,得 $\sin\varphi = 0$ 且

$\sin\left(\dfrac{\pi}{2} + \varphi\right) = 1$。又因为 $0 \leqslant \varphi \leqslant 2\pi$,所以 $\varphi = 0$。

设计意图:考查函数 $y = A\sin(\omega x + \varphi)$ 图像的应用,要求学生能根据函数 $y = A\sin(\omega x + \varphi)$ 的图像求参数 A、ω、φ 的值。

五、课堂练习,迁移应用

教材 P85 练习 7.3

1. 作出下列函数的大致图像:

(1) $y = \sin\left(x + \dfrac{\pi}{6}\right)$;　　　　　　　　(2) $y = 3\sin\left(2x - \dfrac{\pi}{3}\right)$。

2. 下列函数中,与函数 $y = 5\sin\left(3x + \dfrac{\pi}{4}\right)$ 的图像形状相同的是　　　(　　)

A. $y = 8\sin\left(3x + \dfrac{\pi}{4}\right)$;　　　　　　B. $y = 3\sin\left(5x + \dfrac{\pi}{4}\right)$;

C. $y = 5\sin 2\left(x + \dfrac{\pi}{4}\right)$;　　　　　　D. $y = 5\sin 3\left(x + \dfrac{\pi}{4}\right)$。

3. 函数 $y = A\sin(\omega x + \varphi)$ 的图像如图 7 所示,请根据图中的信息,写出该图像的一个函数表达式。

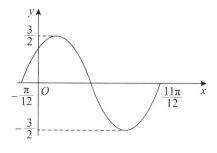

图 7　第 3 题的图

设计意图:让学生深入理解参数 A、ω、φ 对函数 $y = A\sin(\omega x + \varphi)$ 图像的影

响;巩固用五点法作出函数 $y=A\sin(\omega x+\varphi)$ 的大致图像;巩固函数 $y=A\sin(\omega x+\varphi)$ 图像的应用,并能根据函数 $y=A\sin(\omega x+\varphi)$ 的图像求参数 A、ω、φ 的值。

六、课堂小结,布置作业

师:回顾本节课学习内容,回答以下问题:

1. 本节课我们研究了什么问题? 研究的路径是怎样的?

生 9:我们以现实世界中的匀速圆周运动为背景,建立了函数 $y=A\sin(\omega x+\varphi)$,并进一步研究了参数 A、ω、φ 对于函数 $y=A\sin(\omega x+\varphi)$ 图像的影响。

2. 如何理解函数 $y=A\sin(\omega x+\varphi)$ 中参数 A、ω、φ 的物理意义以及它对函数 $y=A\sin(\omega x+\varphi)$ 的影响?

生 10:A 称为该振动的振幅;$\omega=2\pi f$ 相应地称为圆频率;φ 称为初始相位。

一般地,函数 $y=A\sin x$ 的图像,可以看作把函数 $y=\sin x$ 的图像上所有点的纵坐标伸长(当 $A>1$ 时)或缩短(当 $0<A<1$ 时)为原来的 A 倍(横坐标不变)而得到。从而,函数 $y=A\sin x$ 的值域是 $[-A,A]$,最大值是 A,最小值是 $-A$。

一般地,函数 $y=\sin\omega x$ 的图像,可以看作把 $y=\sin x$ 图像上所有点的横坐标缩短(当 $\omega>1$ 时)或伸长(当 $0<\omega<1$ 时)为原来的 $\dfrac{1}{\omega}$ 倍(纵坐标不变)而得到。

一般地,函数 $y=\sin(x+\varphi)$ 的图像,可以看作把 $y=\sin x$ 图像上所有点向左(当 $\varphi>0$ 时)或向右(当 $\varphi<0$ 时)平移 $|\varphi|$ 个单位而得到。

3. 如何作出函数 $y=A\sin(\omega x+\varphi)(A>0,\omega>0)$ 的大致图像?

生 11:先用五点法作出函数 $y=A\sin(\omega x+\varphi)(A>0,\omega>0)$ 在长度为一个周期的区间上的大致图像,再向左、右不断平移,就可以得到函数 $y=A\sin(\omega x+\varphi)(A>0,\omega>0)$ 的大致图像。

4. 在研究函数 $y=A\sin(\omega x+\varphi)$ 的过程中,有哪些思想方法值得借鉴?

生 12:对于三个不同的变量,固定其中两个变量,只探讨一个变量的作用;先分

别探讨 A、ω、φ 对函数图像的影响,再综合分析;类比,从特殊到一般,从具体到抽象。

设计意图:梳理本节课的知识和研究过程以及体现的数学思想方法,进一步引导学生体会研究函数的一般方法与手段。

师:回顾本节课的学习过程,我们以现实世界中的匀速圆周运动为背景,建立了函数 $y=A\sin(\omega x+\varphi)$,通过研究参数 A、ω、φ 的变化对函数图像的影响研究了这个函数的性质;在此基础上,我们进一步研究了用五点法作出具体的函数 $y=A\sin(\omega x+\varphi)$ 的大致图像,并对函数 $y=A\sin(\omega x+\varphi)$ 的图像进行了简单应用。对于参数 A、ω、φ 对函数 $y=A\sin(\omega x+\varphi)$ 图像的影响的研究,我们运用了从特殊到一般、从具体到抽象的思想方法;我们运用了类比思想,用五点法作出具体函数 $y=A\sin(\omega x+\varphi)$ 的大致图像。这也是数学研究的基本思想方法。我们按照"概念—图像—性质—应用"的顺序展开函数知识的学习,这也是研究函数的一般方法与手段。

设计意图:围绕函数 $y=A\sin(\omega x+\varphi)$ 的图像进行了知识与思想方法的回顾和总结,从知识联系和整体结构的角度帮助学生加深理解,促使学生形成单元统整的认知结构。

课后作业

[基础练习]

教材 P87—88 习题 7.3 A 组 1—5,B 组 1—3。

[能力拓展](选做)

1. 函数 $y=2\sin 3x$,$x\in\left[\dfrac{\pi}{6},\dfrac{5\pi}{6}\right]$ 与函数 $y=2$ 的图像所围成的封闭图形的面积为_____。

2. 已知函数 $y=\sin(\omega x+\varphi)$(其中常数 ω、φ 满足 $\omega>0$ 且 $0\leqslant\varphi\leqslant\pi$),是 **R** 上的偶函数,其图像关于点 $P\left(\dfrac{2\pi}{3},0\right)$ 成中心对称,且在区间 $\left[0,\dfrac{\pi}{2}\right]$ 上是单调函数,求 φ 和 ω 的值。

【自我评述】

本节课是函数 $y=A\sin(\omega x+\varphi)$ 的图像的第一课时,通过匀速圆周运动构建函数 $y=A\sin(\omega x+\varphi)$ 模型,重点探究参数 A、ω、φ 对函数 $y=A\sin(\omega x+\varphi)$ 图像的影响以及用五点法作出具体的函数 $y=A\sin(\omega x+\varphi)$ 的大致图像。本节课是基于"单元统整"视角下的教学课时设计,着重体现以下两点。

一、注重单元统整,关注知识的连贯性

在已学具体初等函数的研究中,已经历了按照"概念—图像—性质—应用"的顺序展开研究的过程,这也为本节课函数 $y=A\sin(\omega x+\varphi)$ 图像的学习研究提供了方案和策略。本节课先研究任意匀速圆周运动,通过数学建模,引入函数 $y=A\sin(\omega x+\varphi)$;进而从函数 $y=\sin x$ 的图像出发,依次研究参数 A、ω、φ 对函数 $y=A\sin(\omega x+\varphi)$ 图像的影响,从整体上把握通过正弦函数 $y=\sin x$ 的图像变换得到函数 $y=A\sin(\omega x+\varphi)$ 图像的过程;然后用五点法作出具体的函数 $y=A\sin(\omega x+\varphi)$ 的大致图像,并能根据函数 $y=A\sin(\omega x+\varphi)$ 的图像确定参数 A、ω、φ 的值;最后应用函数 $y=A\sin(\omega x+\varphi)$ 的图像解决实际问题。因此,本课时的教学设计符合一般函数的研究方法和规律。

对于本节课的重点——研究参数 A、ω、φ 对函数 $y=A\sin(\omega x+\varphi)$ 图像的影响,给出参数影响图像的实际意义,侧重两个角度的观察与分析:一是从函数图像运动看图像的变化,二是从相应函数图像上点的坐标变化看图像的变换。从物理意义、几何关系、函数关系、点的坐标关系等角度进行剖析,将结论一般化,体现了从具体到抽象的探究过程。从形的角度上升到从"点的坐标"这一代数本质去理解图像的变换规律,是对一般函数图像变换内容的延伸和拓展。

二、注重单元统整,体现方法的普适性

在认识函数 $y=A\sin(\omega x+\varphi)$ 的图像与函数 $y=\sin x$ 的图像的关系时,因为参数 A、ω、φ 都将对函数图像产生影响,学生通常会感到抽象和难以理解。为了突破此难点,在教学中引导学生制定探讨思路,并在此基础上确定探讨思路,

即固定其中 2 个变量,只探讨 1 个变量的作用,这是探讨多变量问题的一般方法。

借助信息技术呈现质点的匀速圆周运动变化过程以及质点运动规律的函数表示,能结合实验操作说明参数 A、ω、φ 对函数 $y = A\sin(\omega x + \varphi)$ 图像的影响,并能从图像上任意一点的坐标变化判断函数图像的变换过程,直观呈现各要素运动变化之间的关联性,突出参数 A、ω、φ 的实际意义,遵循从特殊到一般、从具体到抽象的基本探究规律,体现数形结合、转化与化归的重要思想方法。这样的思路和方法也适用于函数其他知识以及其他函数的相关研究。

【参考文献】

黄继红."单元统整"背景下"函数的奇偶性"教学设计的思考与实践[J].数学教学,2022(11):20 - 24.

(案例提供者:上海市松江一中　丁元忠老师)

案例 11　正切函数的图像与性质

【教学对象】

本节课的教学对象是上海市实验性示范性高中一年级创新实验班的学生。

【单元统整教学的内容分析】

新课程背景下倡导主题(单元)教学,即在单元统整的观点下,更好地实现单元内、单元间知识的横向与纵向的联系。正切函数的图像与性质是上海教育出版社出版的《普通高中教科书　数学》必修课程第 7 章第 4 节的内容,隶属于函数主题。正切函数是在研究了正弦函数、余弦函数的图像与性质后又一具体的三角函数,在内容和方法上不仅是一种再现,更是一种提升,在教材中起着承上启下的作用。

一、知识建构

(一) 知识学习的先决条件

学生在本节课前,已经积累了一些具体函数问题的研究方法。即通过研究指数函数、对数函数、正弦函数、余弦函数等具体函数的图像特征,归纳得出它们的函数性质并加以严格证明,为本节课的学习提供了丰富的知识及方法的保障。

(二) 知识的发生背景

三角函数是"函数"这个主题单元的一个小分支,而正切函数是三角函数这个小分支中的一个内容节点。作为基本初等函数之一,三角函数是高中数学重要的数学模型。它既是研究度量几何的基础,又是学生在中学阶段研究自然界周期变化规律强有力的数学工具。

（三）知识的内在结构

在"函数"这个主题单元下,所有具体函数知识与方法的学习研究都可以按"概念—图像—性质—应用"的顺序展开。通过学习,学生能清晰地认识到所研究函数的内容与方法。同时,正切函数又是继正弦函数、余弦函数之后的又一个三角函数。除了类比正弦函数、余弦函数的研究内容及研究方法外,正切函数还要针对其图像的特点,研究其渐近线等性质。在研究过程中,进一步渗透数形结合、类比迁移的数学思想,体会数学的美无处不在。

（四）思想方法

正切函数是高中阶段的初等函数之一,教师在教学过程中应渗透数形结合、类比等数学思想方法。在探究正切函数图像与性质的过程中,学生会经历对数学知识的发现、归纳、反思、总结、提升等过程,获得新的知识、方法、情感、态度等,形成知识的脉络和体系,从而提升数学抽象、数学运算、直观想象、逻辑推理等核心素养。

（五）知识的学科价值

讲解本节课的内容时,教师要引导学生用数形结合的思想方法研究数学问题,用严谨的代数论证方法解决数学问题。在单元统整的观点下,可以将以前学习的具体函数的图像与性质的研究思路和方法迁移到三角函数的学习中,让学生获得函数的一般图像与性质,形成研究函数的一般方法与手段。这对于凸显数学的本质、体现数学知识的整体性、提升学生的核心素养有积极的促进作用。

二、认知方式

（一）认知阶段

学生对具体函数问题的学习包括三个阶段。第一个阶段,通过给函数下定义、作出函数图像来研究一些具体函数的基本性质,如幂函数、指数函数、对数函数的基本性质。第二个阶段,在第一个阶段的基础上,作出难度更高的基本初等函数的图像,进一步研究函数的性质,如正弦函数、余弦函数、正切函数的周期性、奇偶性、单调性、最值等。第三个阶段,在第二个阶段的基础上,熟练掌握研究函数的基本方法,即用函数图像特征和代数运算的方法研究一般函数的性质并加以严格证明,进一步完善图像特征,从而达到形与数的完美统一。

(二) 认知起点

学生已经学习了诱导公式、正弦函数的图像与性质等,具备了学习本节课的知识基础。在学习指数函数、对数函数等基本初等函数时,学生应初步理解研究函数的模式,即先画图再分析性质。学生应初步具备利用描点法、单位圆、正弦线等方法作图的技能。选择恰当的方法来研究正切函数的性质,对学生而言也是一种考验。

(三) 认知障碍

学生对抽象数学概念的理解可能还有一些困难,对正弦函数图像的作法——等分、作线、平移、连线,理解还不够深刻,还不能灵活地迁移到正切函数中,且正切函数的单调性等性质的发现与论证方法较正弦、余弦函数更为严谨。因此本节课对思维的严谨性、图像的分析、性质的归纳推理等能力有较高要求。

(四) 思维方式

本节内容的学习将仍然保持与幂函数、指数函数、对数函数以及正弦函数、余弦函数等基本初等函数一致的研究方式——类比迁移、从具体到抽象、从特殊到一般,以获得函数的一般图像与性质,形成研究函数的一般方法与手段,体现整个"函数"单元教学的整体性与连续性。

三、实践创新

(一) 跨学科角度

"应用数学工具处理物理问题的能力"是高中物理教学的重要内容。数学中的"正切函数"体现了直角三角形中边与角之间的关系,在高中物理中,有关物理量之间的关系往往构成直角三角形,运用正切函数可使相关物理问题迎刃而解。例如,正切函数在物体平衡问题、临界问题、动力学问题以及平抛运动等中的应用非常广泛。

（二）现实意义

通过正切函数的图像与性质的学习,学生能体会研究函数图像与性质的基本方法,更能体会数学源于生活又服务于生活的理念。同时,通过这一内容可以培养学生科学研究的理性精神及从特殊到一般、从局部到整体的现实主义精神。

（三）德育价值

引导学生学会用联系的观点看问题,形成实事求是的科学态度和锲而不舍的钻研精神。让学生在自主探究、小组合作交流的过程中体验探索的乐趣,增强团队意识,激发学生的学习积极性。

【课时大概念层级金字塔】

通过上述单元统整教学的内容分析,提炼出本节课的课时基础概念:函数,幂函数,指数函数,对数函数,正弦函数,余弦函数,三角函数,单位圆,函数的奇偶性、单调性、周期性、对称性、值域和最值。根据基础函数之间的关联,确定本节课的课时关键概念:正切函数、正切函数的图像与性质、类比、数形结合、具体与抽象、特殊与一般。为此,提炼出本节课的课时大概念:正切函数是刻画正切变化规律的数学模型。于是,得到本节课的课时大概念层级金字塔(见图1)。

图 1　正切函数的图像与性质的课时大概念层级金字塔

【教学目标】

1. 能借助单位圆理解正切函数的定义,作出正切函数的图像,理解和掌握正切函数的基本性质,并能运用图像与性质解决相关问题。

2. 在探究正切函数图像与性质的过程中,渗透数形结合、类比和化归等数学思想方法,培养学数学抽象、数学运算、直观想象、逻辑推理等数学核心素养。

3. 培养学生分析问题、解决问题的能力,通过学生自主探究、小组合作交流的过程体验探索的乐趣,增强团队意识,激发学生学习数学的兴趣。

【教学重难点】

教学重点:正切函数的图像及主要性质。

教学难点:正切函数的图像的作法、正切函数单调性的证明。

【教学过程】

一、创设情境,引入新知

问题 1:我们是如何研究正弦函数和余弦函数的?

师:回顾刚刚所学的正弦函数和余弦函数,我们是通过什么途径来研究的?

生 1:先下定义、再作图像、研究性质、最后简单应用。

师:对! 这是研究函数的一般方法。那么正弦函数的图像是如何得到的?

生 2:利用单位圆内的正弦线,得到在一个周期,即 $[0, 2\pi]$ 上的图像,再利用周期性得到在定义域上的图像。

师:现在我们通过再现图像生成的动态过程,来归纳作图步骤。

生 3:作图步骤是:先等分、作线、再平移、连线。

师:很好! 那么正弦函数的性质有哪些?

生 4:有周期性、奇偶性、单调性、最值、对称性等。

师:那么余弦函数呢?

生 5:余弦函数是由正弦函数的图像平移得到的,它的性质也可类比正弦函数得到!

师:对! 接着,我们该研究哪个三角函数了?

设计意图:通过以上问题的思考与回答,完成新课所需知识的复习和准备工作,也为学生指明即将学习的正切函数的研究方向。

二、生成概念,理解辨析

重点 1:正切函数概念的形成。

师:先请大家类比正弦函数,尝试给正切函数下个定义。

生 6:对于任意一个给定的实数 x,都有唯一确定的正切值 $\tan x$ 与它对应,按照这个对应关系所建立的函数称为正切函数,表示为 $y=\tan x$。

师:这位同学下的定义中有什么值得注意的地方?

生 7:根据任意角的正切的定义,角的终边不能在 y 轴上,因此定义中的 $x\neq k\pi+\dfrac{\pi}{2},k\in\mathbf{Z}$。

师:很好! 请看正切函数的完整定义。

(板书)对于任意一个给定的实数 $x\left(x\neq k\pi+\dfrac{\pi}{2},k\in\mathbf{Z}\right)$,都有唯一确定的正切值 $\tan x$ 与它对应,按照这个对应关系所建立的函数称为正切函数,表示为 $y=\tan x$。

师:明确了正切函数的定义后,我们开始研究正切函数的图像与性质。

设计意图:类比正弦函数,对正切函数下定义,体会它们的共同点与不同点,为后面研究图像与性质做好铺垫。

三、类比迁移,自主探究

重点 2:类比作出正切函数的图像。

问题 2:任意角的正切是如何定义的? 在单位圆中如何表示呢?

师:任意角的正切是如何定义的?

生 8:任意角 α 的正切为 $\tan\alpha=\dfrac{y}{x}(x\neq0)$。

师:不错! 能不能借助单位圆将它表示出来呢?

生 8:假设单位圆与 x 轴正半轴交于点 A,当角 α 的终边在第一象限时,过点 A 作 x 轴的垂线交终边于点 T,则线段 AT 的长就是角 α 的正切值(见图 2)。

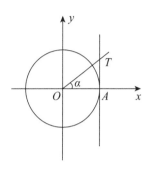

图 2　正切的几何表示

师:很棒! 我们可以借助单位圆来表示角 α 的正切值,见图 2。

那么,当角 α 的终边在第二、三、四象限时,也可以用线段 AT 的长表示 α 的正切吗?

生 9:当角 α 的终边在第三象限时,可以用线段 AT 的长表示 α 的正切,但角 α 的终边在第二或第四象限时,正切值为负,不能再用线段长来表示了。

师:那么,究竟统一用什么来表示呢?

生 10:用角 α 的终边所在直线与直线 $x=1$ 的交点的纵坐标表示。

师:非常好! 请同学们类比正弦函数的作图方法和步骤,设计作出正切函数图像的方案。

问题 3:请类比正弦函数的作图方法和步骤,设计正切函数的作图方案。

生 11:先画出正切函数的一个周期内的图像,再将图像向左、向右平移到整个定义域上去。

师:思路正确! 在作图前,我们可以先初步研究正切函数的性质,如周期性、奇偶性等,这对于我们作图是非常有用的工具。根据正切的诱导公式 $\tan(\pi+\alpha)=\tan\alpha$,我们得到正切函数是有周期函数,所以可以先作出一个合适的、长度为 π 的区间上的图像,选择哪一个呢? 为什么?

生 12：我选择了区间$(0,\pi)$。

生 13：我选择了区间$\left(-\dfrac{\pi}{2},\dfrac{\pi}{2}\right)$。

师：两位同学的选择都可以尝试。那么可不可以将区间缩得更小呢？

生 13：根据 $\tan(-\alpha)=\tan\alpha$，说明正切函数有奇偶性，可以缩小到区间$\left(0,\dfrac{\pi}{2}\right)$。

师：非常好！那就请大家类比作正弦函数图像的方法，利用单位圆并结合描点法尝试作出正切函数在$\left(0,\dfrac{\pi}{2}\right)$上的图像。

教师用投影仪展示部分同学的作图结果，鼓励学生阐述自己的观点，学生之间相互评价，指出优点和不足，并及时纠正学生错误的图像。

师：请生 14 具体讲述一下你的作图步骤。

生 14：我先在 y 轴左边作个单位圆 O_1，将单位圆第一象限四等分，将角 α 及它所对应的纵坐标$(\alpha,\tan\alpha)$在第一象限依次描出，就能得到正切函数在$\left(0,\dfrac{\pi}{2}\right)$上的大致图像，再利用奇偶性，可得到正切函数在$\left(-\dfrac{\pi}{2},\dfrac{\pi}{2}\right)$上的大致图像。当然，等分得越细图像越光滑（见图 3）。

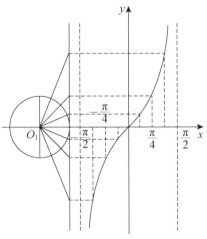

图 3　正切函数在$\left(-\dfrac{\pi}{2},\dfrac{\pi}{2}\right)$上的大致图像

师：非常棒！刚刚我们一起欣赏了大家的作图成果，现在我们来看一下计算机制作的图像，并请大家归纳作图步骤。

生 15：先等分、作线、平移、连线，再根据奇偶性得到正切函数在 $\left(-\dfrac{\pi}{2},\dfrac{\pi}{2}\right)$ 上的图像。

师：很好！如何进一步得到正切函数在 **R** 上的图像？

生 16：根据正切函数的周期性，把上述图像向左、右平移，得到正切函数 $y=\tan x\left(x\in\mathbf{R}\,\text{且}\,x\neq k\pi+\dfrac{\pi}{2},k\in\mathbf{Z}\right)$ 的图像（见图 4）。

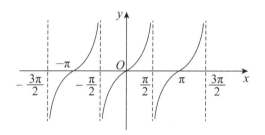

图 4　正切函数的图像

设计意图：在做好学习方法的铺垫后，给学生充分的时间和空间，让他们自己绘制图像，并且通过合作交流发现问题。用计算机呈现完整图像的目的是引导学生理顺思路，规范作图。这种获得知识的过程不仅给学生留下了深刻的印象，还能有效提高学生的动手实践能力，激发学生对数学的兴趣。

重点 3：正切函数性质的探究。

问题 4：结合正切函数的图像，进一步探究正切函数的性质。

师：刚刚我们利用正切函数的周期性和奇偶性，作出了它的图像（其中 π 为最小正周期的证明请同学们课后尝试完成）。那么现在能否利用图像，讨论它的其他性质呢？请大家填写表 1。

表 1　正切函数的性质

$y = \tan x$	基本性质
定义域	
值域	
周期性	
奇偶性	
单调性	
最值	
……	

生 17:除了刚刚说过的,还有值域为 **R**,也就是没有最值,这个可以通过正切的定义或者正切函数的图像得到。

生 18:单调性方面,我觉得正切函数在定义域上是严格增函数。

生 19:老师,我认为生 18 的说法有问题。正切函数的定义域是间断的,因此不能说"在定义域上是严格增函数",而是在区间 $\left(k\pi - \dfrac{\pi}{2}, k\pi + \dfrac{\pi}{2}\right)$ $(k \in \mathbf{Z})$ 上是严格增函数。

师:很好! 这种生生之间的对话非常棒! 我们可以从图像上看出函数的单调区间,那么能否从代数的角度严格论证呢?

生 20:可以的,我们可以利用周期性和单调性的定义,先证明函数在区间 $\left(-\dfrac{\pi}{2}, \dfrac{\pi}{2}\right)$ 上的单调性。

师:很好! 严格按照单调性证明的步骤可以证得,请大家利用课后时间完成证明。请同学们继续观察,正切函数图像还呈现哪些特征? 对应哪些函数性质?

生 21:我发现它是中心对称图形,但不是轴对称图形,对称中心坐标为 $\left(\dfrac{k\pi}{2}, 0\right)$ $(k \in \mathbf{Z})$。

师:很好! 虽然正切函数在 $x=k\pi+\dfrac{\pi}{2}(k\in\mathbf{Z})$ 时没有定义,但不影响对称性! 还有什么和正弦函数、余弦函数的图像不同之处呢?

生 22:我发现它好像被无数条相互平行的直线隔开。

师:观察非常仔细! 图像无限趋近于这些直线,但永远不相交,我们称为渐近线。能表示这些直线吗?

生 23:是直线 $x=k\pi+\dfrac{\pi}{2}(k\in\mathbf{Z})$,因为定义域的原因。

师:非常棒!

设计意图:引导学生利用正切函数的图像,运用数形结合和类比的思想,从值域、单调性、对称性等方面考虑问题,加深学生对数形结合思想的体会,通过图像与性质的结合加强学生对正切函数性质的理解和对正切曲线的认识,培养学生逻辑推理和直观想象等数学核心素养。

四、例题讲解,巩固新知

师:刚刚我们已经得到了正切函数的图像与性质,下面我们应用所学知识解决有关问题。

例 1　已知函数 $y=\tan x$,(1) 若 $x\in\left[-\dfrac{\pi}{3},\dfrac{\pi}{2}\right)$,求 y 的取值范围;(2) 若 $\dfrac{\sqrt{3}}{3}\leqslant\tan x<1$,求使不等式成立的 x 的取值范围。

生 24:由正切函数的单调性可知,该函数在 $\left[-\dfrac{\pi}{3},\dfrac{\pi}{2}\right)$ 上严格增函数,所以可求出 y 的取值范围是 $[-\sqrt{3},+\infty)$。

生 25:第(2)题也可以利用正切函数的单调性,得出 x 在一个单调区间 $\left(-\dfrac{\pi}{2},\dfrac{\pi}{2}\right)$ 上的取值范围是 $\left[\dfrac{\pi}{6},\dfrac{\pi}{4}\right)$,再由周期性可得到的 x 所有的取值范围是 $\left[k\pi+\dfrac{\pi}{6},k\pi+\dfrac{\pi}{4}\right)(k\in\mathbf{Z})$。

师:正确! 函数的图像与性质是解题的有力工具。

例 2　求函数 $y=\tan\left(\dfrac{\pi}{6}x+\dfrac{\pi}{3}\right)$ 的定义域、单调区间、对称中心坐标及最小正周期。

生 26：由正切的定义，该函数自变量 x 满足 $\dfrac{\pi}{6}x+\dfrac{\pi}{3}\neq k\pi+\dfrac{\pi}{2}$，即 $x\neq 6k+1$ $(k\in\mathbf{Z})$。所以，该函数的定义域为 $\{x\,|\,x\in\mathbf{R},x\neq 6k+1(k\in\mathbf{Z})\}$。

生 27：由正切函数的单调性可知，当 $k\pi-\dfrac{\pi}{2}<\dfrac{\pi}{6}x+\dfrac{\pi}{3}<k\pi+\dfrac{\pi}{2}(k\in\mathbf{Z})$ 时，即 $6k-5<x<6k+1(k\in\mathbf{Z})$ 时，函数 $y=\tan\left(\dfrac{\pi}{6}x+\dfrac{\pi}{3}\right)$ 为严格增函数。因此，函数的单调增区间为 $(6k-5,6k+1)(k\in\mathbf{Z})$。

生 28：由正切函数的对称中心坐标可知，$\dfrac{\pi}{6}x+\dfrac{\pi}{3}=\dfrac{k\pi}{2}$，得 $x=3k-2$ $(k\in\mathbf{Z})$，故对称中心坐标为 $(3k-2,0)(k\in\mathbf{Z})$。

师：同学们回答得非常棒！大家都是用整体代换的思想解决问题的。那么最小正周期是多少呢？

生 29：根据函数 $y=A\sin(\omega x+\varphi)(A>0,\omega>0)$ 的最小正周期是 $T=\dfrac{2\pi}{\omega}$，我猜想该函数的最小正周期是 $T=\dfrac{\pi}{\omega}$，即为 6，从单调区间的跨度也能得到！

师：猜想正确！能否证明呢？

生 30：首先可以证明 6 为该函数的一个正周期。记 $f(x)=\tan\left(\dfrac{\pi}{6}x+\dfrac{\pi}{3}\right)$，即证 $f(x)=f(x+6)$，这个比较容易，但怎么证明 6 是它的最小正周期呢？

师：还是用整体代换的思想，令 $t=\dfrac{\pi}{6}x+\dfrac{\pi}{3}$，原函数可改写为 $y=\tan t$，其中以 t 为自变量的函数的最小正周期为 π。返回到自变量 x，因 $x=\dfrac{6}{\pi}t-2$，故原函数的最小正周期为 6。

设计意图：加强对正切函数性质的理解，提高运用数形结合与类比思想解决问题的能力,培养学生整体意识和换元转化的思想。

五、课堂小结,凝练升华

师:本节课围绕"什么是正切函数""如何作出正切函数的图像""正切函数有哪些性质""如何研究函数"等展开,下面请同学们总结学到的知识。

生 31:首先,研究函数的一般方法是:下定义、作图像、研究性质、应用。

生 32:正切函数的作图是先通过等分、作正切线、平移、连线四步作出函数在区间 $\left(0,\dfrac{\pi}{2}\right)$ 上的图像,再根据奇偶性作出函数在区间 $\left(-\dfrac{\pi}{2},\dfrac{\pi}{2}\right)$ 上的图像,最后根据周期性将图像左、右平移,得到在 **R** 上的图像。

生 33:观察图像,再严格证明,得到正切函数的基本性质,其中单调性、对称性以及渐近线和正弦函数、余弦函数有所不同。

生 34:我们还利用性质解决了与正切函数有关的数学问题。如求自变量或函数值的取值范围、研究与正切函数有关的函数的基本性质等。

师:同学们太棒了!

六、课后作业,拓展探究

A 层:

1. 请完成以下题目。

(1) 函数 $y=\tan x$,$x\in\left(-\dfrac{\pi}{6},\dfrac{\pi}{4}\right]$ 的值域是_____;

(2) 函数 $y=\sqrt{\tan x+\sqrt{3}}$ 的定义域是_____;

(3) 根据正切函数的图像与性质,比较大小:$\tan\dfrac{2\pi}{7}$____$\tan\dfrac{10\pi}{7}$。(填">""<"">"或"≤")

2. 求函数 $y=\tan\left(2x-\dfrac{\pi}{4}\right)$ 的定义域、值域、最小正周期、单调增区间、对称中心。

3. 作出函数 $y=\tan x+|\tan x|$ 的图像,并根据图像求它们的定义域、值域、

周期和单调区间。

B层：

1. 完成正切函数单调性的证明。

2. 证明：正切函数的最小正周期为 π。

3. 研究余切函数的图像与性质。

设计意图：尊重学生差异，促进知识迁移，感悟类比思想，提高综合能力，给学生创设进一步的探究空间。

【自我评述】

本节课在"单元统整"的视角下对教材有比较深刻的理解和把握，根据任教学生的实际情况，对教材进行了有效的挖掘和设计。从"数"到"形"，再从"形"到"数"，让学生经历正切函数性质与图像不断完善的过程，掌握一般函数的研究思路和方法；并根据教学目标，设计有坡度的例题，促进学生理解数学知识，发展学生的数学能力，培养学生的数学抽象、逻辑推理、直观想象和数学运算等数学核心素养。无论从内容、形式还是效果都体现了单元统整的优势。

从统整内容看，"单元统整"观点下的教学更具有整体性。钟启泉教授认为，"统整"是分割与分解的反面，是使事物处于一体化的完整状态。这一定义从统整的对立面着手，突出统整"一体化"，即整体性的特点。它不是简单的"拆分＋组合"，而是根据课程标准，细化单元教学目标，撷取本单元的教材内容，集中学习、迁移运用，这种整体性有利于教师全面把握教材，提高教学效率。本节课的教学设计既是"函数"这个主题单元的教学内容的完善，又是整个"函数"大单元思想与方法的提升，很好地体现了"函数"这个主题单元的整体研究内容和研究方法。

从统整形式看，"单元统整"观点下的教学更具有开放性。统整后，课堂容量进一步加大，对学生的思维水平、学习方法要求更高，打破教师教、学生学的传统课堂。本节课创设一个以问题解决为核心的数学问题情境系统，并以问题驱动对学生活动进行定向引导。学生在问题或任务的驱动下深度参与，经过思考、讨论、交流，解决问题，最后师生共同对活动过程进行反思、归纳，提升活动中的体验和感悟,获得新的知识方法、情感态度等。这种开放性有利于学生数学核心素养的提升。

从统整效果看,"单元统整"观点下的教学更具有发展性。单元统整以单元主题目标为主线,以学习活动为核心学习形式,以各单元体现编者意图的数学思想方法为重点,关注学生在教学活动中的动态生成。课前开放学习时空,学生围绕学案中设计的学习任务充分自主学习(观察、体验、访谈、做记录、制作思维导图等),获得感性认知,产生学习疑问,激发学习动机;课堂上围绕具体任务创造性地整合已有知识和技能,合作探究,分析问题,解决问题,产生新的学习需要;课后根据生成的新任务继续探索新的领域。这种发展性进一步释放学习时空,使学生学得主动,习得积极。教师在整个教学过程中对学生的活动给予合理的评价和适时的启发、点拨,确保活动的有效性。

综上所述,数学教学的关键是思维能力的培养,目标是核心素养的养成。而核心素养是一个不可分割、相互联系的整体。数学学科核心素养所具有的整体性和联系性决定了数学教学应该强化整体性和联系性。由于不同知识背后所蕴含的核心素养和思维方法往往是相同的或类似的,在数学教学中,教师要有效地开展主题单元教学,在单元统整的视角下设计符合学生认知规律和思维要求的教学活动,深入挖掘每堂课中蕴含的育人功能,为学生核心素养的发展搭建更好的平台。

【参考文献】

[1] 刘园园.高中数学单元教学设计分析[J].新教育时代,2018(11):37-41.

[2] 王悠悠,毛梁成.统整维观下的数学教学[J].数学教学通讯,2012(24):18-19.

(案例提供者:上海市松江一中　王瑾老师)

案例 12　利用信息技术探究函数的图像与性质

【教学对象】

本节课的教学对象是上海市实验性示范性高中一年级创新实验班的学生。

【单元统整教学的内容分析】

函数的图像是函数的直观体现,反映了函数的性质;函数的性质是函数的内在特点,决定了函数的图像。函数的图像与性质相辅相成,既是认识函数的基础,也是理解函数的关键,贯穿函数单元始终。本节课作为函数单元的复习课,借助代数推理与几何直观探究新函数的图像与性质,辅以信息技术,揭示图像与性质间的内在联系,明确研究函数的方法,进一步积累研究函数的活动经验。

一、知识建构

（一）知识学习的先决条件

函数是数学的重要内容之一,学生在初中学习过正比例函数、反比例函数、一次函数、二次函数,主要对函数图像进行研究,通过图像直观感知部分性质;在高中,注重函数性质的代数刻画,学生先后学习了幂函数、指数函数、对数函数等具体函数的图像,并通过图像研究性质,在此基础上归纳了一般函数的概念与性质,能够简单应用函数的图像与性质解决问题。

（二）知识的发生背景

函数是刻画现实世界运动变化规律的重要模型,在建立函数模型解决现实问题时,经常会遇到许多非基本初等函数的新函数,面对这些新函数,尤其是表达式复杂的函数,绘制图像往往比较困难。《普通高中数学课程标准(2017 年版2020 年修订)》在函数主题的教学提示中指出:"鼓励学生运用信息技术学习、探索和解决问题。"引导学生合理使用信息技术,绘制函数图像,理解函数性质,能够提升课堂效率,提高教学的实效性,有助于学生更好地掌握研究函数的方法。此外,在函数单元学习后,进行一次对新函数图像与性质的探究,也是对知识学习的总结与深化。

(三) 知识的内在结构

对新函数的研究,是在对基本初等函数研究、一般函数概念与性质学习基础上的深化。对于具体的基本初等函数的研究,如幂函数、指数函数、对数函数,教材中遵循的都是由图像到性质的研究模式,即通过描绘函数图像,观察、归纳性质,并对归纳结果进行代数论证,因此在新函数的研究中,依旧遵循这一研究模式,以保持思维的一致性。由于新函数的表达式较复杂,人工绘制其图像难度较大,因此引入信息技术,使得对新函数的研究更加高效。内在结构见图1。

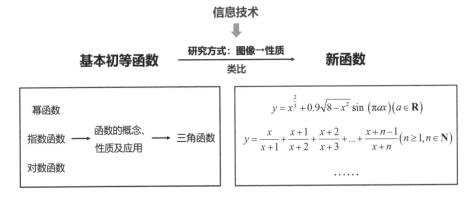

图 1　利用信息技术探究函数的图像与性质的内在结构

(四) 思想方法

本节课以三个探究活动串联,活动设计层层递进,引导学生自主探究、深度思考,逐步体会研究函数的方法。探究中实现了从图形语言到文字语言再到符号语言的转化,体现了数学的抽象性与简洁美,也让学生充分体验数形结合、类比等数学思想方法。此外,整个探究过程充分体现了从特殊到一般的方法,这不仅是探究函数图像与性质的方法,也是学生今后学习和研究数学所必备的思想方法。

（五）知识的学科价值

本节课是对已学内容的总结与升华,实现了学生学习函数知识的系统性与连贯性。教学中,让学生完整地经历观察、猜测、证明等探究过程,"合情推理"和"演绎推理"两种推理相辅相成,引导学生尝试从代数推理与几何直观两个角度研究函数,直观想象、逻辑推理、数学抽象等数学学科核心素养得到了充分的关注与发展。此外,探究活动中,学生间的合作交流,体现了敢于质疑、善于思考、严谨求实的理性精神;同时,经历提出问题、分析问题、解决问题的过程,培养了学生的创新思维。

二、认知方式

（一）认知阶段

学生对函数的学习包括三个阶段。第一个阶段是初中对函数的研究,聚焦函数的图像,并不要求掌握函数的性质。第二个阶段是高中对函数单元的学习,通过观察图像特征,归纳相关性质,即通过图像研究函数的性质,这是一种单向思维。第三个阶段是高中学习函数单元后,面对更多形式的复杂函数,乃至解析几何的学习中,需要通过性质的研究来描绘大致图像,充分体现几何直观与代数运算之间的融合,由此形成图像与性质的双向思维。

（二）认知起点

学生已经学习了幂函数、指数函数、对数函数等具体函数,知晓了这些具体函数的研究方式(即通过图像研究函数的性质),也学习了函数的概念及性质,掌握了基本初等函数的图像与性质。这为本节课的学习提供了认知基础。此外,授课对象是高中一年级的学生,具有一定的抽象与推演能力,具备一定的交流表达能力,拥有较好的核心素养和观察、分析、归纳、推理能力,也拥有信息技术的基础操作能力。这为本节课的深入探究提供了保障。

（三）认知障碍

学生虽然具备一定的思维能力，但抽象能力有所不足，面对抽象、复杂的函数表达式，学生通常会感到无从下手，这是函数学习的一大障碍。因此，本节课安排了三个探究活动，从特殊到一般，循序渐进地帮助学生明确研究问题的路径。此外，学生面对非基本初等函数的新函数，无法手工绘制图像来开展探究，也缺乏借助信息技术开展探究的经验。因此，本节课中，当手工难以作图时，引导学生借助信息技术绘图，进行性质探究，能让学生体会信息技术在研究函数图像与性质中的作用，逐步掌握探究函数图像与性质的方法。

（四）思维方式

人们对客观事物的认识有一个由简到繁、由直观到抽象的过程。本节课从情境引入，通过复习回顾，初步建构研究函数的方法，再通过三个活动设计，逐层递进。学生会经历探究新函数图像与性质的完整过程，突破认知难点，扫清思维障碍，逐步构建起研究函数的方法体系，理解数学思想方法，实现思维的深度加工。整个教学过程从已有知识的深入探究，到分析问题、解决问题等能力的提升，再到直观想象、逻辑推理、数学抽象等核心素养的发展，促进了学生对函数单元的整体认知，实现了核心素养指向下的深度学习。

三、实践创新

（一）跨学科角度

信息技术融入课堂教学是大势所趋，本节课中以信息技术辅助数学探究，充分使用数学软件，让学生感受到了信息技术在探究过程中的巨大作用，明白技术让实践和创新成为可能，从而积极投入数学学习。

（二）现实意义

现实生活中，许多问题需要通过建立函数模型来解决。通过本节课的学习，学生不仅能体会研究函数性质的基本方法，还能体会数学源于生活又服务于生活的理念。此外，函数的研究有助于加深学生对用数学方法描述客观规律的认识，有助于学生感悟如何用数学模型来解释自然现象，有助于学生在用函数知识解决一些简单实际问题的过程中增强数学应用意识。

（三）德育价值

本节课的探究中,学生能够领略"大胆猜想,小心论证"的科学思维,逐步养成严谨、简约的思维品质,体会具体与抽象、特殊与一般的辩证唯物主义思想,形成科学的世界观。此外,在合作探究中培养学生的合作意识、交流能力,树立自信、坚韧的心理品质,培养主动求知、勇于发现创新的行为品质。

【课时大概念层级金字塔】

通过上述单元统整教学的内容分析,提炼出本节课的课时基础概念:幂函数的图像与性质、指数函数的图像与性质、对数函数的图像与性质、三角函数的图像与性质、函数的概念与性质。根据基础概念之间的关联,确定本节课的课时关键概念:函数的图像与性质、数形结合、类比、具体与抽象、特殊与一般。图像与性质是研究函数的主要方式,也是建立函数模型、解决诸多实际问题的重要工具。为此,提炼出本节课的课时大概念:函数的图像与性质是研究函数的关键。于是,得到本节课的课时大概念层级金字塔(见图 2)。

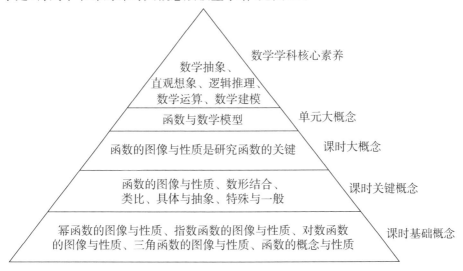

图 2　利用信息技术探究函数的图像与性质的课时大概念层级金字塔

【教学目标】

1. 理解函数图像与性质之间的内在联系。

2. 经历运用信息技术探究新函数的过程,体会数形结合、类比、从特殊到一般等思想方法,发展直观想象、逻辑推理、数学抽象等核心素养。

3. 体会信息技术在研究函数中的作用,提升分析问题、解决问题的能力,培养合作探究意识,发展理性思维。

【教学重难点】

教学重点:探究新函数的图像与性质。

教学难点:探究新函数图像与性质的方法。

【教学过程】

一、视频激趣,引出课题

师:假期里有一部和数学相关的热门网剧——《天才基本法》,我们一起来看其中一个片段,请关注片段中有哪些你熟悉的数学元素。

生1:看到了函数表达式,根据函数表达式绘制函数图像(见图3)。

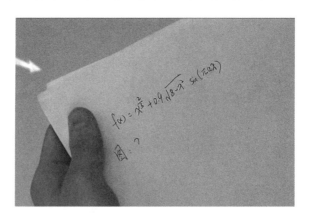

图 3　影视片中的函数表达式

设计意图:《普通高中数学课程标准(2017 年版 2020 年修订)》指出:"在教学实践中……要努力激发学生数学学习的兴趣"。教学伊始,通过呈现热播剧中探究新函数图像的片段,激发学生学习兴趣,并引出课题,使学生体会数学与生活同在的乐趣。

二、复习回顾,温故求新

问题 1:在函数学习中,我们已经研究过哪些具体的函数?

生 2:正比例函数、反比例函数、一次函数、二次函数、幂函数、指数函数、对数函数。

追问:我们是如何研究这些函数的?

生 3:基于函数表达式画出函数图像,利用这些函数的图像来研究函数的性质(定义域、奇偶性、单调性、最值等)。

设计意图:通过回顾所学函数,引导学生归纳研究函数的一般方法,即利用函数图像来研究函数的性质,同时回顾函数的性质,为后续新函数图像与性质的探究做铺垫。

三、实践操作,开展探究

师:视频中的函数较复杂,我们先从一些简单的函数入手,逐步体会研究函数的方法。

探究活动 1:探究函数 $y=f(x)$,其中 $f(x)=\dfrac{x}{x+1}$ 的图像与性质。

问题 2:如何研究这一分式函数?

学生思考片刻,动手开始研究。

生 4:将表达式变形为 $y=1-\dfrac{1}{x+1}$,画出该函数的图像(见图 4),这是由反比例函数 $y=-\dfrac{1}{x}$ 平移得到,通过图像,可以知道它的定义域是 $(-\infty,-1)\bigcup(-1,+\infty)$,值域是 $(-\infty,1)\bigcup(1,+\infty)$,严格增区间是 $(-\infty,-1),(-1,+\infty)$,没有奇偶性。

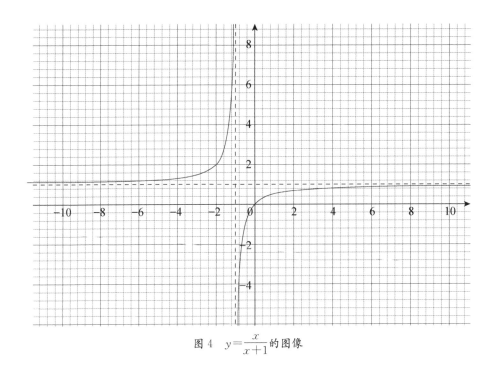

图 4　$y=\dfrac{x}{x+1}$ 的图像

师:这个函数没有奇偶性,但是观察图像,我们可以发现它有什么性质?

生 4:对称性,关于(1,1)成中心对称。

师:还有什么性质吗?

生 5:还有渐近线 $x=-1$,$y=1$。

师:没错,有些函数的图像会有一些特殊线(点),能帮助我们更好地定位图像。

师:现在,我们对函数 $y=\dfrac{x}{x+1}$ 有了基本的认识,谁能概括刚才我们是如何研究这一函数的?

生 6:先对表达式变形,发现它是由基本初等函数平移得到的,再通过图像,得到函数的性质。

设计意图:通过常数分离发现函数的图像可以由反比例函数平移得到,基于图像分析函数的性质,由于学生已经知晓反比例函数的性质,对函数的性质不必做严格证明。活动 1 从研究一个简单的分式函数入手,使学生初步体会研究函数图像与性质的一般过程与方法。

探究活动 2:探究函数 $y=g(x)$,其中 $g(x)=\dfrac{x}{x+1}+\dfrac{x+1}{x+2}$ 的图像与性质。

问题 3: $g(x)=\dfrac{x}{x+1}+\dfrac{x+1}{x+2}$ 与 $f(x)=\dfrac{x}{x+1}$ 有什么区别?

生 7:多了 $\dfrac{x+1}{x+2}$。

追问 1:能否类比探究活动 1 的方式研究函数 $y=g(x)$?

师:我们刚才先对表达式进行了变形,发现其图像可以通过基本初等函数图像的变化得到,函数 $y=g(x)$ 可以这样操作吗?

生 8:好像无法变形,使其图像可以通过基本初等函数的图像变化得到。

追问 2:那该如何得到函数 $y=g(x)$ 的图像呢?

生 9:可以描点绘图。

师:不错,描点是我们绘制函数图像最基本也是最朴素的做法。大家可以动手尝试一下。

学生各自动手描点绘图,一段时间后仍难以描绘出函数的大致图像。

师:这一函数图像似乎有些复杂,大家好像未能通过描点绘制出大致图像。我们还可以如何绘制图像?

生 10:用数学软件画图。

师:很好,当今信息时代,我们可以借助信息技术解决问题。请大家利用平板里的数学软件,画出函数的图像,通过图像你能观察到哪些性质?

各组学生动手利用信息技术绘图,很快便得到了函数图像,见图 5。组内开始讨论该函数的性质。教师巡视,并请一位学生代表交流。

生 11:通过图像,可以发现该函数的定义域为 $(-\infty,-2)\bigcup(-2,-1)\bigcup(-1,+\infty)$,值域为 **R**,在 $(-\infty,-2)$,$(-2,-1)$,$(-1,+\infty)$ 上是严格增函数,有渐近线 $x=-2$,$x=-1$,$y=2$,另外好像关于 $\left(-\dfrac{3}{2},2\right)$ 成中心对称。

问题 4:由图像观察得到的性质一定正确吗?

生 12:未必正确,特别是不能确定 $\left(-\dfrac{3}{2},2\right)$ 是不是这个函数的对称中心。

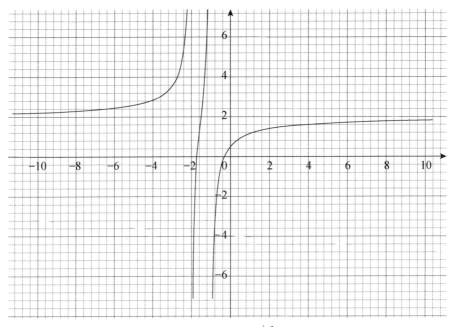

图 5 $g(x) = \dfrac{x}{x+1} + \dfrac{x+1}{x+2}$ 的图像

生 13：可能这个函数图像不是中心对称图形。

师：大家有很好的质疑精神，那么该如何来验证你观察到的性质呢？

由于时间原因，课堂上只要求学生验证最不确定的对称性，其余性质课后自行验证。

各组自行验证对称性，学生很快根据对称性的定义完成了论证，教师投影展示（见图 6）。

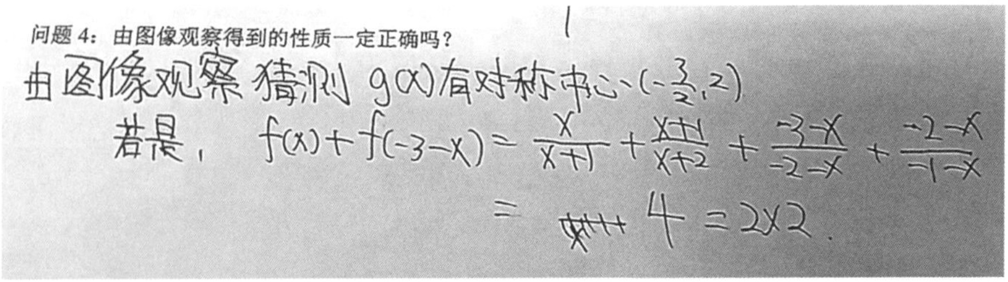

问题 4：由图像观察得到的性质一定正确吗？

由图像观察 猜测 g(x)有对称中心(-3/2,2)

若是，　$f(x)+f(-3-x) = \dfrac{x}{x+1} + \dfrac{x+1}{x+2} + \dfrac{3-x}{2-x} + \dfrac{-2-x}{-1-x}$

$= x+1+4 = 2\times 2.$

图 6 $g(x) = \dfrac{x}{x+1} + \dfrac{x+1}{x+2}$ 对称中心的证明过程

师:谁能来总结函数 $y=g(x)$ 的研究过程?

生 14:类比了函数 $y=f(x)$ 的研究,通过图像研究性质,但是这里是借助软件画函数图像,而且观察到的结论未必准确,又对观察到的性质进行了论证。

设计意图:活动 2 的函数不能像活动 1 的函数一样,通过反比例函数平移得到,因而引导学生先借助信息技术绘制函数图像,再通过直观图像猜测函数的性质,体现信息技术在研究函数图像与性质中的作用。活动 2 的探究中,学生经历了"作图—观察—归纳—猜想—论证"的过程,提升了思维的严谨性。整个探究中,学生经历了从图形语言到文字语言再到符号语言的转化,感悟到了数学的抽象性与符号语言的简洁美,提升了直观想象、逻辑推理等核心素养。

问题 5:在活动 2 的基础上,你能对这一分式函数做推广研究吗?

生 15:研究函数 $y=\dfrac{x}{x+1}+\dfrac{x+1}{x+2}+\dfrac{x+2}{x+3}$。

生 16:直接加到 n,研究函数 $y=\dfrac{x}{x+1}+\dfrac{x+1}{x+2}+\dfrac{x+2}{x+3}+\cdots+\dfrac{x+n-1}{x+n}$。

师:生 16 的推广更具一般意义,研究难度似乎也更大,基于前两个函数的研究,请大家一起研究这个函数。

探究活动 3:分组探究函数 $y=h(x)$,其中 $h(x)=\dfrac{x}{x+1}+\dfrac{x+1}{x+2}+\dfrac{x+2}{x+3}+\cdots+\dfrac{x+n-1}{x+n}(n\geqslant 1,n\in\mathbf{N})$ 的图像与性质。

学生小组交流讨论,探究新函数的图像与性质。但是很多组难以下手,不知如何开展研究。

师:大家探究遇到了什么问题?

生 17:好像画不出这个函数的图像,因为有参数 n。

师:是啊,这里参数 n 不是具体的值,信息技术好像不能帮我们画出图像了,那该如何探究?

生 18:可以取 $n=3,4,5$ 这几个特殊值,观察它们的规律,再把它推广到 n

的情形。

师:很好,通过对 n 赋值,从特殊到一般,这是我们研究问题的常用方法。

各组根据提示,再次开始探究。教师巡视,对有困难的组进行指导。一段时间后,请各组进行交流分享。

生 19:我们先对 $n=3$ 的情形进行了研究,发现它好像也有一个对称中心 $(-2,3)$,再对 $n=4,n=5$ 的情形进行研究,发现对称中心分别为 $\left(-\dfrac{5}{2},4\right)$, $(-3,5)$(见图 7),因此我们猜测函数 $y=h(x)$ 的对称中心为 $\left(-\dfrac{n+1}{2},n\right)$,但还没来得及验证。

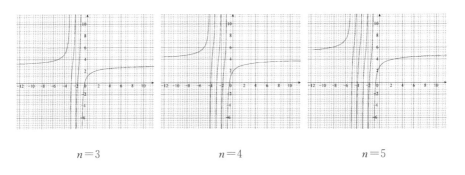

$$n=3 \qquad\qquad n=4 \qquad\qquad n=5$$

图 7　$n=3,4,5$ 时函数 $y=h(x)$ 的图像

生 20:我们组完成了验证。

学生投屏展示(见图 8)

$$h(x)=\frac{x}{x+1}+\frac{x+1}{x+2}+\cdots+\frac{x+n-1}{x+n}\ (n\geqslant 1,n\in N^*)=n-\frac{1}{x+1}-\frac{1}{x+2}-\cdots-\frac{1}{x+n}$$

$$h(-n-1-x)=n-\frac{1}{-x-n}-\frac{1}{-x-n+1}-\cdots-\frac{1}{-x-1}$$

$$=n+\frac{1}{x+n}+\frac{1}{x+n-1}+\cdots+\frac{1}{x+1}$$

$$h(x)+h(-n-1-x)=2n \qquad 关于 \left(-\frac{n+1}{2},n\right) 对称$$

图 8　函数 $y=h(x)$ 的对称中心的证明

师:看来大家的猜测是正确的,非常棒! 那么现在你能把一般情形下的函数 $y=h(x)$ 描绘出来吗?

学生基于归纳、猜想、论证,大致描绘出了函数 $y=h(x)$ 的图像,见图 9。

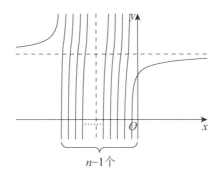

图 9　函数 $y=h(x)$ 的图像

设计意图:活动 3 通过小组合作探究的方式,引导学生通过赋值,类比活动 2 的探究,运用信息技术绘制一些具体函数的图像,通过观察图像,发现规律,归纳猜想,逐步抽象出函数一般化的性质并进行说理或证明。整个探究中,学生经历了"作图—观察—归纳—猜想—论证"的过程,将直观操作、合情推理和演绎推理有机整合在一起。学生体会了从特殊到一般、从具体到抽象等研究问题的方法,进一步积累了研究函数的活动经验,锻炼了三种语言相互转化的能力,感悟了数形结合、类比、从特殊到一般等思想方法,发展了直观想象、逻辑推理、数学抽象等核心素养。

四、课堂小结,归纳升华

问题 6:本节课学习了哪些内容? 你有什么收获?

师生共同归纳总结,知识层面明确了研究函数的一种方式,即利用图像研究性质,图像的绘制可以借助信息技术;方法层面,感悟了数形结合、类比、从特殊到一般等思想方法,同时体会了"归纳—猜想—论证"这一数学研究的一般方式(见图 10)。

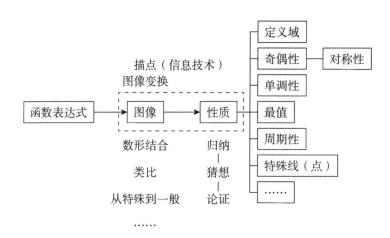

图 10　课堂小结

问题 7:对于信息技术的使用,你有哪些思考?

生 21:在当今高速发展的信息时代下,其发展少不了像数学这些基础学科的加持;反过来,信息技术的发展又反哺了我们的基础学科。今天,我们能够利用信息技术来研究数学,帮助我们解决很多问题,可见信息技术对于我们学科的发展也是非常有帮助的。

师:说得太好了! 但我们也要意识到,我们不能让信息技术取代了我们的思维,在之前的探究中,归纳、猜想、论证都是我们自主完成的,我们要辩证地看待信息技术的使用。

设计意图:通过总结和反思,提高学生归纳、概括的能力。关注不同层次的学生对所学内容的理解和掌握情况,使学生的认知结构更加完整,对函数图像与性质的理解更加系统。此外,本节课中,信息技术的使用使探究变得高效,学生可能会依赖信息技术来学习,教师要引导学生理性、辩证地看待信息技术,以便更好地开展学习。

五、回归引入,解决问题

回归课堂引入,引导学生利用信息技术绘制视频中的含参函数 $y = x^{\frac{2}{3}} + 0.9\sqrt{8-x^2}\sin(\pi a x)(a \in \mathbf{R}^+)$,观察图像(见图 11),并探究该函数的性质(课后完成)。

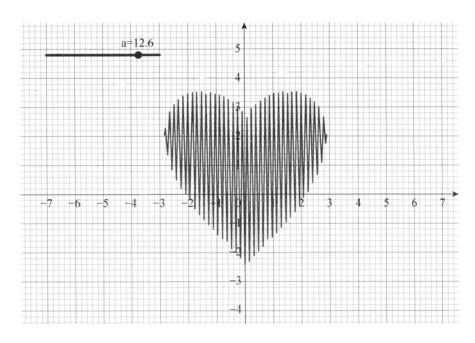

图 11　利用信息技术绘制函数

设计意图:回归课堂引入的问题,首尾呼应,让学生运用所学知识解决问题,体会学习的乐趣,增强学习数学的兴趣,提升数学应用能力。同时,引导学生体会没有信息技术的辅助,很难发现这一"数学告白",让学生感悟信息技术的便利与数学的魅力。

六、布置作业,巩固内化

1. 基于函数 $y = x^{\frac{2}{3}} + 0.9\sqrt{8 - x^2}\sin(\pi a x)\,(a \in \mathbf{R^+})$ 的图像,探究其性质。

2.(长作业)为吸引游客,广富林文化遗址公园计划举行水面灯光秀,在湖面南北设置两个主灯,南北两灯发光强度之比为1:2,由于南北跨度过大,湖面中央部分光照不够,影响观赏,拟在两灯连线上最暗处增设一盏主灯,你能确定该盏灯的位置吗?(光学定律:点 P 的光照度与点 P 到光源的距离的平方成反比,与光源的发光强度成正比)请以小组为单位开展探究,尝试多种解决方案,将研究过程汇总成一份研究报告。

设计意图:为贯彻"双减"政策,作业布置宜精不宜多,因此采用长短作业

图 12　松江广富林遗址

的方式。短作业是对课堂引入问题的探究,学生运用所学方法对新函数的图像与性质进行探究,能够加深理解,提高学习质量。长作业是基于现实情境的问题解决,学生在理解问题的基础上,构建函数模型,运用所学知识分析函数图像与性质来解决问题,能够丰富数学探索经验,感知学习的乐趣,体会数学的应用价值。

【自我评述】

本节课是以探究活动的方式开展的一节函数单元的复习课,从情境引入,通过复习回顾,初步建构研究函数的方法,再通过三个活动设计,逐层递进,活动间通过类比实现方法迁移,学生经历探究新函数图像与性质的完整过程,逐步构建起方法体系。

一、把握单元主线,渗透一般观念

在学习完单元内容后,需要通过复习课,加深对所学知识的整体性的理解,起到提纲挈领的作用,给人以"会当凌绝顶,一览众山小"的整体感。复习课教学中要始终明确单元的主线,体现本单元研究的一般路径,渗透一般观念。在本节课中,抓住了函数研究的路径——由图像到性质,通过方法的迁移、思维的类比,开展对新函数的研究,由此从单元内统整的角度明晰知识间的内在联系,帮助学生形成良好的认知结构,促进联想思维的提升,掌握研究数学对象的方法论。

二、优化问题设计,发展核心素养

数学核心素养的培育不仅依赖于教师的授课,更依赖于学生能否主动参与到课堂中,因此教学中需要优化问题的设计,以"好"问题激发学生学习动机,提升思维深度,发展核心素养。本节课的教学中,通过问题设计,层层递进,让学生经历完整的探究过程,逐步掌握研究函数的一般方法,感悟内在的数学思想方法,使得学生对函数单元知识与方法之间的联系有更全面的认识。

（案例提供者:上海市松江二中　蒋铖昊老师）

案例 13　弯管制作的探究

【教学对象】

本节课的教学对象是上海市实验性示范性高中二年级创新实验班的学生。

【单元统整教学的内容分析】

《普通高中数学课程标准（2017 年版 2020 年修订）》中在"必修课程"与"选择性必修课程"中都增设了"数学建模活动与数学探究活动"这一主线内容，其中，数学探究活动强调不同知识之间的联系和实际问题的解决，既是数学应用的重要形式，又是应用数学解决实际问题的基本方式，也是单元统整教学中单元间统整的体现。

一、知识建构

本节课是在高中一年级学习了正弦函数、余弦函数、正切函数等三角函数知识，以及高中二年级学习了解析几何与立体几何等知识后，开展的一节数学应用的探究活动课。通过观察生活中常见的直角弯管，引发学生的思考，让学生经历发现问题、提出问题、分析问题、猜测结论的过程，再通过对斜截圆管截口曲线展开图的研究，合作探究验证数学结论，以此还原弯管的制作工艺，最终解决问题（见图 1）。在课堂探究之后，进一步引导学生发散思考，考虑如何制作任意角度的弯管，由此揭示函数表达式中参数的变化造成的制作工艺的差异，这是对三角函数与立体几何内容的进一步理解与深化应用。学生通过探究活动，体会数学探究的一般流程,积累数学探究的活动经验,为今后开展自主探究提供了一个基本模式。

图 1　数学探究活动的一般流程

数学探究中,问题的解决往往需要多种知识的综合运用,需要学生自发地建立起知识之间的内在联系,这能弥补以往课时教学中只关注知识叠加而忽视内在联系带来的认知缺失。本节课的探究活动经历了从立体到平面的转化,通过合理建系、设参来求解曲线的方程等过程渗透转化与化归、数形结合等数学思想方法;从现实情境抽象出数学模型,让学生借助几何直观与空间想象来解决问题,有利于提升学生数学抽象、直观想象等核心素养,进一步体会数学知识的联系性、整体性、应用性。

二、认知方式

本节课的授课对象是高中二年级的学生,学生具有较完备的数学基础知识,具有一定的数学抽象能力、空间想象能力。在本节课前,学生已经学习且掌握了三角函数的知识,学习了曲线与方程、二面角、圆柱等解析几何与立体几何的相关内容,同时能运用这些知识解决问题,这些为本节课的探究活动奠定了认知基础。

学生处于形式运算的认知阶段,具备一定的抽象逻辑思维能力,但仍处于初级阶段,尤其对于空间的感知尚未成熟。探究中将立体问题平面化,即实现二维图形与三维图形间的相互转化是学生在推导截口曲线展开图的函数表达式时可能遇到的障碍,教学中教师可以在前期让学生充分认识斜截圆柱的性质,探究过程中一方面通过展示具体的实物模型,引导学生进行平面与空间的转化,另一方面鼓励学生合作探究,在交流中碰撞思维火花,化解难点。

三、实践创新

数学探究活动往往需要综合使用各类知识来解决一个问题,承载着整合知识、应用数学、建构认知的功能,是实现单元间统整的一种方式。本节课的探究活动主要涉及三角函数、解析几何、立体几何三方面的知识内容。在以往的课堂中,学生对这三方面内容的认知是独立、分散的,本节课借助数学探究活动,以及探究活动中涉及的思想方法,将三方面内容进行有机的关联,实现了更上位的学习,能提升学生解决现实问题的能力,同时让学生学会用数学的眼光观察现实世界、用数学的思维思考现实世界、用数学的语言表达现实世界。在教学中,引导学生通过自主探索、合作探究等方式推进探究,完成任务,有助于培养其团队意识与合作能力,提升其严谨、认真、坚持不懈的治学品质。此外,在探究中,面对难度较大的问题,学生尝试从特殊情形入手,再将其一般化,从特殊到一般的思维方式既是数学探究的常用策略,也是认识世界、发现普遍规律的方法论。

【单元间统整教学的认知结构】

本节课从生活中常见的弯管引入,引发学生关于如何制作弯管的思考,问题分析中主要涉及三角函数、解析几何、立体几何三方面的知识内容,通过对应、转化、数形结合、从特殊到一般等思想方法解决现实问题(见图2)。在以往的课堂中,学生对这三方面内容的认知是独立、分散的,本节课借助探究活动,将外显的知识载体与内隐的思想方法有机统整起来。

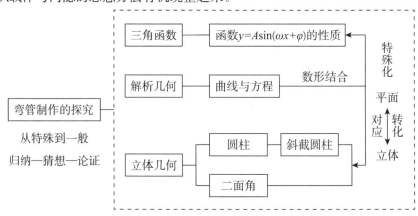

图 2　弯管制作的探究单元间统整教学的认知结构

【教学目标】

1. 了解直角弯管的制作方法,能从现实情境中抽象出数学模型,发展数学抽象素养。

2. 经历在斜截圆柱展平后,探究截口曲线展开所得曲线的函数表达式的过程,体会空间与平面、曲线与方程的转化,体会从特殊到一般、数形结合等数学思想方法,发展直观想象素养。

3. 锻炼从数学的视角发现问题、提出问题、分析问题与解决问题的能力,领悟"大胆猜想,小心论证"的探究思维,体会数学探究的一般流程,感受数学的应用价值。

【教学重难点】

教学重点:斜截圆柱截口曲线展开图的探究。
教学难点:推导斜截圆柱截口曲线展开图的函数表达式。

【教学过程】

一、情境导入,激发探究

情境:现实生活中,弯管的应用非常普遍,烟囱管道、锅炉管道、排风管道等许多设施经常要用到各种弯管来衔接,其中直角弯管是较为常见的一类弯管(见图3)。

图 3　生活中的弯管

师:面对这一现实世界中的事物,请你提出一个有价值的数学问题。

生1:如何制作直角弯管?

生2:弯管为什么都是圆管?

生3:如何制作弯管能使它的容量最大?

师:大家有很多想法,非常好! 每个问题都值得去思考、探究。但是该如何进行探究呢? 今天,我们以生1的问题为例,一起开启一场数学探究之旅。

问题1:工业生产中,我们一般使用矩形铁皮这一原材料来制作此类弯管。不考虑焊接的需要,如何利用矩形铁皮制作如图4所示的直角弯管?

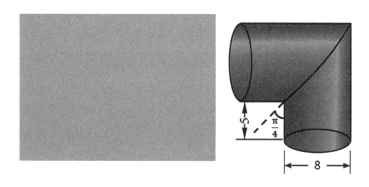

图4　矩形铁皮与直角弯管

设计意图:情境是学生开展数学学习的环境,也是进行数学探究的基础,真实的情境往往较复杂,具有一定的思维含量,能够有效激发学生的探究欲望。本节课伊始,以生活中常见的弯管引入课题,学生对此表现出了一定的兴趣,引导学生发现问题、提出问题,学会用数学的眼光观察现实世界、用数学的思维思考现实世界,体会数学与生活的联系。

二、分析问题,猜测结论

师:一个直角弯管由哪几部分构成?

学生通过对直角弯管实物模型的观察和分析,发现直角弯管可由两个斜截圆管拼接而成,进一步将斜截圆管抽象为斜截圆柱,由此引发对制作斜截圆柱的思考。

师:那如何利用矩形铁皮制作斜截圆柱呢?

生 5:需要知道它展开成平面时的样子,也就是要知道它的侧面展开图。

问题 2:斜截圆柱的侧面展开图是什么样的?

探究活动 1:先通过立体与平面之间的对应猜测斜截圆柱的侧面展开图,再动手展开实物模具,观察截口曲线。

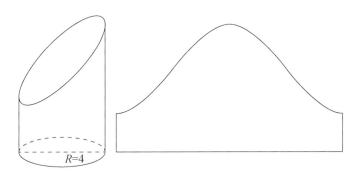

图 5　斜截圆柱及其侧面展开图

学生分组进行探究。猜测环节,有两组猜测展开图上部曲线是两条线段,另有几组猜测是抛物线,也有两组猜测是正(余)弦曲线。之后,各组学生将实物模型展开,揭开斜截圆柱侧面展开图的"神秘面纱"。

师:请大家将实物模型展开后观察(见图 5),斜截圆柱侧面展开图的上部曲线会是什么图形?

生 6:像是三角函数中的正(余)弦曲线。

设计意图:问题是数学探究的重要动力,通过问题设计,层层递进,不断引发学生的思考,引导学生聚焦问题本质,为后续探究的顺利开展提供保障。

三、合作探究,论证猜想

问题 3:如何验证你的猜想?

生 7:放到平面直角坐标系中求函数表达式。

师:很好,到底是不是正(余)弦曲线,需要从代数角度来证明。几何问题转化为代数问题,一般是在平面直角坐标系中研究。

问题 4:如何建立平面直角坐标系?

学生给出了多种建立平面直角坐标系的方案,通过生生交流,评价各方案优劣,最终选定一种建立平面直角坐标系的方案(见图 6)。

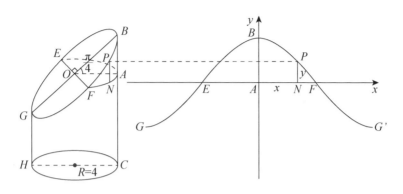

图 6   建立平面直角坐标系

探究活动 2:明确平面直角坐标系的坐标轴与函数图像上动点 P 的横、纵坐标分别对应立体图中哪些几何量。

学生先独立思考,再组内交流,充分讨论后进行组间交流,在互动中明确平面量与空间量间的对应。

设计意图:引导学生认识验证曲线为三角函数曲线需要求出曲线表达式,进而需要建立平面直角坐标系来探究。探究过程中,需要不断在立体图形与平面图形之间转化,因此,明确 x、y 在立体图中的对应量是关键。在此过程中,要帮助学生感悟转化与化归思想。

探究活动 3:验证截口曲线的展开图是否为正(余)弦曲线。

各小组充分讨论,合作探究,教师巡视,基于各组探究情况,给予适当引导,一段时间后,各组代表进行交流。

小组 1:将 B、F 两点坐标代入表达式 $y=A\cos \omega x$,通过待定系数法求得函数表达式为 $y=4\cos \dfrac{x}{4}(-4\pi \leqslant x \leqslant 4\pi)$。

生 8:我认为小组 1 的方法不合适,这样求得的表达式只满足了 B、F 两点,未保证曲线上任一点都满足该表达式,只是一种特殊情况。

师:你很好地为我们指出了问题所在,小组 1 通过代特殊点求得的表达式,不严谨,但为我们提供了一种猜想的方法。

小组 2:考虑 ON 的不变性,连接 OP,借助 Rt$\triangle OPN$ 关联线段 PN 与 $\overparen{AN}$ 的关系,但未能成功。

底下不少组表示也用此方法,但都未成功。

师:大家寻找不变量的想法很好,但是 PN、OP 均在变,在 Rt$\triangle OPN$ 中,难以用勾股定理来表示 PN。

同学们在不变量的启发下开始重新思考,有的继续讨论,有的低头作图。

教师巡视时发现有一组学生在考虑点 P 与点 B 重合时的情况,便请他们做交流分享。

小组 3:在立体图中,要建立线段 PN 与 $\overparen{AN}$ 的关系,就需要把线段 PN 与 $\overparen{AN}$ 转化到同一平面上,我们从特殊情况开始考虑,当点 P 与点 B 重合时,此时线段 PN 就是线段 BA,它与线段 OA 长度相同,就可以把线段 PN 转化为与 $\overparen{AN}$ 同一平面的线段 OA。

师:小组 3 给我们提供了很重要的启示。立体问题平面化是我们处理立体几何问题的常用策略,从特殊情况开始考虑也是探究的常用方法。大家能否顺着这一思路,继续探究?

各组继续探究,不一会儿,一个学生提出了想法。

生 9:二面角也是不变量,可以过点 P 作二面角,将 PN 转化为与 AN 同平面的量。

接着,生 9 代表小组进行交流展示。

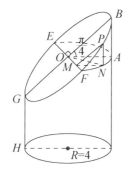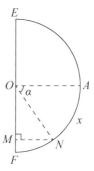

图 7　斜截圆柱及横截面示意图

小组 4：如图 7，过点 P 作 OB 的平行线，交 EF 于点 M，连接 MN，则 $\angle PMN$ 是二面角 $P\text{-}EF\text{-}N(B\text{-}EF\text{-}A)$ 的平面角，则 $\angle PMN=\dfrac{\pi}{4}$，故 $PN=MN$。由此将 PN 转化为与 AN 同平面的量 NM。过点 O 的斜截圆柱的横截面是半圆面，借助圆心角在半圆中建立弧与弦的关系，设 $\angle AON=\alpha$，则有 $\alpha=\dfrac{x}{4}$，当点 P 在椭圆弧 BF 上运动时，有 $|PN|=|MN|=|ON|\cos\alpha=4\cos\dfrac{x}{4}$。根据对称性，所求函数的表达式为 $y=4\cos\dfrac{x}{4}(-4\pi\leqslant x\leqslant 4\pi)$。

生 9 的分享获得全班一致认可，同学们纷纷报以掌声，还有两组表示也是同样的想法。

设计意图：数学探究活动不只是一次形式上的学习，更重要的是培养学生发现问题、提出问题、分析问题、解决问题的探究能力，提升学生合作交流的能力，帮助学生积累数学探究的活动经验。本节课的探究活动充分发挥了学生的主观能动性，考虑到直接验证猜想难度较大，因此分解为两个探究活动。

在探究过程中，通过特殊位置的分析，试图寻求问题解决的突破口，体现从特殊到一般的数学思想；求解函数表达式时，将平面展开图中的参量与立体图形中的元素对应，体会数与形的对照、平面与空间的转化，渗透数形结合、转化等思想方法。整个探究过程发展了学生直观想象的核心素养。整个过程各组通过交流共享的方式，取长补短，在相互帮助下解决问题，感受合作的力量。

四、总结归纳，延伸探究

师：刚才的数学探究过程中，我们经历了哪些步骤？

（师生共同回顾探究过程，总结归纳探究的一般流程，见图 8。）

师：制作直角弯管的问题解决了，若进一步思考，你还有什么问题吗？

生 10：其他角度的弯管如何制作？

问题 5：制作其他角度的弯管，与哪些因素有关？

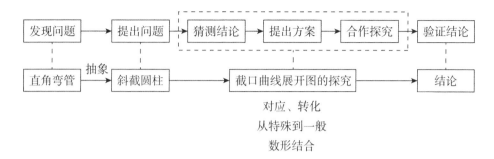

图 8　弯管制作的探究的流程

生 11:弯管的形状可能与三角函数表达式中的参数有关。

追问:函数表达式中的哪些参数可能对弯管的形状产生影响?

这本是留给学生的课后作业,但令人惊喜的是,有一个小组在探究中已求得一般化的函数表达式,因此请他们做了分享。

小组 5:求解方式和直角弯管的问题一致,只是用一般的字母表示各个量。对于一个底面半径为 R,沿与圆柱横截面成 θ 角 $\left(0<\theta<\dfrac{\pi}{2}\right)$ 斜切而成的斜截圆柱,斜截圆柱截口曲线展开图的函数表达式为 $y=R\tan\theta\cdot\cos\dfrac{x}{R}(-\pi R\leqslant x\leqslant\pi R)$。由表达式可知,振幅影响弯管的半径、弯管轴线所成角度,圆频率 ω 影响弯管的半径。

在同学们的惊叹声与掌声中,本次探究活动顺利完成。

设计意图:在学习后适时地进行总结归纳,有助于学生巩固认知结构,加深对知识的理解。回溯整个探究过程,让学生了解数学探究的一般流程,归纳探究中常见的思想方法与思维方式,为今后自主开展探究提供了一个基本模式。此外,在问题解决后,启发学生提出新问题,通过对一般弯管的研究,揭示函数表达式中参数的变化造成的制作工艺的差异,进而完善探究,让学生意识到数学探究不止在课堂内,生活中处处有数学。

五、作业布置

1.(短作业)利用矩形卡纸制作一个 60°弯管(两斜截圆管的轴构成 60°角);

2.(长作业)依照课堂中经历的数学探究过程,寻找生活中的问题,以小组为单位开展数学探究,解决问题,形成研究报告。

设计意图:本节课一方面是让学生体验数学探究的一般流程,为之后自主开展探究积累经验,另一方面是让学生在探究活动中感受数学知识的系统性,实现单元间知识、方法的统整。因此,作业设计既要检验知识层面的掌握情况,又要评价学生的能力情况。在形式上分为长短作业,短作业聚焦本节探究活动的内容,基于对弯管制作原理的理解,制作其他角度的弯管,体会"特殊—一般—特殊"这一认识事物的一般规律;长作业聚焦探究能力的培养,通过本次探究活动的开展,让学生学会数学探究,通过作业进一步积累数学探究的活动经验。

【自我评述】

本节课是一节体会数学应用的探究活动课,通过对三角函数、立体几何、解析几何等几个单元间知识、方法的统整,引导学生体会数学知识的整体性与联系性,深化理解,完善认知结构,实现单元间统整的教学实践。

一、以真情境引领真探究

实现单元统整视角下的数学探究活动要以真实情境为载体,真实的情境更能带来真实的探究,全情投入的真探究更有利于学生综合能力的提升。本节课中,通过前后三次探究活动,由最开始教师引导探究,到最后由学生主导课堂,通过生生评价共同完成探究,充分彰显学生的自主权,实现真探究。与此同时,单元间统整注重知识的联系性、方法的迁移性、思维的一致性,真实的情境往往需要综合运用知识、类比方法来解决问题,因此选择合理的真情境能将多个单元的内容统整起来,保障了"单元间统整教学"的有效开展。

二、以问题链设计推进数学探究

问题是探究的起点,数学探究聚焦一个核心问题,在对核心问题的分析中,必然会产生一系列的新问题,多个新问题逐层推进,最终实现问题解决。在问题链设计时,要层层递进地串联起所需知识和思想方法,以问促探,引导学生在一个个问题的解决中深入思考,逐步构建认知结构,形成大单元知识和方法体系。本节课的探究活动中,通过问题驱动探究,环环相扣,通过师生互动、生生合作等方式,逐步突破难点,解决实际问题,帮助学生构建起了较完整的认知体系。此外,问题链的设计还要兼顾价值性,具有思考价值的问题往往能更好地调动学生的探究积极性,使学生保持专注,使探究过程高效、有序、自然。

【参考文献】

[1] 卢明,崔允漷.学科核心素养呼唤单元教学[J].课程教材教学研究,2020(Z3):58.

[2] 中华人民共和国教育部.普通高中数学课程标准(2017 年版 2020 年修订)[S].北京:人民教育出版社,2020:35.

(案例提供者:上海市松江二中　蒋铖昊老师)

案例 14　生活中的三角函数

【教学对象】

本节课的教学对象是上海市实验性示范性高中一年级平行班的学生。

【单元统整教学的内容分析】

生活中的三角函数是上海教育出版社出版的《普通高中教科书　数学》必修课程第 7 章第 3 节函数 $y = A\sin(\omega x + \varphi)$ 的图像中"探究与实践"和"课后阅读"部分的内容,隶属于函数主题。生活中的三角函数是函数单元学习中的数学建模活动,共 2 课时,对后续开展数学建模活动起到了示范作用。

一、知识建构

生活中存在许多周期性现象。学生已经学习了正弦函数、余弦函数的图像与性质,从钟表分针的转动和简谐运动(如单摆和弹簧的振动)中抽象出函数 $y = A\sin(\omega x + \varphi)$,初步认识到三角函数在物理上的应用,能够根据给定图像求出相应三角函数的表达式。总体来说,学生对三角函数还处于理论学习阶段,对于三角函数与实际生活的联系、三角函数模型在实际生活中的运用都未有深刻理解。同时,学生在地理课中学习了潮汐现象,在物理课中学习了声音的产生和传播,尽管能够理解这些现象具有周期性,但并未将这些现象与三角函数图像联系起来,缺少知识的联系性和整体性。

本次教学围绕着"生活中的三角函数"这一主题,以数学建模流程(见图 1)为主线,将生活中的周期性现象与三角函数相结合,为后续数学建模活动的开展提供一般流程。

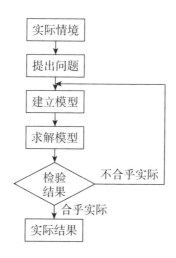

图 1　数学建模流程

二、认知方式

在知识层面,学生已经储备了大量的初等函数知识,包括三角函数;在活动层面,学生经历了从一些周期性现象中抽象出三角函数的过程,会处理简单的应用问题,具有一定的抽象能力和问题解决能力。数学建模需要学生在实际背景中经历提出问题,思考、分析问题,用准确的语言叙述问题,再表述为数学问题,应用数学知识求解问题的过程,还需要学生倒转这个过程,将数学问题的解答重新翻译成原问题的答案。这对学生而言是个挑战。

三、实践创新

由于很多实际问题依附于不同的领域,比如物理、化学、生物、政治、经济学、心理学等等,这时候就需要进行跨学科知识的相互融合,再用数学的思维进行分析和处理。数学建模活动是单元与其他学科间统整的重要体现。本次教学以单元与其他学科间统整为主要统整方向,将函数单元和物理及地理学科间的知识进行统整,从跨学科角度解释生活中的周期性现象,有助于培养学生的跨学科意识。

本次教学中包含两个具有阶梯性的数学建模活动,其中,第一个活动指向数学建模素养的水平二,第二个活动指向数学建模素养的水平三(水平的划分与课程标准一致)。首先,将地理学科中的知识与三角函数进行统整,根据潮汐曲线图的特征,教师引导学生借助三角函数模型进行拟合,让学生体验第一次数学建模的过程,用数学的语言表达世界。其次,将物理学科中的知识与三角函数进行统整,通过活动引导学生利用类比论证说明声音的传播也可以用三角函数模型来刻画,介绍如何用三角函数模型刻画纯音和乐器的振动,让学生尝试解决实际问题"如何利用音叉给钢琴调音",再次让学生体验数学建模,用数学的思维思考世界。在学习过程中,学生不仅能体会到函数的应用价值,还能体会到数学源于生活又服务于生活的理念。

【单元与其他学科间统整教学的认知结构】

本次建模活动将数学与地理、物理、音乐学科相结合,选择三角函数模型刻画潮汐,通过类比学习用三角函数刻画纯音和乐器的振动,并用数学知识解决实际问题"如何利用音叉给钢琴调音"(见图2)。本次建模活动把生活中的三角函数作为载体,带领学生熟悉数学建模的一般流程,让学生体验数学模型在生活中的应用。

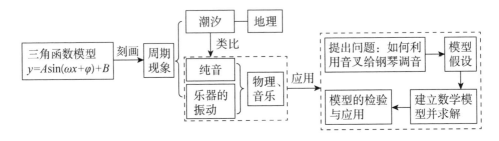

图2　生活中的三角函数单元与其他学科间统整教学的认知结构

【教学目标】

1. 通过分析潮汐高度与相应时间的关系表和潮汐曲线图,建立适当的函数模型,用三角函数刻画潮汐的周期变化。

2. 理解声音可以用三角函数模型来刻画,能够用数学建模的方法,探索利用音叉给钢琴调音的原理。

3. 在两个数学建模活动中,培养学生的跨学科意识,发展学生的数据分析、数学抽象和数学建模素养。

【教学重难点】

教学重点:分析处理数据,找到合理的函数模型刻画潮汐的周期变化;根据"如何利用音叉给钢琴调音"的实际问题,提出模型假设,抽象出数学问题,利用三角函数模型解决问题。

教学难点:根据"如何利用音叉给钢琴调音"的实际问题,提出模型假设,抽象出数学问题。

【教学过程】

一、复习回顾函数 $y=A\sin(\omega x+\varphi)$ 的图像与性质

函数 $y=A\sin(\omega x+\varphi)(A>0,\omega>0)$,$A$ 为振幅,$T=\dfrac{2\pi}{\omega}$ 为周期,$f=\dfrac{1}{T}=\dfrac{\omega}{2\pi}$ 为频率,$\omega=2\pi f$ 为圆频率,$\omega x+\varphi$ 为相位,φ 为初相。用五点法可以作出它在一个周期的区间上的大致图像。

问题 1:生活中有哪些周期现象?

简谐运动、圆周运动、潮汐、月相变化、声波等。

设计意图:回顾三角函数 $y=A\sin(\omega x+\varphi)$ 的相关理论知识,为应用三角函数刻画事物周期变化奠定知识基础。让学生寻找生活中的周期现象,为后续用三角函数刻画事物周期变化做铺垫。

二、数学建模活动 1——潮汐的函数模拟

(一)实际情境

东汉时期王充在他所著的《论衡》一书中指出:"涛之起也,随月升衰。"古人观察到海水水面会发生周期性涨落现象,并且该现象与月亮有关。现在我们知道这种现象是在月亮和太阳的引力作用下产生的潮汐。一般早潮叫潮,晚潮叫

汐。潮汐高度的变化影响了港口船舶停泊、装卸货物、上下旅客等事情的时间。下面是某港有一天记录的潮汐高度(cm)与相应时间(h)的关系表(见表 1)和潮汐曲线图(见图 3)。

表 1　潮汐高度(cm)与相应时间(h)的关系表

时间/h	$1\frac{13}{20}$	$8\frac{19}{30}$	$13\frac{53}{60}$	$20\frac{7}{10}$
潮汐高度/cm	478	112	461	116

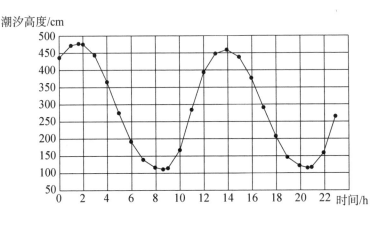

图 3　潮汐曲线图

设计意图:在第一个数学建模活动中,选择学生熟悉的潮汐现象作为学习起点,给学生创设贴近生活的情境,提供真实的数据,引发学生的兴趣。

(二) 提出问题

请根据以上数据,选择合适的函数模型,写出潮汐高度 y(cm)关于时间 t(h)的函数的近似表示式。

(三) 建立模型

通过观察潮汐曲线图的形状,推测函数模型为三角函数,所以设三角函数模型为 $y=A\sin(\omega t+\varphi)+B(A>0,\omega>0)$。

设计意图:通过抓住潮汐曲线图此起彼伏的特征,从数学的视角选择具有周期性的三角函数模型拟合潮汐曲线,让学生经历构建数学模型的过程。

（四）求解模型

学生活动 1：根据表中数据，求出函数模型。

根据表 1 中的数据，可得

$$
\begin{cases}
y_{\max}=\dfrac{478+461}{2}=469.5=A+B,\\[2mm]
y_{\min}=\dfrac{112+116}{2}=114=B-A,\\[2mm]
\dfrac{T}{2}=\dfrac{\pi}{\omega}=\dfrac{20\frac{7}{10}-1\frac{13}{20}}{3}=\dfrac{127}{20},
\end{cases}
\quad 解得 \quad
\begin{cases}
A=\dfrac{711}{4},\\[2mm]
B=\dfrac{1\,167}{4},,\\[2mm]
\omega=\dfrac{20\pi}{127}.
\end{cases}
$$

因此，三角函数模型为 $y=\dfrac{711}{4}\sin\left(\dfrac{20\pi}{127}t+\varphi\right)+\dfrac{1\,167}{4}$，将 $\left(1\dfrac{13}{20},469.5\right)$ 代入，解得 $\varphi=\dfrac{61\pi}{254}$，所以，函数模型为 $y=\dfrac{711}{4}\sin\left(\dfrac{20\pi}{127}t+\dfrac{61\pi}{254}\right)+\dfrac{1\,167}{4}(t\geqslant 0)$。

设计意图：在函数拟合中，启发学生思考处理数据的基本方法，计算函数最值的平均值，分析图像上最高点和最低点之间的水平距离，从而求出参数 A、ω、φ 和 B 合适的值，求解三角函数模型。以上是处理数据的一种方法，学生也许会提出其他想法，教师可以根据检验结果评价其模型的优劣。

（五）检验模型

学生活动 2：利用数学软件作出所求的函数图像（见图 4），观察函数模拟是否准确。

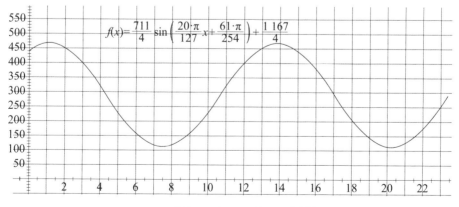

图 4　函数 $y=\dfrac{711}{4}\sin\left(\dfrac{20\pi}{127}t+\dfrac{61\pi}{254}\right)+\dfrac{1\,167}{4}(t\geqslant 0)$ 的图像。

设计意图：作出所求出的三角函数的图像，比对三角函数图像与潮汐曲线图之间的差异。如果差异过大，就需要再次建模，让学生理解数学模型是需要反复检验和修正的。同时，让学生感受到在数学建模中信息技术可以解决很多问题，培养学生的信息意识。

三、数学建模活动 2——声音中的三角函数

（一）实际情境

学生活动 3：打开手机的录音功能，一边说话，一边观察手机上的图形（见图 5）。

类比潮汐的函数模拟，可以用三角函数刻画声音。所以，我们用三角函数 $y=A\sin(\omega t+\varphi)$ 刻画音叉发出的纯音振动，其中 t 表示时间，y 表示纯音振动时音叉的位移，$\dfrac{|\omega|}{2\pi}$ 表示纯音振动的频率（对应音高），A 表示纯音振动的振幅（对应响度）。

图 5　声波

利用数学软件可以听到三角函数 $y=\sin 528\pi t$（中音 Do）的声音。如表 2 所示，七音阶就是把一组乐音按音调由低到高排列而成的音阶，它们都可以用三角函数模型表示。因此，我们完全可以用数学软件演奏乐曲，一起欣赏聆听用数学软件制作的歌曲《小星星》。随后，播放一段钢琴调音的视频。

表 2　七音阶分别对应的频率和圆频率

唱名	中音						
	Do	Re	Mi	Fa	Sol	La	Si
f（频率）	264	297	330	352	396	440	495
ω（圆频率）	528π	594π	660π	704π	792π	880π	990π
三角函数	$y=\sin 528\pi t$	$y=\sin 594\pi t$	$y=\sin 660\pi t$	$y=\sin 704\pi t$	$y=\sin 792\pi t$	$y=\sin 880\pi t$	$y=\sin 990\pi t$

设计意图:通过活动引发学生的思考,将声音可视化,让学生直观感受到声音的形状,类比数学建模活动 1 用三角函数刻画声音。随后,教师介绍音叉发出的纯音振动的确可以用函数 $y=A\sin(\omega x+\varphi)$ 刻画,向学生展示七音阶的三角函数模型,并用数学软件模拟中音 Do 的声音,为数学建模活动 2 提供知识基础。通过欣赏数学软件制作的歌曲《小星星》,让学生聆听三角函数,发现函数并不是冷冰冰的数学符号,而是灵动的乐章,体会数学与音乐的融合,感受数学美。

(二) 提出问题

当我们要用标准音叉调准了钢琴某个键的发音时,我们根据什么样的声音,能够判断调音成功?

设计意图:根据真实的问题情境,让学生利用乐理相关知识尝试解决问题,思考如何用数学知识解释实际问题。

(三) 建立模型

学生活动 4:分析问题,寻找其中的数学因素。

标准音叉的发音和钢琴某个键的发音都可以用三角函数表示。发音涉及响度(振幅)、音调(频率)、音色;关键因素为音调(频率)。

设计意图:通过小组讨论,寻找问题中的数学因素,以便下一步提出模型假设。在寻找数学因素中,让学生聚焦于决定性因素,以便学生提出模型假设,建立较为简洁的数学模型。

学生活动 5:(模型假设)当我们把所提出的现实问题变为数学问题时,必然要做出一些假设,写出模型假设。

假设 1:某个标准音叉发出的纯音振动用三角函数表达为 $y = A_1 \sin(\omega_1 t + \varphi_1)$ $(t \geqslant 0)$;钢琴某个键发出的振动用三角函数表达为 $y = A_2 \sin(\omega_2 t + \varphi_2)$ $(t \geqslant 0)$。

假设 2:由于调音是希望钢琴某个键的音的频率与标准音叉相同,与两者的振幅无关。为了方便起见,假设音叉与钢琴某个键的振幅相同,即 $A_1 = A_2 = A$。

学生活动 6:(建立数学模型)写出抽象出的数学问题,并求解。

研究两个三角函数 $y = A\sin(\omega_1 t + \varphi_1)$ $(t \geqslant 0)$ 和 $A\sin(\omega_2 t + \varphi_2)$ $(t \geqslant 0)$ 的和,探索当 $\omega_1 \neq \omega_2$ 和 $\omega_1 = \omega_2$ 时,他们所发出的声音分别具备怎么样的特征?

设计意图:在建立数学模型中,为了突破难点,将其拆分为 3 个学生活动。学生活动 4 是先让学生分析问题,寻找其中的数学因素,发现标准音叉和钢琴某个键的发音可用三角函数表示,关键因素为音调(频率)。目的是让学生聚焦于决定性因素,以便学生提出模型假设。学生活动 5 是提出模型假设,让学生把握住研究对象的主要数学特征,用准确的数学语言表述,以便后续解决问题。学生活动 6 是让学生根据模型假设,将实际问题转化为数学问题,用数学的思维分析问题。

(四) 求解模型

在求解模型时,应用和差化积公式化简,可得 $y = A\sin(\omega_1 t + \varphi_1) + A\sin(\omega_2 t + \varphi_2) = 2A\sin\left(\dfrac{\omega_1 + \omega_2}{2}t + \dfrac{\varphi_1 + \varphi_2}{2}\right)\cos\left(\dfrac{\omega_1 - \omega_2}{2}t + \dfrac{\varphi_1 - \varphi_2}{2}\right)$,利用信息技术,继续用数学软件模拟,调整 ω_1、ω_2 的数值,发现当 $\omega_1 \neq \omega_2$ 时,它的函数图像如图 6 所示,能发出时响时轻的拍音。

当 $\omega_1 = \omega_2$ 时,$y = 2A\cos\left(\dfrac{\varphi_1 - \varphi_2}{2}\right)\sin\left(\dfrac{\omega_1 + \omega_2}{2}t + \dfrac{\varphi_1 + \varphi_2}{2}\right)$,发出的声音是稳定的。

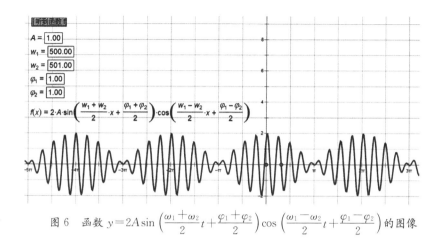

图 6　函数 $y = 2A \sin\left(\dfrac{\omega_1 + \omega_2}{2} t + \dfrac{\varphi_1 + \varphi_2}{2}\right) \cos\left(\dfrac{\omega_1 - \omega_2}{2} t + \dfrac{\varphi_1 - \varphi_2}{2}\right)$ 的图像

设计意图:在求解模型时,先利用信息技术,从直观角度感受 ω_1、ω_2 数值变化对函数产生的影响;再应用三角公式对函数进行化简,从数的角度解释所产生的影响。

(五) 检验模型

当我们用标准音叉调准钢琴某个键的发音时,若听不到时响时轻的拍音时,就能判断调音成功。

设计意图:教师引导学生将数学模型求解结果翻译成原问题的答案,指出所得到的结果与调音师的实际操作相一致,成功找到了钢琴调音的原理。

四、课堂小结

课堂小结见图 7。

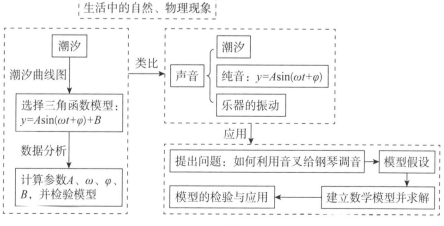

图 7　课堂小结

设计意图:在课堂小结中,再次指出建模的一般流程,让学生总结三角函数模型可以刻画事物(潮汐、声音)的周期变化,认识到数学模型在实际生活中的应用。

五、作业布置

必做:小组合作,挑选"潮汐的函数模拟"和"声音中的三角函数"中的一个主题撰写研究报告或小论文。

选做:(1)乐器产生的音并不是纯音,而是各种纯音的和,其中分为基音和泛音,可以写成 $y = A_0 + A_1 \sin(\omega t + \varphi) + A_2 \sin(2\omega t + \varphi) + A_3 \sin(3\omega t + \varphi) + \cdots$,请自行查阅相关知识,优化数学模型 2;(2)利用数学软件,演奏属于自己的歌曲;(3)尝试用三角函数刻画生活中其他的周期现象。

设计意图:作业设计中分为必做和选做,选做中的(1)给学生提供了优化数学模型的思路,希望学生能进一步完善数学模型;(2)和(3)给学生提供了进一步探究的空间。

【自我评述】

本次教学是关于"生活中的三角函数"的两节建模课,在体现建模课教学的一般过程中,重点突出在实际背景下建立三角函数模型,发展数学建模素养,开展单元统整背景下的教学实践。

一是选取真实合理的情境,支持跨学科融合。有意义的数学建模活动需要教师提供真实的情境,对实际生活中的问题起到指导作用,引领学生创造个人或社会价值。例如,在潮汐的函数模拟中提供真实数据,展现数学建模活动在水运上的作用,保证了船舶的安全进出和停泊。由于真实情境的复杂性,学生经常需要跨学科知识来开展研究。例如,在声音中的三角函数中,关于钢琴调音原理的解释需要数学和音乐相融合。因此,在数学建模活动中,我们不能局限于数学知识,而是要融合多学科的知识,鼓励学生进行学科交叉,感受数学、科学、艺术、技术、工程与社会的相互渗透。

二是设计层层递进的学生活动,提供充足的探究时间。数学建模需要让学生从问题源头进行思考,探索其背后的本质原因,在探究中主动获取知识、应用知识和解决问题。数学建模的过程是艰难且复杂的,在教学中可以设计层层递进的学生活动,给学生铺设台阶,逐个击破。例如,在声音中的三角函数中,设置了四个学生活动,引导学生从感性认识上升到理性认识,逐步将实际问题抽象为数学模型。由于数学建模需要大量的思考时间,教师可以采取两节课连上的形式,让学生有充足的时间探究,体验科学研究的方法,养成科学的思维方式,领悟科学观点和科学精神。

三是鼓励小组合作,尊重学生活动成果。在数学建模活动中,以小组合作的学习方式开展,让学生在小组学习的氛围中思考和讨论,找到解决问题的路径,增强学生的集体意识,提高学生的学习积极性,发挥个体的主观能动性。例如,在本次数学建模教学中,根据强弱搭配和男女搭配的分组原则,将班级学生共分为八组,每组 5 至 6 人。在小组合作中,有些学生在潮汐的函数模拟中采取其他处理数据的方案,获得了恰当的函数模型。因此,教师应该尊重学生思考的成果和解决问题的路径,支持他们实施各式各样的想法,从而获取真实的活动经验。即使是失败的活动经验也是数学建模的一种体验,更展现了科学研究中的试错精神。

【参考文献】

［1］ 中华人民共和国教育部.普通高中数学课程标准(2017 年版 2020 年修订)［S］.北京:人民教育出版社,2020:5 - 6.

［2］ 孙晓红,刘美玲."生活中的三角函数"教学实录［J］.理科考试研究,2021(5):27 - 31.

［3］ 陆桂菊.声音中的正弦函数(高一、高二、高三)［J］.数理天地(高中版),2003(4):44.

［4］ 何志奇.此时无声胜有声——赏析音乐与三角函数［J］.新高考(高一数学),2014(12):3.

（案例提供者:上海市松江二中　金晓晖老师）

案例 15   数学建模活动——
"诱人的优惠券"学生汇报课

【教学对象】

本节课的教学对象是上海市实验性示范性高中一年级创新实验班的学生。

【单元统整教学的内容分析】

《普通高中数学课程标准(2017 年版 2020 年修订)》把数学建模素养列为高中数学的六大核心素养之一。数学建模教学不同于常规的数学教学,数学建模是对现实问题进行数学抽象,用数学语言表达问题、用数学方法构建模型解决问题的素养。数学建模活动不仅需要学生具备一定的基础知识储备,还需要一定的真实情境中问题解决的能力,反过来,通过建模活动也可以锻炼学生的这些能力。一个完整的数学建模活动包括发现问题、提出问题、建立模型、求解模型、检验模型、解决问题。

一、知识建构

本次建模活动作为建模活动的起始课,选择"诱人的优惠券",从贴近生活的简单情境入手,引导学生提出有挑战性的问题,通过问题提出环节培养学生分析真实世界中的情境并抽象出数学问题的能力,达到用数学的眼光去观察世界的目的;学生围绕着提出的问题进行持续的问题解决,在问题解决的过程中,要求学生使用数学方法来解释现实情境,实现去情景化,达成培养学生用数学的思维分析问题以及解决问题的能力。诱人的优惠券涉及的主要知识是函数单元主题下的分段函数、分类讨论及从特殊到一般的数学思想；从问题解决能力维度来说，数学建模需要也锻炼学生跨学科的、综合的问题解决能力。事实上，数学建模活动并不拘泥于某个知识背景，而是需要学生在理性分析的基础上，选择适当的数学模型去解决问题，这体现了数学建模的综合性、复杂性以及跨单元甚至跨学科的属性，所以建模活动具有较高的开放性，更多地体现了应用数学知识的能力，以期达到培养学生用数学的眼光观察世界、用数学的思维分析问题、进而解决真实问题的能力。

二、认知方式

本节课的教学对象是高中一年级的学生，这是他们正式接触数学建模活动，大部分学生对于建模具体内涵和操作还不熟悉，所以本节课选择情境较熟悉的诱人的优惠券入手。从知识维度看，学生已经学习完了高中函数单元下的幂函数、指数函数、对数函数以及函数的一般概念，他们完全具备解决这个问题的知识储备。学生可以通过对特殊情况的枚举分析，得出一般化的模型，从函数表达式（数）以及函数图像（形）两个角度进行呈现；从能力角度来说，学生首次接触数学建模，对于问题的分析和模型呈现的能力会有很大的差异。本次建模活动，正好利用函数单元的知识解决真实情境中的问题，培养学生问题解决的同时，也更立体地呈现了函数单元的应用价值。

三、实践创新

爱因斯坦曾经说过，提出一个问题往往比解决一个问题更重要，所以培养学生的问题意识非常重要。高中阶段的数学建模活动恰好可以达到培养学生问题提出的能力。本单元的数学建模就是从提出有挑战性的任务开始的。

由于数学建模活动需要学生沉浸其中，围绕着问题进行深入的探讨，活动可以采取课上课下混合教学的方式展开。

为了充分地调动学生学习的积极性，本单元的建模活动组织学生多次交流、汇报，给予学生表达、交流、质疑、评价的机会，让不同的学生都有不同程度的获得感。这样能够促进组间的学习以及同伴之间的相互借鉴,有些思维的火花就在这种同伴的互动中产生,有助于问题解决方式的升华。尤其在看了别人的良好呈现以后,学生能够深度理解数学建模各个环节内容的具体表达,提升学生的数学表达能力。

【单元统整教学的认知结构】

数学建模活动由几个模块组成,即发现问题和提出问题、建立模型和求解模型、检验和完善模型、分析和解决问题,见图1。诱人的优惠券实际上就是一个实践载体,通过这次实践活动,期望让学生结合具体的问题体验数学建模的过程,掌握数学建模的一般步骤。

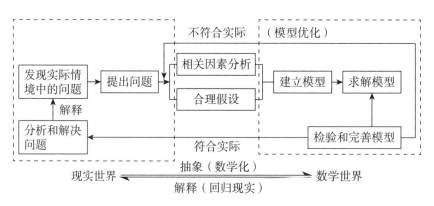

图1 数学建模的过程

【教学设计】

一、建模汇报课的活动目标

1. 数学建模基本模式:能够理解并掌握数学建模的内涵,熟悉数学建模的一般流程,并能够理解并准确地呈现任务单上的任务。

2. 数学建模能力表现:初步培养学生的模型思想,能够寻找适当的数学模型来解决真实情境中的问题;并能清楚、严谨地使用数学语言表达建模过程,撰写建模报告。

3. 小组学习能力表现:初步尝试小组合作探究学习,学会和同伴有效地交流,共同促进问题的更好地解决。

二、建模汇报课的活动设计

建模活动需要学生以小组为单位沉浸在情境之中,围绕着情境进行深入的探讨和模型的修改,所以笔者在教学活动中采用课上交流和课下指导相结合的混合教学方式展开学习活动和指导活动,指导学生完成建模报告后,笔者选取三组比较具有代表性的且完成较好的学生成果进行展示交流。

汇报课设计与意图分析:通过学生的展示活动,强化了学生的成功获得感、促进同伴互相学习,同时也获得了替代学习经验。一方面,给予学生公开表达小组建模成果的机会,获得数学学习成功的体验感,另一方面,给其他学生提供学习和交流的机会。汇报小组主要展示他们提出的问题、模型假设、模型建立、模型求解、模型检验、模型优化以及建模反思环节,其他小组成员针对汇报者的建模提出建议或者质疑,这样可以使得不同的学生都有不同程度的获得感,促进组间的学习以及同伴之间的相互借鉴。通过这样的活动可以调动学生参与的积极性,同时使得别人的学习经历也与我有关。最后指导教师结合学生的建模过程,主要从建模的完整性、模型的适用性、推理表述的严谨性、模型的可推广性以及创新性五个维度给出指导和评价。

选择具体的汇报内容:

第一个小组:如何购物最优惠?

第二个小组:在原始购物金额小于等于 1 000 元的前提下,原始购物金额为多大时优惠率最大?

第三个小组:购物金额为多少元时,优惠率最大?

选择意图分析:在问题提出阶段,学生提出的问题基本上都是围绕着优惠率。不过他们在具体的问题解决中使用的策略有所不同。本次汇报选择了三个比较具有代表性的小组进行汇报,在本案例的呈现中,由于三个小组模型具有一定的交叉性,所以笔者仅呈现第一、三小组的情况。

第一个小组处理的策略比较常规,从优惠率变化的视角来研究优惠率的变化规律,最后给出最大优惠率,内容翔实,论述较为严谨。该组学生在建模的过程中犯了一些错误,这些错误也是其他小组较多出现的问题,所以将此组的汇报排在第一位,以此引起学生的关注。在具体问题分析的过程中,要大胆猜想,小心建模,有结构、有策略地思考和呈现模型。

第二个小组则是先枚举出 1 000 元以内的最大优惠率,然后结合实际生活,分析 510 元以后,店铺优惠券没有了,结合实际的购物经历,联想到有没有可能出现分次下单的可能性,能够在对应原始金额下获得较大优惠率。这个小组通过枚举法列举出有些金额下的优惠情况,并提出分单的可能性,而且探讨了什么时候适合分单,给出对应的优惠情况以及建议。

第三个小组在最初模型的建立时也使用了分段函数的形式,列举出每段函数的优惠金额。后面发现按照罗列的方式,会出现断点,进而觉察到通过枚举方式获得的函数模型存在一定的问题,于是借助计算机语言编程。这组考虑到枚举可能存在问题,于是跨出数学学科,借助计算机语言实现了数据的整合分析,枚举出所有断点,再反过来解释断点出现的逻辑,同时给出一个问题解决的一般化程序语言。

三、学生建模汇报案例呈现

问题情境:近年来,"双十一"促销活动购物规则的复杂程度不断增大,而面对商家复杂的优惠规则,消费者都尝试用足优惠。最近,某商家推出三种优惠券,分别是满 199 元减 20 元、满 299 元减 50 元、满 499 元减 110 元,这些优惠券之间不可叠加使用,但他们可以与每满 400 元减 50 元的购物津贴同时使用。此外这两类优惠券有使用顺序,必须先使用商家优惠券,再使用购物津贴。

本文以两个小组的成果为例呈现,具体从优惠率模型、相关因素分析、模型假设、建立模型、模型的检验与修正、学生的反思与收获、学生互评、教师评价点评八个方面呈现。

案例一:常规分段函数模型——学生展示活动 1,如何购物最优惠?

(1)建立优惠率模型:优惠率=优惠金额÷原始购物金额

(2)相关因素

① 原价;

② 两类优惠券使用策略;

③ 是否分单。

（3）模型假设

假设 1：顾客只在同一商家购物。

假设 2：顾客只下一单，不分单。

假设 3：顾客可以使用所有种类的优惠券，且会选择优惠力度最大的方法。

（4）建立模型

首先确定用优惠率来表示优惠程度：优惠率＝优惠金额÷原始购物金额。

设原价为 x，优惠率为 y，可以初步建立以下函数关系：

① 当 $x \in [0, 199)$ 时，无法使用任何形式的优惠券，优惠金额为 0 元，即 $y = 0$；

② 当 $x \in [199, 299)$ 时，使用满 199 元减 20 元的优惠券，优惠金额为 20 元，即 $y = \dfrac{20}{x}$；

③ 当 $x \in [299, 499)$ 时，使用满 299 元减 50 元的优惠券，优惠金额为 50 元，即 $y = \dfrac{50}{x}$；

④ 当 $x \in [499 + 400k, 899 + 400k)$，$k \in \mathbf{N}$ 时，使用满 499 元减 110 元的优惠券及 k 张每满 400 元减 50 元的购物津贴，优惠金额为 $110 + 50k$ 元，即 $y = \dfrac{110 + 50k}{x}$。

综上所述，可以得到优惠率 y 关于原价 x 的以下分段函数模型：

$$
y = \begin{cases}
0, & x \in [0, 199), \\[2mm]
\dfrac{20}{x}, & x \in [199, 299), \\[2mm]
\dfrac{50}{x}, & x \in [299, 499), \\[2mm]
\dfrac{110}{x}, & x \in [499, 899), \\[2mm]
\dfrac{110 + 50k}{x}, & x \in [499 + 400k, 899 + 400k)\,(k \in \mathbf{Z})\text{。}
\end{cases}
$$

（5）模型的检验与修正

① 模型的检验

我们进行模型检验，发现：

当 $x=450$ 元时，结合实际情境发现在用完满 299 元减 50 元的优惠券后，仍可使用每满 400 元减 50 元的津贴，共优惠 100 元，而按照以上模型只能优惠一次，且只有 50 元，说明模型建立不合实际。

当 $x=510$ 元时，结合实际情境发现在用完满 499 减 110 元的优惠券后，仍可使用每满 400 元减 50 元的津贴，共优惠 160 元。

② 模型的修正

基于以上模型校验的结果，我们修正了模型。

$$y=\begin{cases} 0, & x\in[0,199), \\ \dfrac{20}{x}, & x\in[199,299), \\ \dfrac{50}{x}, & x\in[299,450), \\ \dfrac{100}{x}, & x\in[450,499), \\ \dfrac{110}{x}, & x\in[499,510), \\ \dfrac{110+50\left[\dfrac{x-110}{400}\right]}{x}, & x\in[510,+\infty)。 \end{cases}$$

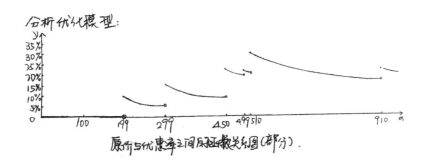

图 2 原价与优惠率之间的函数关系图（部分）

③ 模型的解释

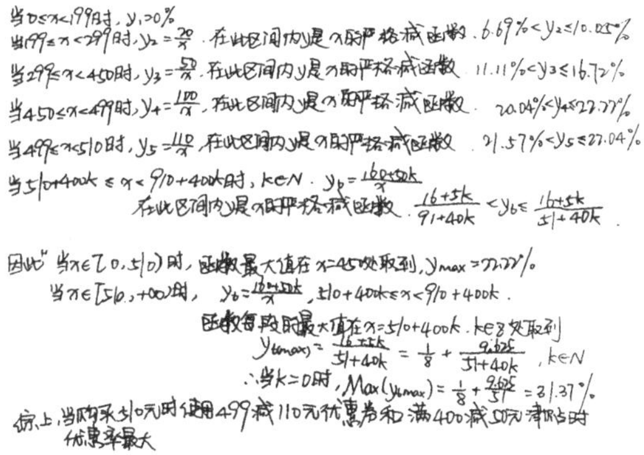

图 3　模型的解释

（6）学生的反思与收获

① 对于建模过程的体会

开始提出这个问题时,我们十分有信心,觉得这个问题很简单。但开始建模就出现了纰漏。所以很多事情不能看表面,需深入分析。

数学建模需将实际中的问题抽象为定量的计算,其中舍弃了许多实际因素,因此需要一步步优化模型,使其能满足大部分情况。模型建立的过程中要时刻注意与实际问题（情境）的联系,这样有助于找出模型中的问题,并及时修改与完善。

数学建模的过程中蕴含了辛酸与痛苦,但模型完成的瞬间一定会收货满满,可以让我们深刻体会到数学并不枯燥,数学原来这么有用!

② 对于建模结论的讨论

通过本次建模过程我们可以体会到不是消费越多,优惠率就越大。而在实际购物中,我们不光要考虑优惠率,同时也要考虑实际需求,不能贪图优惠而购买不需要的商品。建议消费者理性消费,不要落入消费陷阱,单纯地追求最大的优惠金额。

（7）学生互评

生 1:他们小组建立的模型能够解决实际问题,尤其是经过优化后的模型,更加具有一般性,表述也非常严谨,总之他们做得很好。

生 2:当 $x=420$ 元时,如果用你的模型来看,用完满 299 元减 50 元的优惠券后,不能使用每满 400 元减 50 元的津贴,共优惠 50 元;但是如果我们店铺优惠只能使用满 199 减 20 的优惠券,则可以使用每满 400 元减 50 元的购物津贴,这样共优惠 70 元,说明模型建立不合实际。

汇报者答辩:感谢某某同学的肯定,感谢某某同学的提问,这一点我们是没有考虑到,应该对 $[299,450)$ 区间再细分。

(8) 教师点评

这一组同学的模型选择是很贴近这个情境的,也是大家比较容易想到的。但我们在建立模型的时候也很容易直接对情境进行转译,没有仔细分析情境,他们小组起初也犯了这样的错误。尤其是店铺优惠和购物津贴两种优惠形式出现交融的时候,分段的节点容易出现问题。所以在建模的过程中需要对模型进行检验,分析,这一点他们小组做得不错,在发现模型不能解释部分情况的时候着手修正模型。正如我们的同学评价的一样,该组同学内容呈现完整,逻辑准确,语言表述清楚。

另外刚才生 2 提出的问题,$x=420$ 这个分点,确实很少小组想到了这个分点。这个分点和分点 $x=450$ 都是容易出现错误的,那么这两个分点有怎样的区别和联系? 接下来的小组恰好在这个问题上进行了深入的思考和解读。

案例二:跨学科模型的使用——学生展示活动 2,购物金额为多少时优惠率最大?

(1) 定义优惠率模型:优惠率=优惠金额÷购物金额×100%

(2) 相关因素分析:购物金额、优惠金额

(3) 模型假设

① 不考虑跨店购物;

② 相同购物金额下取最大优惠金额;

③ 认为购物金额可取到任意整数;

④ 不考虑分单结账的情况。

（4）建立模型

要找出一定购物金额下求最大优惠金额的方法,起初,我们打算用分段函数的方式表达最大优惠金额 y 与购物金额 x 的关系:

$$y=\begin{cases}0,x\in[0,199),\\20,x\in[199,299),\\50,x\in[299,499),\\110,x\in[499,510),\\110+50k,x\in[510+400k,510+800k)。\end{cases}$$

（5）模型的检验与优化

检验时发现了这个模型的问题:我们理所当然地认为尽可能使用大金额优惠券就可以达到最大优惠金额。举个反例:当 $x=420$ 时,$y=50$,但可以改变一下优惠策略,先用满 199 元减 20 元,再用购物津贴,就可以得到优惠金额 70 元。因此,需要额外添加断点,延续分段函数的方法比较复杂,且容易遗漏断点。发现问题后,我们借用计算机手段帮助求解:

用 a、b、c、d 分别表示不使用商家优惠券、使用满 199 元减 20 元、满 299 元减 50 元、满 499 元减 110 元四种优惠策略,并求出其最大值。

该想法可通过计算机程序实现,使用计算机 C＋＋语言求解最大优惠金额 $y_2=g(x)$,程序如下。

```cpp
#include <bits/stdc++.h>
#include <math.h>
using namespace std;
int g(float x){
    int a=0,b=0,c=0,d=0;
    a=50 * floor(x/400);
    if (x>=199)
        b=20+50 * floor((x-20)/400);
    if (x>=299)
```

$$c = 50 + 50 * \text{floor}((x-50)/400);$$

$$\text{if } (x >= 499)$$

$$d = 110 + 50 * \text{floor}((x-110)/400);$$

$$\text{return max}(a, \text{max}(b, \text{max}(c, d)));$$

}

其中：

x 表示原价；

a 表示不使用商家优惠券时的优惠金额；

b 表示使用满 199 元减 20 元优惠券时的优惠金额；

c 表示使用满 299 元减 50 元优惠券时的优惠金额；

d 表示使用满 499 元减 110 元优惠券时的优惠金额。

运行完后发现需要添加 420、450 两个断点。经过思考可以发现，420、450 两处之所以要添加断点，是因为出现了使用较小金额优惠券反而提高优惠金额的现象，我们姑且称之为"退档"。

在 $[420, 450]$ 区间上，优惠券从满 299 元减 50 元退档到满 199 元减 20 元，虽然舍弃了 30 元的商家优惠，但可得到另外 50 元购物津贴，因此可以获得更大优惠率。而不存在满 499 元减 110 元退档到其他优惠券是因为这样会舍弃至少 60 元商家优惠，却最多只能得到 50 元津贴。

若略改动题目中的数据，比如将"满 499 元减 110 元"改为"满 499 元减 90 元"，要是沿用分段函数的方法，那么会多出 499、899、1299 等断点，非常麻烦，还容易遗漏。所以我们优化后的方法对于任何数据都适用，可以称之为这类问题的通解，能更好地满足实际需求。可以通过计算机枚举每个金额下 $\dfrac{y}{x}$ 的值并求出其最大值。

经过思考可发现，$x < 199$ 时 $y = 0$，而 x 很大时 $\dfrac{y}{x}$ 会在 12.5% 附近波动，因此我们决定将枚举的范围定在 $[199, 1\,000\,000]$，步长为 1。利用程序可以输出优惠率最大时的购物金额与优惠金额（见 4 和图 5）。

```
21   int num, max_;
22   int main()
23 □ {
24       for (int i = 199; i <= 1000000; i++)
25           if (max_ * i <= f(i)*num)
26 □         {
27               max_ = f(i);
28               num = i;
29           }
30       printf("%d\n%d", num, max_);
31   }
```

图 4　程序

最终输出：

```
■ D:\zyh\c++\数学建模\诱人的优惠券.exe
510
160
————————————————————————————————————————————
Process exited after 0.08011 seconds with return value 0
请按任意键继续. . .
```

图 5　程序输出

因此，当购物金额为 510 元时，最大优惠率为：$160 \div 510 \times 100\% \approx 31.37\%$。

（6）反思与收获

在进行数学建模的时候，可以借助计算机，完成一些复杂的计算，不用将大量时间和精力花费在计算上。

数学建模需将实际中的问题抽象为定量的计算，其中舍弃了许多实际因素，因此需要一步步优化模型，使其能满足大部分情况。模型还是建立在理论基础上的。比如，对这道题而言，在实际购物中，我们不仅要考虑优惠率，也要考虑实际需求，不能贪图优惠而购买不需要的商品。

（7）学生互评

生 1：我觉得你们的假设不分单有问题。

生2:你们的模型很赞,尤其使用编程语言把数据分析得很透彻。但是从你的假设出发,我也觉得不分单好像不合理,因为如果购物金额比较大,分单更优惠,比如购物金额为 1 020 元时,如果不分单,只能优惠 220 元,如果分单,可以优惠 320 元。我觉得在检验模型的时候,反过来可以修改不合理的假设。

汇报者答辩:当购物金额比较大时,应该是要分单的,这一点我们考虑到了,把总的购物金额拆成 n 个 510 元分别结账,剩余 $(x-510n)$ 元再单独结账可得到最大优惠金额。

但是限于篇幅,在这里我们没有仔细论证与讨论。某某提出的质疑很好,我们应该要讨论这个问题,后面我们会进行调整。

(8)教师点评

他们这一小组做了一些深度思考,而且呈现得也非常清楚。最后建立的模型不仅能够满足这个情境,而且跳出数学学科,从计算机语言对数据进行了编程,借助高级的工具辅助模型的建立和求解。使得模型具有一定的推广性,这是非常难得的,不过本小组建模报告的呈现略有欠缺。他们通过分析更清楚地解释了 420、450 两个断点的逻辑问题,用"退档"形象地刻画了其中的逻辑问题。如两位同学指出的,我们对于模型的检验还可以从假设入手。建模初为了简化问题,我们可以做一些假设,但如果后期通过实践证明有不合理的地方,我们也可以进行优化,这也是模型检验的一个切入点。

【自我评述】

教师要以学习者的视角参与到学生的学习中去。在数学建模的过程中,教师要以学习者视角参与进来,充分倾听学生的想法,这样才能有创造性的想法迸发出来,建模活动才会达到培养学生创新精神和实践能力的教育价值。在数学建模教学中,学生可以发展出教师不熟悉的想法或者技术,甚至会出现跨学科的知识应用,此时,教师有可能不能确定学生的想法是否正确或者可行。这往往也恰是我们教师所害怕面对的尴尬局面,事实上遇到这种情况,教师可以让学生解释他们的想法,借用他们的智慧,同时也把课堂还给学生。以一个学习者的身份加入进来和学生一起探究问题,甚至可以请求外援团的帮助,我们不再是掌握答案的权威,而是与学生共同探索的一个学习者。正是这些无把握的时刻,学生和教师一起解决问题,尤其问题解决后的愉悦感,给学生的影响是非常大的,学生的获得感也会更强。这正是数学建模教学中最有趣和最有价值的部分之一。

教师要深入地研究教材和学生,把探究的过程还给学生,让学生成为学习的主人。教师需要关注学生想法的合理性,对于存在问题的地方,我们需要深入研究,在尝试理解学生的想法在基础上,争取把学生的零散的想法系统化,体现教师的指导性;创造课堂中的思维文化,在传统的课堂中,决定真理的权限在于教师和教科书,其本质是由教师传递现成的知识给学习者。与此相反的是,新的学习开展形式,学生与教师共同面对学习主题,教师以学习者的身份加入到学生学习过程之中。学生同真实世界对话,与自我对话,与同伴对话,与教师对话,展开知识的协同探究与建构的过程。在这里,学习者是知识的探讨者、建构者,从某种意义上来说是研究者。教师则是学生探究活动的参与者。

教师要重视学生跨学科能力的培养,比如有些学生尝试借助计算机编程解决问题,这是很好的建模实现策略,我们需要肯定学生的这种举措,并尝试和学生一起探索;不同的学生可以给出不同的模型,根据学生小组的能力,尊重不同小组之间的差异。数学建模本就是一个跨学科的学习活动,其结果呈现具有多样性,而多样性则来自每个学生看问题的不同角度以及对问题的不同理解,由此构建的模型及结论也会随之不同。应该让学生了解,数学模型没有好坏之分,只是需要分辨哪一个模型能够更好地反映实际问题、解释实际问题。

教师要注重培养学生的数学表达能力。数学建模对于数学表达提出了较高的要求,每一步数据的得出都需要建立在清晰的逻辑论述之上,各个环节之间的逻辑联系也要写明白,不然写出来的东西是拼盘式,各个环节之间的逻辑关系不清晰,这显然与我们数学所追求的严谨性相悖。我们的学生恰恰在表达方面很薄弱,这也提醒我们在常规的教学中要注重培养学生的数学表达能力。

【参考文献】

［1］中华人民共和国教育部.普通高中数学课程标准(2017 年版 2020 年修订)［S］.北京:人民教育出版社,2020:5－6.

［2］美国数学及其应用联合会,美国工业与应用数学学会.数学建模教学与评估指南［M］.梁贯成,赖明治,等译.上海:上海大学出版社,2017:36.

［3］钟启泉.学校的变革［M］.上海:华东师范大学,2019:27.

［4］杨昌红,颜宝平.核心素养背景下高中生非智力因素与数学建模能力的相关性［J］.教育测量与评价,2021(5):41－48.

（案例提供者:上海市松江二中　赵凌云老师）

后　记

　　本书是上海市教育科学研究一般项目"指向高中数学核心素养的单元统整教学实践研究"的研究成果之一,研究依托黄继红劳模创新工作室开展,由工作室的全体成员参与撰写。书中所呈现的理论、实践与案例都是工作室的共同成果,项目组依据课题研究的具体要求,围绕研究目标,结合当下教学中的问题,进行理论分析与实践探索,试图为"新课程、新教材"背景下的课程改革提供一些可参考的经验。

　　本书共分为理论篇和实践篇两个部分。理论篇的主要撰写者分别为:第一章蒋铖昊老师,第二章李响老师,第三章和第五章黄继红老师,第四章金晓晖老师。实践篇的撰写者是试点学校开展教学实践的项目组教师。李响老师、金晓晖老师、蒋铖昊老师等从理论和实践两方面为项目的推进倾注了心血,贡献了智慧;白军鹏老师、赵凌云老师、王瑾老师、丁元忠老师、徐素琳老师、陈俊飞老师、肖光华老师、祝笑笑老师等为有关案例的实施付出了辛劳,提供了经验。

　　在这里要真诚感谢鲍建生教授、徐斌艳教授、王华老师、任升录老师和黄坪老师等对构建单元统整教学理论和实践给予的重要指导,感谢研训员王琴老师、副校长艾卫锋老师、教研组组长李雪峰老师对研究的关心,感谢上海教育出版社对本书的出版给予的鼎力支持,感谢上海市总工会和松江区总工会多年来对黄继红劳模创新工作室的支持与帮助,特别感谢上海市松江区教育局和上海市松江二中的支持以及俞金飞校长对本书编写、出版工作的关心与支持。

　　项目实施过程中,黄继红劳模创新工作室的全体成员克服种种困难,边实践、边研究,不断完善单元统整教学设计,认真撰写单元统整教学实践案例。团

队的共同努力使本书得以付梓。限于编者水平,书中难免会有疏漏之处,希望广
大读者对其中的问题不吝赐教,给予批评与指正,深表谢意!

黄继红

2024 年 1 月

于上海市松江二中

图书在版编目（CIP）数据

指向高中数学核心素养的单元统整教学 / 黄继红
等著. — 上海：上海教育出版社，2024.4
ISBN 978-7-5720-2368-2

Ⅰ.①指… Ⅱ.①黄… Ⅲ.①中学数学课 – 教学研
究 – 高中 Ⅳ.①G633.602

中国国家版本馆CIP数据核字(2024)第080865号

责任编辑　杜金丹
封面设计　蒋　妤

指向高中数学核心素养的单元统整教学
黄继红　等著

出版发行　上海教育出版社有限公司
官　　网　www.seph.com.cn
地　　址　上海市闵行区号景路159弄C座
邮　　编　201101
印　　刷　上海展强印刷有限公司
开　　本　700×1000　1/16　印张 22
字　　数　325 千字
版　　次　2024年4月第1版
印　　次　2024年4月第1次印刷
书　　号　ISBN 978-7-5720-2368-2/G·2099
定　　价　86.00 元

如发现质量问题，读者可向本社调换　电话：021-64373213